W0224921

Hatier vacances

3e vers la 2de

12 séquences de révision autour de 12 thèmes d'actualité

- FRANÇAIS
- MATHÉMATIQUES
- ANGLAIS
- SCIENCES DE LA VIE ET DE LA TERRE
- HISTOIRE-GÉOGRAPHIE
- PHYSIQUE-CHIMIE

AVEC LA COLLABORATION DE :

Laurianne Geffroy, journaliste

Brigitte Lancien enseignante de français

Caroline Bureau et **Jean-Pierre Bureau**, enseignants de mathématiques

Laurent Dedryver, enseignant d'anglais

Jean-Pierre Burriat et **Laurent Fillion**, enseignants d'histoire-géographie

Patrick Vermeulen, enseignant de SVT

Hélène Manzo, enseignante de physique-chimie

Hatier

SOMMAIRE

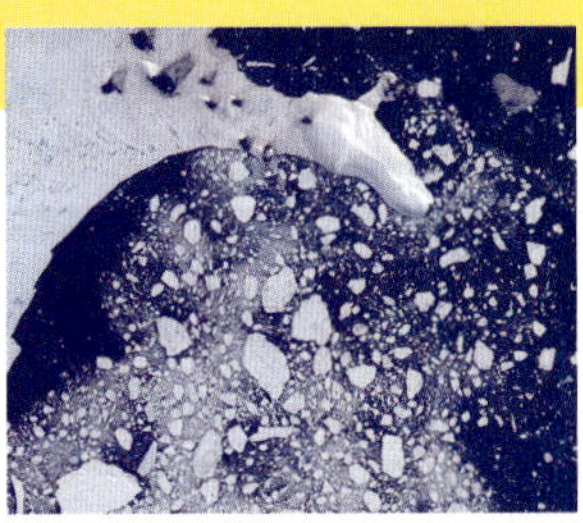

Pense à cocher les cases au fil de tes révisions !

PAGE

© Hatier, Paris 2013 ISBN : 978221894942-5

SÉQUENCE 1

Les plantes transgéniques gagnent-elles du terrain ?

C'est en 1994 que le premier légume génétiquement modifié est commercialisé. Il s'agit d'une tomate qui reste ferme plus longtemps que les autres. Dès lors, le secteur agronomique s'empare de la transgenèse pour élaborer des plantes plus résistantes et accroître son rendement. Depuis, la surface des champs d'OGM augmente d'environ 10 % chaque année.

Une recette qui marche...

Il est possible d'améliorer une plante en supprimant de son patrimoine génétique un gène indésirable ou en y ajoutant un gène d'intérêt, qui produit par exemple un poison contre une chenille trop vorace. Lorsque l'opération réussit, on obtient un organisme génétiquement modifié (OGM).

À partir de là, tout est possible : du riz résistant à la sécheresse ou à la salinité du sol, des cactus absorbeurs d'arsenic, du tabac producteur d'hémoglobine, du riz enrichi en vitamine A, du seigle contre l'asthme, du colza producteur de bioplastique…

Aujourd'hui, les cultures de plantes transgéniques (soja, maïs, coton, colza, etc.) occupent plus de 160 millions d'hectares. Ces plantes ont été modifiées pour résister aux désherbants et à certains insectes ravageurs. Les principaux producteurs sont les États-Unis, le Brésil, l'Argentine, l'Inde et le Canada. *(Source : ISAAA)*

... mais qui ne plaît pas à tout le monde

Mais tout le monde ne voit pas ces petites manipulations génétiques d'un très bon œil. Pour manifester leur désaccord, des écologistes baptisés les « faucheurs volontaires » détruisent les champs d'OGM.

Certains craignent que les aliments transgéniques déclenchent des allergies chez les consommateurs. D'autres redoutent que les OGM cultivés à l'extérieur soient nocifs pour certaines espèces et contaminent les plantes « naturelles » des champs voisins.

À l'heure actuelle, des commissions spécialisées étudient l'impact de tout nouvel OGM sur la santé et l'environnement avant de le commercialiser.

Photo : Champ de blé. *© Shutterstock*

Du coton dans nos assiettes

Les graines de coton sont très nutritives, mais toxiques. Des chercheurs américains ont donc décidé de créer un coton transgénique dont les graines sont comestibles.

À terme, les graines de cet OGM, qui peuvent se manger comme des cacahuètes ou sous forme de farine, pourraient nourrir les volailles mais aussi satisfaire les besoins en protéines de 500 millions de personnes chaque année.

Des arbres à papier

Pour fabriquer du papier, il faut extraire du bois l'un de ses constituants : la lignine. Cette étape nécessite de chauffer la pâte à papier et d'ajouter des produits chimiques. Des chercheurs ont donc modifié génétiquement des peupliers pour qu'ils produisent moins de lignine. Ces arbres transgéniques permettraient, à terme, d'économiser de l'énergie et de réduire la pollution lors de la fabrication du papier.

Des vaches guérisseuses

Les plantes ne sont pas les seules à pouvoir être génétiquement modifiées. En Argentine, une équipe de chercheurs a obtenu des vaches transgéniques capables de produire dans leur lait de l'insuline humaine, une hormone déficiente chez les personnes diabétiques.
Avec vingt-cinq de ces vaches, l'équipe espère pouvoir assurer une production d'hormones suffisante pour soigner toutes les personnes diabétiques du pays.

Le conseil d'Rpur

Lire les étiquettes

Les aliments OGM sont encore très rares dans les supermarchés français. Si un produit contient plus de 0,9 % d'OGM, il est obligatoire d'inscrire sur l'emballage : « produit à partir de maïs (ou autre) génétiquement modifié ».
À toi de lire attentivement les étiquettes et de faire ton choix.

MINI-QUIZ

Quel OGM est cultivé en Europe ?
Dans quel pays peut-on le cultiver ?

- ☐ le maïs
- ☐ la pomme
- ☐ la tomate

- ☐ L'Espagne
- ☐ La France
- ☐ L'Allemagne

Le maïs est le seul aliment transgénique à être cultivé en Europe, et il l'est surtout en Espagne. En France, la culture d'OGM est interdite.

IN ENGLISH

Are there more and more transgenic plants?

The first genetically modified organism, a tomato which remains firm longer than others, was commercialised in 1994. Today, the surface of GMO fields is more than 160 million hectares. The main productions are soy, maize, rape and cotton. The main producers are the United States and Argentina.

- ***firm:*** ferme
- ***soy:*** soja
- ***rape:*** colza

Écriture
Utiliser des connecteurs

1 **Le texte suivant contient quatre connecteurs logiques qui, situés en début de phrase, structurent le texte. Souligne-les.**

« Depuis la naissance de l'agriculture, l'Homme n'a cessé de modifier les plantes pour les cultiver. Les nouveautés ne lui font donc pas peur. Cependant, pour la première fois depuis le début de son histoire, l'Homme est capable de fabriquer un être vivant avec des gènes d'espèces appartenant à un ordre ou à un règne totalement différent. Dès lors, les risques et les cauchemars liés à la maîtrise et à l'exploitation d'un outil aussi fantastique viennent immédiatement à l'esprit. Des brebis-mammouths et des singes-éléphants surgissent du néant. Ainsi l'imagination de l'ignorant s'emballe pendant que les chercheurs s'affairent… Car il ne faudrait pas croire que fabriquer un OGM, c'est donner un coup de baguette magique sur une citrouille et une souris pour voir apparaître un spectaculaire mélange des deux. Fabriquer un OGM est un travail de longue haleine, complexe, et qui coûte cher. »

D'après Cécile Arbona, « Des plantes génétiquement géniales », *TDC*, n° 829 (1er février 2002).

2 **Remets les phrases dans le bon ordre en t'aidant des connecteurs.**

[……] Toutefois, la plupart de ces produits, qui servent notamment pour la confection de confiseries ou de boissons, ne contiennent plus de composants OGM (ils sont exempts d'ADN et de protéines transgéniques).

[……] En revanche, les animaux d'élevage sont de plus en plus nourris avec des OGM et les produits dérivés de ces animaux, comme la viande, le lait ou les œufs, pourraient encore contenir des composants OGM.

[……] Aujourd'hui, le seul OGM autorisé directement pour l'alimentation humaine est le maïs doux BT11. Aucun fruit ou légume frais OGM n'est commercialisé en France.

[……] De même, on trouve dans l'alimentation humaine des farines, de l'huile ou du sirop dont certains ingrédients sont issus de plantes transgéniques.

Lisa Barnéoud, « OGM : la France se met au pas » © www.cite-sciences.fr.

3 **Complète le texte avec les connecteurs suivants :**
puis – alors – aussitôt – tout à coup – ensuite.

Le narrateur revient sur Terre après trente ans d'absence.

« ……………., quelque chose a jailli du fouillis végétal et a rampé dans ma direction. J'ai bondi en arrière, ……………., reprenant mes esprits, j'ai tiré de la poche de ma veste le mini-tube désintégrant conçu par les ingénieurs téthysiens. La forme s'est arrêtée à côté des malles. ……………., le tube braqué sur elle, je l'ai observée. […] « Une nouvelle espèce de prédateur », ai-je pensé ……………. .

– Bienvenue sur Terre. Bienvenue chez toi. On m'a chargé de t'accueillir.

Je me suis machinalement rapproché d'elle et, ……………., elle m'a paru encore plus hideuse. »

D'après Pierre Bordage, « Dans le regard des miens », in *10 façons d'assassiner la planète* © Flammarion, coll. « Tribal », 2007.

Rappel de cours

Les connecteurs sont des mots qui permettent d'organiser un texte.

■ Les **connecteurs spatiaux** servent à organiser une description. Il peut s'agir de groupes nominaux (à l'extrémité de…), d'adverbes de lieu (ici, au-delà…)

■ Les **connecteurs temporels** établissent la chronologie d'un récit. Il peut s'agir de groupes nominaux (ce matin-là, la veille…), d'adverbes de temps (maintenant, aujourd'hui …), de conjonctions de coordination ou d'adverbes de liaison (puis, ensuite…), de conjonctions de subordination (lorsque…).

■ Les **connecteurs logiques** soulignent l'**enchaînement logique** des idées. Il peut s'agir de conjonctions de coordination (donc, car), d'adverbes de liaison (en effet…), de conjonctions de subordination (parce que…).

Lecture

Lire un texte explicatif

1 **Reconstitue le texte en utilisant les mots suivants.**

- **Noms (N) :** *culture – mobilisation – manipulation – recul – plantes – apprentis sorciers – effets – corps humain.*
- **Adjectifs (A) :** *scientifique – récente.*
- **Verbes (V) :** *se mobilisent – poursuivent – redoute.*
- **Connecteurs (C) :** *en effet – si bien que – néanmoins – c'est pourquoi.*

La (N) .... des gènes est relativement (A) .... dans l'histoire (A) .... de l'agriculture, (C) .... le consommateur (V) .... que les chercheurs jouent aux (N) .... (C) ...., les hommes n'ont pas assez de (N) .... pour connaître les (N) .... des OGM sur le (N) .... (C) .... les écologistes (V) .... pour empêcher la (N) .... de (N) .... génétiquement modifiées. (C) ...., les scientifiques (V) .... leurs travaux. Ils ne comprennent pas cette (N) ....

2 **Lis attentivement ce texte, puis coche « vrai » ou « faux ».**

> « Contrairement au génie génétique tel qu'on le connaissait depuis trente ans, qui consiste avant tout à greffer des gènes d'un organisme à l'autre, la biologie synthétique vise à produire des formes vivantes n'existant pas dans la nature. « On est passé de la lecture de l'ADN à son écriture » remarque le biologiste américain Craig Venter. »
>
> Gilbert Charles, « Ces savants qui réinventent la vie », *L'Express*, n° 2923 (juillet 2007).

1. La biologie synthétique lit l'ADN.	☐ vrai	☐ faux
2. La biologie synthétique reproduit des formes vivantes de la nature.	☐ vrai	☐ faux
3. La recherche génétique permet de greffer des gènes d'un organisme à un autre.	☐ vrai	☐ faux
4. La biologie génétique écrit l'ADN.	☐ vrai	☐ faux

3 **Teste tes connaissances ! Entoure la bonne réponse.**

a) Un écosystème est…
1. un pesticide écologique.
2. un ensemble formé d'un environnement et des êtres vivants qui l'occupent.
3. un système d'irrigation économique.

b) La biodiversité est…
1. l'ensemble des paysages terrestres.
2. l'existence de différentes formes de vie.
3. la destruction des milieux naturels.

c) Les OGM sont le résultat…
1. de microbes modifiés qui polluent la nature.
2. de bactéries transformées qui détruisent la nature.
3. de gènes injectés qui transforment la nature.

Rappel de cours

Le **discours explicatif** présente objectivement un fait ou un problème pour le faire comprendre. On le trouve essentiellement dans les articles de journaux, les encyclopédies, les modes d'emploi, les manuels scolaires, les guides touristiques… Il possède différentes caractéristiques.

- Le discours explicatif emploie de façon dominante le présent, et notamment le **présent de vérité générale**. Ex. : La Terre tourne sur elle-même.
- L'**énonciateur** est **neutre** : sa présence n'est pas marquée, il ne s'implique pas.
- Le point de départ est souvent une **question**, implicite ou explicite.
- Les informations sont souvent livrées avec des chiffres ; le **vocabulaire** est **spécialisé** ou **technique**, certains mots font l'objet de définition.
- L'explication suit une **progression logique** dont l'articulation est marquée par des **connecteurs** logiques.
- Enfin, pour être comprise, l'explication doit s'adapter au **destinataire**.

Activités numériques

Effectuer des opérations sur les nombres relatifs

1 Calcule et complète.

1. $-2-(-5)=$ ....
2. $5\times(-3)=$ ....
3. $\dfrac{-4}{-16}=$ ....
4. $+3-(+12)=$ ....
5. $-4\times(-5)=$ ....
6. $5\times 3-2=$ ....
7. $-11-4=$ ....
8. $\dfrac{12}{-3}=$ ....

2 Vrai ou faux ? Coche la bonne réponse.

	vrai	faux
1. Si a et b sont deux nombres négatifs, alors $\dfrac{ab}{a+b}$ est un nombre positif.	☐	☐
2. Le produit de mille nombres négatifs est positif.	☐	☐
3. $(-3)^4$ est un nombre positif.	☐	☐
4. $\left[(-3)+(-9)\right]\div\left(-2-(-4)\right)=2$	☐	☐

Rappel de cours

■ La **somme** de deux nombres relatifs **de même signe** est un nombre relatif qui a, pour signe, le signe commun aux deux relatifs et, pour distance à zéro, la somme des distances à zéro.
Ex. : (– 5) + (– 4) = (– 9)
(+ 11) + (+ 3) = (+ 14)

■ La **somme** de deux nombres relatifs **de signes contraires** est un nombre relatif qui a, pour signe, le signe du nombre ayant la plus grande distance à zéro et, pour distance à zéro, la différence des distances à zéro.
Ex. : (+ 9) + (– 10) = (– 1)
(– 4) + (+ 8) = (+ 4)

■ **Soustraire** un nombre relatif revient à ajouter son opposé.
Ex. : (– 3) – (– 6)
= (– 3) + (+ 6) = (+ 3)

■ Le **produit** ou le **quotient** de deux nombres relatifs de signes contraires est un nombre relatif négatif. Le produit ou le quotient de deux nombres relatifs de même signe est un nombre relatif positif. Dans les deux cas, la distance à zéro du produit est le produit des distances à zéro.
Ex. : (– 6) × (– 3) = (+ 18)
(– 14) ÷ (+ 7) = (– 2)

3 Complète les pointillés avec le signe opératoire qui convient.

1. $\dfrac{11}{8}\ldots\ldots\dfrac{2}{8}=\dfrac{9}{8}$
2. $\dfrac{1}{5}\ldots\ldots\dfrac{1}{10}=\dfrac{3}{10}$
3. $-2\ldots\ldots\dfrac{1}{10}=-\dfrac{1}{5}$
4. $\dfrac{1}{2}\ldots\ldots\dfrac{6}{3}=1$
5. $1\ldots\ldots\dfrac{1}{2}=\dfrac{3}{2}$
6. $-\dfrac{1}{3}\ldots\ldots\dfrac{1}{3}=-1$

Coup de pouce

Diviser par la fraction $\dfrac{b}{a}$ (avec $a\neq 0$ et $b\neq 0$), revient à multiplier par la fraction $\dfrac{a}{b}$.

4 Plantation de maïs OGM

Le Programme Opérationnel d'Évaluation des Cultures issues des Biotechnologies (POECB) est un projet d'expérimentation pour la culture du maïs transgénique mené depuis 2002.

a) 3 000 000 ha de maïs sont cultivés en France chaque année. La surface cultivée pour le programme POECB est de 80 ha.

Calcule la fraction irréductible représentant la part du maïs transgénique.

....

b) Le rendement du maïs transgénique est d'environ 85 quintaux à l'hectare.

Calcule le nombre de quintaux produit par les 80 ha de maïs transgénique.

....

Utiliser le théorème de Pythagore

1

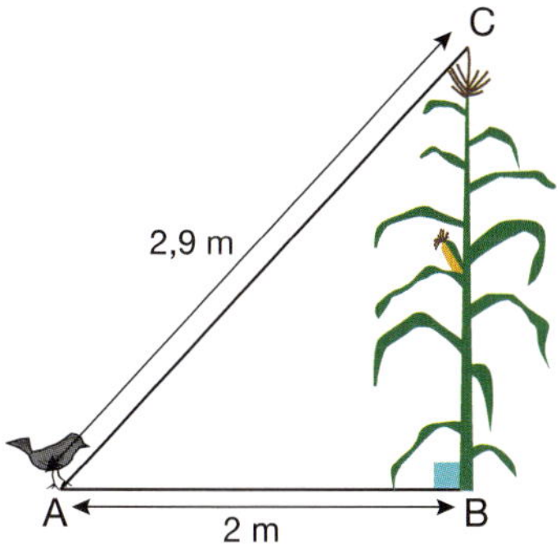

Les larves d'insectes de lépidoptère s'attaquent aux parties aériennes du maïs non transgénique. Un oiseau, posé à 2 mètres du pied du maïs, veut manger une larve posée sur l'épi.

Complète le raisonnement suivant pour connaître la taille du maïs.

Le triangle .... est rectangle en .... On utilise le théorème de ....

AC^2 = ... + BC^2 .... = $2^2 + BC^2$

8,41 – .... = BC^2 .... = BC^2

En utilisant la touche $\sqrt{\ }$ de la calculatrice, on obtient BC = ...

L'épi de maïs mesure .... mètres.

2

Clôture de protection

Un agriculteur veut protéger son champ de maïs transgénique (représenté par la figure ABCD). Pour cela, il pose une clôture autour de son champ et cherche sa longueur.

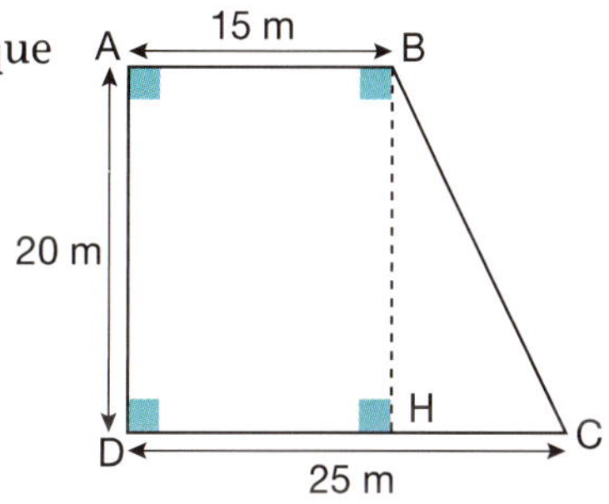

a) Calcule la longueur HC.

....

b) Utilise le théorème de Pythagore dans le triangle BHC pour calculer BC^2.

....

Vérifie avec ta calculatrice que BC ≈ 22,36 m.

c) Complète les pointillés pour calculer la longueur de la clôture.

BA + ... + DC + BC = 15 + 20 + ... + ... = ... m

3

Un triangle dont les côtés mesurent 7,5 cm, 10 cm et 12,5 cm est-il rectangle ? Découvre la réponse en suivant le raisonnement proposé.

a) Quelle est la longueur du plus grand côté ? ....

Calcule le carré de ce nombre. ....

b) Calcule les carrés des longueurs des deux autres côtés et ajoute ces deux carrés.

....

c) Compare les résultats des deux questions précédentes. Sont-ils égaux ?

....

Applique la réciproque du théorème de Pythagore pour trouver la nature du triangle.

....

Rappel de cours

■ Théorème de Pythagore

Si un triangle est rectangle, alors le carré de la longueur de l'hypoténuse est égal à la somme des carrés des longueurs des deux autres côtés.

Ex. : ABC est un triangle rectangle en A, donc $BC^2 = AB^2 + AC^2$.

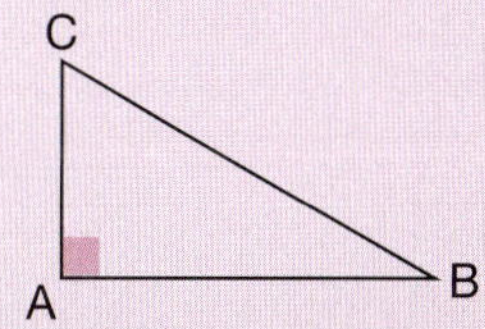

Le plus grand côté est l'hypoténuse du triangle.

■ Réciproque du théorème de Pythagore

Si le carré du plus grand côté d'un triangle est égal à la somme des carrés des longueurs des deux autres côtés, alors le triangle est rectangle.

Breakdown on the road

Conseiller

(Julie, Brian and their parents left England in the morning to spend their holiday on the Irish coast.)

MRS McNULTY. – It's nearly nine o'clock and we haven't reached our destination yet. We should phone the hotel and let them know we'll be late, shouldn't we?

MR McNULTY. – Yes, you're right sweetheart, but... what's happening? The car sounds as if it's going to break down.

JULIE. – If I were you daddy, I'd stop and have a look.

MRS McNULTY. – No, we'd better find a hotel or something first.

MR McNULTY. – Too late, the engine has stopped. Phone the hotel and tell them we won't arrive until tomorrow morning, darling.

MRS McNULTY. – Ok, and what shall we do now?

JULIE. – I can see a light in the distance. Brian and I will go and see if they can put us up for the night.

MR McNULTY. – If I had a hold of the man who said that English cars never broke down!

MRS McNULTY. – Calm down, James. Anger will never solve problems.

- ***breakdown:*** panne
- ***to reach:*** atteindre
- ***engine:*** moteur
- ***to put up:*** héberger
- ***to have a hold of:*** tenir, mettre la main sur
- ***anger:*** colère

Rappel de cours

Formuler un conseil

On peut formuler un conseil de quatre façons différentes.

- you should (ought to) + BV (BV = base verbale)
- if I were you I would + BV
- you'd better + BV
- I advise you to + BV

Les déterminants

- *A* (*an* devant un mot qui commence par une voyelle) correspond aux articles indéfinis *un*, *une*. Ex. : I can see **a** light in the distance.
On le trouve aussi devant les noms de métier. Ex. : She is **a** nurse.
- *The* correspond aux articles définis *le*, *la*, *les*. Ex. : Phone **the** hotel. **The** engine has stopped.
- *Ø* : *le*, *la*, *les* ne se traduisent pas quand on exprime une généralité (Ø English cars never break down.), devant un nom abstrait (Ø anger), devant les noms de pays (Ø England), devant un titre suivi d'un nom propre (Ø king Richard)...

1 Multiple-choice questions. Find the right answer.

1. Mr McNulty stops because
- ☐ the car has broken down.
- ☐ they have arrived.
- ☐ he wants to take photographs.

2. The McNultys intend to spend their holiday
- ☐ in England.
- ☐ in France.
- ☐ in Ireland.

2 Donne un conseil à chaque personnage. Utilise une structure différente pour chaque cas.

Ex.: Mr Mc Nulty: "The car won't start again." → *You should phone a mechanic.*

1. Mrs McNulty: "I haven't warned the hotel of our delay yet."

→ ....

2. Julie: "Look ! There's a light in the distance."

→ ....

3. Brian: "You can't go there on your own, Julie."

→ ....

3 *A(n)*, *the* ou *Ø* ? Complète les phrases ci-dessous à l'aide de ces déterminants.

1. ...... Ireland seems to be ...... wonderful country. – **2.** Look at ...... sky! It's going to rain in ...... evening. – **3.** ...... parents like spending their holiday with their children. But do ...... children agree with that? – **4.** ...... Irish like ...... French or ...... English like going to ...... seaside in ...... summer.

Tous semblables, tous différents !

Certains de nos caractères appartiennent à l'espèce tout entière, tandis que d'autres nous appartiennent en propre. Et ce n'est pas tout ! Certains de ces caractères qui nous singularisent se retrouvent chez d'autres personnes de notre famille...

Comment ces caractères se transmettent-ils de génération en génération ?

1 Relie chaque mot à sa définition.

chromosome •	• molécule portant l'information génétique sous forme codée
gène •	• partie de cellule renfermant la substance à l'origine des chromosomes
ADN •	• partie de chromosome portant l'information relative à un caractère héréditaire
noyau cellulaire •	• cellule résultant de la fécondation
cellule-œuf •	• élément cellulaire support de l'information génétique

2 Les chromosomes et la reproduction

L'espèce humaine est caractérisée par la présence dans chaque cellule de 46 chromosomes : 22 paires de chromosomes dits « homologues » et une 23e paire de chromosomes dits « sexuels » (car ils déterminent le sexe). Ces chromosomes sexuels sont symbolisés par XX chez la femme et XY chez l'homme.

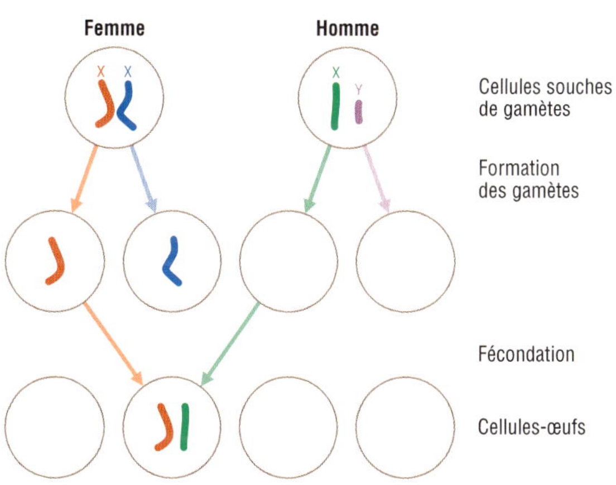

....

Le schéma ci-contre représente des cellules dans lesquelles on a limité la représentation des chromosomes à la paire n° 23 : les chromosomes sexuels. On les suit au moment de la formation des gamètes (cellules reproductrices), puis lors de la fécondation.

Complète le schéma. Pour chaque cellule-œuf obtenue, indique si elle donnera naissance à un garçon ou à une fille.

3 L'information génétique à la fécondation

Parmi les quatre cellules-œufs représentées, laquelle a le plus de chances de se réaliser ? ....

4 Coche les propositions correctes.

☐ Il est possible de modifier le patrimoine génétique d'un organisme.

☐ OGM signifie « organisme généralement malade ».

☐ Les OGM permettent de produire des végétaux de meilleure qualité, plus résistants aux maladies.

☐ Les OGM limitent le hasard lié à la reproduction sexuée.

Conclusion : Les chromosomes sont le support de l'information génétique. Ils sont constitués d'ADN (acide désoxyribonucléique), formant les gènes, parties de chromosome où sont réunies les informations relatives à un caractère héréditaire. La répartition aléatoire des chromosomes dans les gamètes, et la fécondation, constituent deux moments où l'information génétique est brassée au hasard. Mais des phénomènes naturels (radiations solaires) ou des techniques de laboratoire permettent de modifier le patrimoine génétique.

Comment vit-on aujourd'hui au Liban ?

Depuis plus de trente ans, le Liban ne cesse d'être tiraillé entre ses deux voisins : la Syrie et Israël. Après quinze ans de guerre civile et des combats répétés avec Israël, le Liban vit dans une instabilité permanente. Ces conflits ont fait des centaines de milliers de morts et détruit toute une partie du pays.

Un petit pays au centre des conflits

Le Liban est un petit pays du Proche-Orient de 10 000 km^2, soit l'équivalent de l'Île-de-France, et de 4 millions d'habitants. Situé entre la mer Méditerranée, la Syrie et Israël, le Liban a toujours été exposé aux invasions.

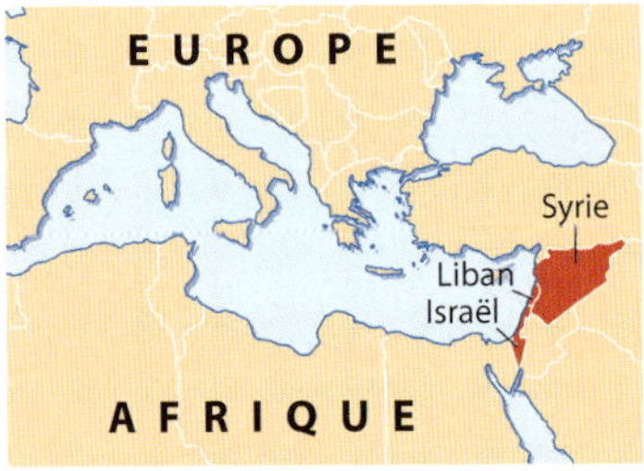

Suite au conflit territorial qui oppose Israéliens et Palestiniens depuis 1948, plus de 400 000 réfugiés palestiniens se sont installés dans le sud du Liban. De religion musulmane, les Palestiniens obtiennent l'appui des Libanais de même religion. À l'inverse, les chrétiens qui soutiennent les Palestiniens dans leur combat contre Israël sont rares.

Entre guerres civile et religieuse

En 1975, les tensions entre chrétiens et musulmans sont tellement fortes qu'une guerre civile éclate. Les chrétiens sont soutenus par l'État libanais, les musulmans par la Syrie. Parallèlement à cette guerre civile qui durera quinze ans, Israël envahit le Liban. Pour riposter à ces attaques, un groupe de musulmans s'arme et forme le Hezbollah.

Lorsque cette guerre se termine, la paix n'est qu'apparente. Le Liban est toujours sous la tutelle de la Syrie et les troupes d'Israël restent dans le sud du pays pour surveiller le Hezbollah.

Sous la pression internationale, ces deux envahisseurs finissent par retirer leurs troupes armées du Liban. Mais une fois de plus, les tensions persistent. En juillet 2006, de violents combats éclatent à nouveau entre le Hezbollah et Israël.

Tout à reconstruire

Le bilan de ces trente années de conflits est lourd : plus de 150 000 morts, des centaines de milliers de personnes contraintes à l'exil, une marée noire dans la mer Méditerranée, des milliers de maisons, de routes, de ponts, d'usines détruits à Beyrouth, la capitale, et dans le sud du pays.

L'armée libanaise et les casques bleus de l'ONU veillent à ce que la trêve se maintienne. Mais le Hezbollah n'a pas déposé les armes et la politique du pays reste très instable.

Photo : *Centre-ville de Beyrouth.* © Jean-Michel Coureau / Explorer / Eyedea

Les Libanais hors du Liban

Les Libanais qui vivent à l'étranger sont bien plus nombreux que ceux qui vivent au Liban. Une première vague d'émigrés a quitté le pays à la fin du XIXe siècle dans le but de faire fortune. Une seconde vague a suivi au moment de la guerre civile.

Cette communauté d'expatriés, que l'on appelle la diaspora libanaise, compte aujourd'hui plus de 12 millions de personnes. La majorité a élu domicile en Amérique du Sud, tout particulièrement au Brésil, et en Amérique du Nord, aux États-Unis et au Canada.

La religion au pouvoir

Au Liban, la politique et la religion sont très liées. Les principaux dirigeants de l'État doivent représenter les différentes religions du pays. Comme la communauté de chrétiens maronites est la plus importante, le président de la République doit être un chrétien maronite. De la même façon, le président du Conseil des ministres doit être un musulman sunnite et celui de la Chambre des députés un musulman chiite.

Une langue, des langues

L'arabe classique est la langue officielle du Liban, mais c'est l'arabe libanais qui est utilisé dans la vie de tous les jours. Une grande partie de la population parle également français. Pourquoi ? Le Liban a été, entre 1920 et 1943, sous l'autorité de la France ; les langues officielles étaient alors l'arabe et le français. Le français est aujourd'hui assimilé à la langue de culture, tandis que l'anglais est utilisé pour le commerce.

MINI-QUIZ

Quelles sont les couleurs du drapeau libanais ? Quel est son symbole ?

- ☐ rouge et blanc
- ☐ rouge et jaune
- ☐ blanc et bleu
- ☐ un cèdre
- ☐ une montagne
- ☐ un aigle

Le drapeau du Liban est composé de deux bandes rouges séparées par une bande blanche. Au centre, figure un cèdre.

IN ENGLISH

How Lebanese people live today?

For more than thirty years, Lebanon has been constantly threatened by its two neighbours: Syria and Israel. After fifteen years of civil war and many attacks of Israel, this little country in the Near East lives in permanent instability. Those fights caused thousands of victims and destroyed a large part of the country.

- ***Lebanon:*** Liban
- ***threatened:*** menacé
- ***neighbour:*** voisin
- ***Near East:*** Proche-Orient

Lecture
Lire un texte narratif

FRANÇAIS

Une grand-mère et sa petite-fille font connaissance en 1975, au Liban, terre de leurs ancêtres. L'une vient de France, l'autre des États-Unis. Bientôt, la guerre menace.

« Sybil et Kalya s'étaient fixé rendez-vous dans ce Liban, lointain pays de leurs ancêtres. [...] Cela faisait près d'un mois qu'elles s'étaient rencontrées, pour la première fois, sur un sol à la fois familier et inconnu. Petite terre de prédilection que l'enfant surprenait nichée dans quelques lignes du livre d'histoire ou de géographie, ou bien qui surgissaient dans la conversation de son père Sam. Elle en rêvait. Ces rives légendaires, ces mondes de temples, de dieux, de mers, de soleils, elle souhaitait les voir, les reconnaître ; pouvoir plus tard en parler autour d'elle.
Pour la première fois, la fillette et sa grand-mère vivaient côte à côte. Ce fut d'abord un temps de bonheur, de promenades, d'entente. Puis la consternation de ces dernières journées. Depuis une semaine, l'aérodrome était clos, le port bouclé. Les quartiers communiquaient mal, d'obscures menaces pesaient sur les habitants et leur cité. »

Andrée Chédid, *La Maison sans racines* © Flammarion, 1985.

1 **En t'aidant du texte, complète cette grille de mots croisés.**

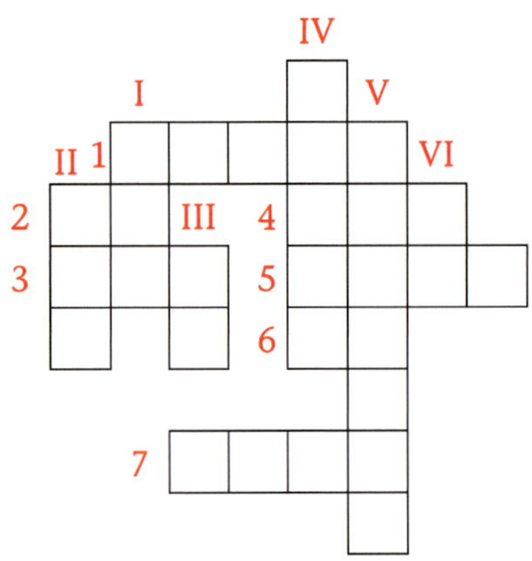

Horizontalement
1. Nom de la fillette.
2. Déterminant possessif.
3. Synonyme de « camarade ».
4. Deux fois.
5. Excès.
6. Venu au monde.
7. Il est bouclé.

Verticalement
I. Nom du père de la fillette.
II. Antonyme de « bien ».
III. Pronom personnel.
IV. Pays de leurs ancêtres.
V. Antonyme de « captivité ».
VI. Appris.

2 **Relève dans le texte la phrase qui marque une rupture en annonçant l'atmosphère de crainte qui s'installe.**

....

3 **Complète le texte suivant.**

L'histoire se passe au ...., en ...., le personnage principal, découvre le pays de ses ancêtres, dont elle n'avait entendu parler jusque-là que par ...., nommé Sam. Ce voyage est aussi pour Sybil l'occasion de faire connaissance avec ...., sa grand-mère.

Le récit est mené à la .... personne (le .... est extérieur à l'histoire), mais c'est à partir du point de vue de .... que l'histoire nous est rapportée. On peut donc parler d'un point de vue ....

Rappel de cours

■ Un texte narratif ne peut être compris que si l'on possède certaines informations fondamentales : où et quand se passe l'histoire ? qui sont les personnages ? dans quelle situation se trouvent-ils ? Pour bien lire un texte, il faut donc repérer les indices qui répondent à ces questions.

■ On peut aussi s'interroger sur la position du **narrateur**.
- Si le narrateur est **extérieur** à l'histoire, il peut choisir d'adopter un point de vue externe (il se contente de rapporter les faits comme s'il était un simple spectateur des événements) ou un point de vue interne (il adopte le regard d'un personnage, dont il rapporte les sentiments, les pensées intérieures).
- Si le narrateur est un **personnage** de l'histoire, le récit est mené à la 1re personne et le point de vue adopté ne peut être qu'interne.

(voir aussi page 100).

Grammaire

Analyser des phrases simples et complexes

1 **« Les vainqueurs exigeaient de l'argent, beaucoup d'argent… » Retrouve la suite de cet extrait de « Boule de Suif » de Maupassant en mettant les phrases ci-dessous dans le bon ordre.**

Indice 1. – La première phrase est composée de deux propositions juxtaposées.
Indice 2. – La deuxième phrase est composée de trois propositions.
Indice 3. – La troisième phrase est une phrase verbale simple.

[……] Les habitants payaient toujours ; ils étaient riches d'ailleurs.

[……] Cependant, à deux ou trois lieues sous la ville, en suivant le cours de la rivière, vers Croisset, Dieppedalle ou Biessart, les mariniers et les pêcheurs ramenaient souvent du fond de l'eau quelque cadavre d'Allemand gonflé dans son uniforme, tué d'un coup de couteau ou de savate, la tête écrasée par une pierre, ou jeté à l'eau d'une poussée du haut d'un pont.

[……] Mais plus un négociant normand devient opulent et plus il souffre de tout sacrifice, de toute parcelle de sa fortune qu'il voit passer aux mains d'un autre.

2 **Lis le texte ci-dessous, puis coche la bonne réponse.**

« Comme les envahisseurs […] n'avaient accompli aucune des horreurs que la renommée leur faisait commettre tout le long de leur marche triomphale, on s'enhardit, et le besoin du négoce travailla de nouveau le cœur des commerçants du pays. »

Maupassant, « Boule de Suif » (1880).

Cette phrase contient quatre propositions :
- ☐ deux indépendantes et deux subordonnées.
- ☐ deux indépendantes, une principale et une subordonnée.
- ☐ une indépendante, une principale et deux subordonnées.

3 **Dans l'extrait suivant, souligne les verbes, mets les propositions entre crochets et encadre les subordonnants.**

« Quelques-uns avaient de gros intérêts engagés au Havre que l'armée française occupait, et ils voulurent tenter de gagner ce port en allant par terre à Dieppe où ils s'embarqueraient.
On employa l'influence des officiers allemands dont on avait fait la connaissance, et une autorisation de départ fut obtenue du général en chef. »

Maupassant, « Boule de Suif » (1880).

4 **Analyse les phrases de l'extrait précédent (exercice 3) en répondant aux questions suivantes.**

a) Combien ce texte compte-t-il de phrases ? …………… de phrases complexes ? ……… – **b)** Combien compte-t-il de propositions ? ……… de propositions subordonnées ? ……… – **c)** Quelle est la classe grammaticale des mots qui introduisent ces subordonnées ? ……………… – **d)** Précise la nature de ces subordonnées. ………………

Rappel de cours

- Une **phrase verbale simple** contient une seule proposition (un seul verbe conjugué), dite indépendante.
Ex. : [Les soldats semblent dépourvus de pitié.]
- Une **phrase complexe** contient plusieurs propositions (plusieurs verbes conjugués). Dans une phrase complexe, les propositions peuvent être reliées de trois manières différentes.
  - **Juxtaposition :** deux propositions indépendantes sont séparées par une virgule, un point-virgule ou deux-points.
  Ex. : [Les soldats n'ont pas vingt ans] ; [ils semblent dépourvus de pitié.]
  - **Coordination :** deux propositions indépendantes sont reliées par une conjonction de coordination (*mais, ou, et, donc, or, ni, car*).
  Ex. : [Les soldats n'ont pas vingt ans,] **mais** [ils semblent dépourvus de pitié.]
  - **Subordination :** une proposition subordonnée est reliée à une principale par un mot subordonnant (pronom relatif, conjonction de subordination, mot interrogatif).
  Ex. : [Les soldats, [**qui** n'ont pas vingt ans,] semblent dépourvus de pitié].
  [**Bien qu'**ils n'aient pas vingt ans,] [les soldats semblent dépourvus de pitié.]

Activités numériques

Effectuer des opérations sur des radicaux

1 **Complète avec les nombres qui conviennent.**

1. $\sqrt{27} = \sqrt{\ldots\ldots \times 3} = \sqrt{9} \times \sqrt{\ldots\ldots\ldots} = \ldots\ldots\ldots\sqrt{3}$

2. $\sqrt{72} = \sqrt{\ldots\ldots \times 2} = \sqrt{36} \times \sqrt{\ldots\ldots\ldots} = \ldots\ldots\ldots\sqrt{2}$

3. $\sqrt{200} = \sqrt{\ldots\ldots \times 2} = \sqrt{100} \times \sqrt{\ldots\ldots\ldots} = \ldots\ldots\ldots\sqrt{2}$

2 **Complète le tableau suivant.**

x	1	81	……	5^2	……
$\sqrt{x}$	…..	…….	$\sqrt{7}$	…..	2

Coup de pouce

Utilise l'égalité $\left(\sqrt{x}\right)^2 = x$

3 **Le Parthénon**

Le Parthénon a été bâti en onze ans, de 447 à 436 avant J.-C., sur l'emplacement d'un édifice détruit lors du sac de l'Acropole en 480 avant J.-C., pendant les guerres médiques.

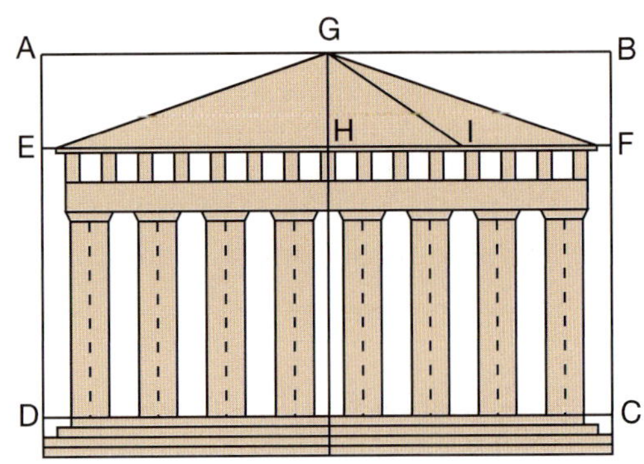

a) Le rapport de la longueur DC à la hauteur DE est égal au nombre d'or φ.

On a : $\varphi = \dfrac{DC}{DE} = \dfrac{1+\sqrt{5}}{2}$.

Utilise une calculatrice pour trouver une valeur approchée au millième de φ.

………………………………………………………………

b) La longueur DC est égale à 30,88 mètres. Calcule une valeur approchée de la hauteur DE.

……

Rappel de cours

■ a désigne un nombre positif. La **racine carrée** de a est le nombre positif dont le carré est a. On a :

$a \geqslant 0$ et $\left(\sqrt{a}\right)^2 = a$.

Ex. : $\sqrt{49} = 7$

■ a et b désignent des nombres positifs. On a :

$\sqrt{a} \times \sqrt{b} = \sqrt{ab}$

$\dfrac{\sqrt{a}}{\sqrt{b}} = \sqrt{\dfrac{a}{b}}$ avec $b \neq 0$.

Ex. :

$\sqrt{45} = \sqrt{9 \times 5} = \sqrt{9} \times \sqrt{5} = 3\sqrt{5}$

$\dfrac{\sqrt{18}}{\sqrt{2}} = \sqrt{\dfrac{18}{2}} = \sqrt{9} = 3$

Coup de pouce

Utilise l'égalité DE = DC ÷ φ

4 **Vrai ou faux ? Coche la bonne réponse.**

	vrai	faux
1. Le carré de $\sqrt{2}$ est 4.	☐	☐
2. $\dfrac{\sqrt{3}}{\sqrt{5}} = \sqrt{\dfrac{3}{5}}$	☐	☐
3. $\sqrt{2} \times \sqrt{8} = 4$	☐	☐
4. $\sqrt{54} = 6\sqrt{9}$	☐	☐
5. $2\sqrt{7} + 4\sqrt{7} = 6\sqrt{7}$	☐	☐

Utiliser le théorème de Thalès

1 Observe la figure et complète le raisonnement permettant de calculer la longueur AK.

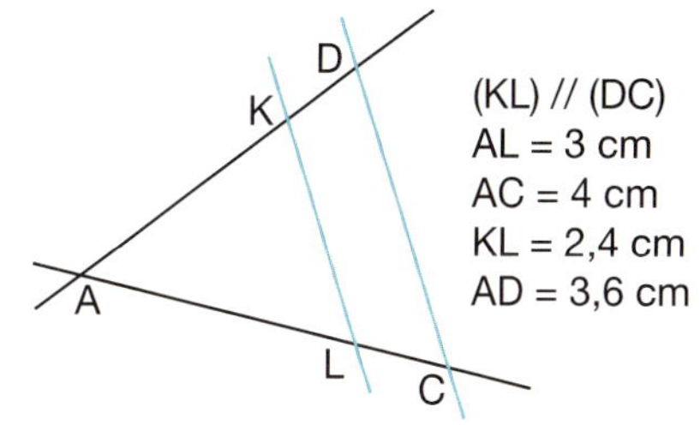

■ Les droites .... et (AD) sont ....

en A. Les droites (KL) et .... sont parallèles.

On applique alors le théorème de ....

■ On écrit ci-dessous l'égalité des rapports

$\frac{AL}{AC}=\frac{.....}{AD}=\frac{KL}{.....}$ $\frac{3}{4}=\frac{AK}{.....}=\frac{.....}{DC}$

■ Puis on calcule AK × 4 = ... × 3,6

AK = 10,8 ÷ .... AK = ... cm.

2 Remparts

Pour renforcer les défenses du château, un seigneur du Moyen Âge décide de consolider les remparts par un contrefort en bois. Il souhaite calculer la longueur de la poutre [DE].

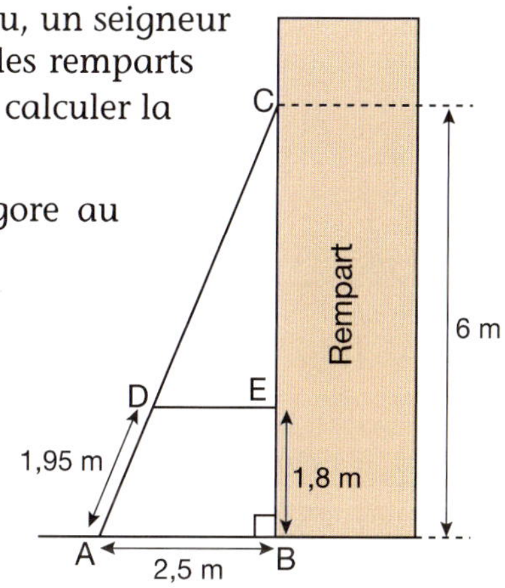

a) Applique le théorème de Pythagore au triangle ABC.

$AC^2 = BC^2 +$ ....

$AC^2 =$ .... $+ 2,5^2$

$AC^2 = 36 +$ ....

$AC^2 =$ ....

Utilise la touche [√] de la calculatrice pour vérifier que AC = 6,5 m.

b) Calcule ensuite les longueurs CD et CE par soustraction.

....

c) La poutre [DE] est parallèle au sol. Applique le théorème de Thalès pour calculer la longueur DE.

$\frac{CD}{CA}=\frac{CE}{......}=\frac{DE}{......}$ $\frac{......}{6,5}=\frac{4,2}{.......}=\frac{DE}{2,5}$

DE × 6 = 4,2 × .... DE = 10,5 ÷ .... DE = ...

3 Vrai ou Faux ? Coche la bonne réponse.

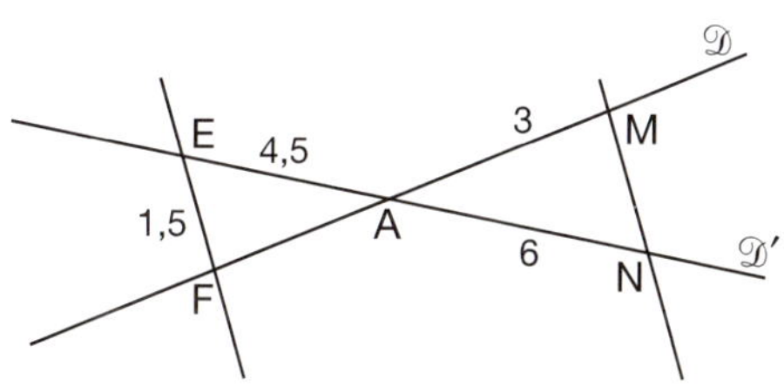

	vrai	faux
1. Les droites 𝒟 et 𝒟′ sont sécantes en A et (EF) // (MN), donc $\frac{4,5}{6}=\frac{AF}{3}=\frac{1,5}{MN}$	☐	☐
2. Si $\frac{4,5}{6}=\frac{AF}{3}=\frac{1,5}{MN}$, alors AF = 9 cm et MN = 2 cm.	☐	☐

Rappel de cours

■ **Théorème de Thalès**

Soient deux droites 𝒟 et 𝒟′ sécantes en A.
Soient B et M deux points de 𝒟, distincts de A.
Soient C et N deux points de 𝒟′, distincts de A.
Si les droites (BC) et (MN) sont parallèles, alors

$\frac{AM}{AB}=\frac{AN}{AC}=\frac{MN}{BC}$

■ Ex. : Sur la figure ci-dessous, les droites (BC) et (MN) sont parallèles, donc

$\frac{AM}{AB}=\frac{AN}{AC}=\frac{MN}{BC}$

ou encore $\frac{4}{5}=\frac{2}{AC}=\frac{MN}{7,5}$.

On en déduit que :
4 × AC = 5 × 2, soit AC = 2,5 cm
et 5 × MN = 4 × 7,5 soit
MN = 6 cm.

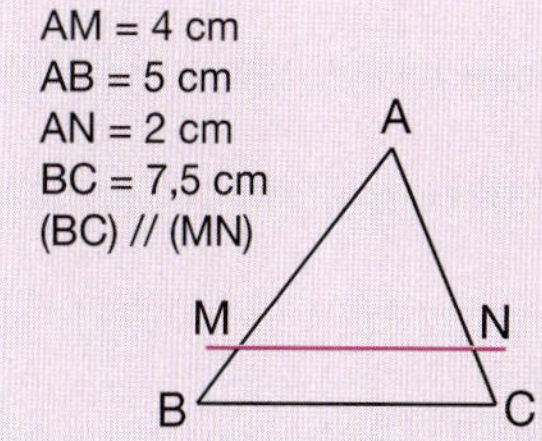

A haunted castle

Ordonner et défendre

(Julie and Brian are looking for a place to sleep.)

JULIE. – It looks very much like a castle, doesn't it?

BRIAN. – Yes, it does but it is also a hotel. Look at the sign, "*Lakeview Hotel*". Let's get in and ask if there are any vacancies for the night. It would be great if we could stay here tonight.

JULIE. – Brrr... How sinister! It looks as if the place is empty.

BRIAN. – We should ask the receptionist. He's over there.

JULIE. – Good evening, sir. We would like to know if we could book two double rooms...

RECEPTIONIST. – Good evening, kids. This hotel is empty, so you can book as many rooms as you like, and providing you're brave enough, you can stay as long as you want.

JULIE. – What do you mean by "brave enough"?

RECEPTIONIST. – Well, the hotel is empty because it is, er... haunted!

- ***haunted:*** hanté
- ***to look like:*** ressembler
- ***vacancies:*** chambres libres
- ***empty:*** vide
- ***to book:*** réserver
- ***providing:*** à condition que

1 **Choose the picture that corresponds best to the dialogue.**

2 **Regarde les panneaux, et dis ce que les clients doivent ou ne doivent pas faire.**

1. .... your car behind the hotel.	**2.** .... in the restaurant.	**3.** .... on the grass.

3 **Complète le dialogue en utilisant les verbes suivants au conditionnel :** *be – move – shout – do – jump – try.*

Coup de pouce

Certains verbes sont à la forme négative ou interrogative.

JULIE. – What .... if you saw a ghost ?

BRIAN. – Well, I .... so scared that I .... and I .... for help. What about you?

JULIE. – I .... on him and I .... to make him prisoner.

4 ***Could(n't)* or *should(n't)* ?**

1. Brian .... stay at the hotel with the receptionist while his sister goes back to the car, but he prefers following Julie. – **2.** Because of the car breakdown, the McNultys .... go any further, even if they wanted to. – **3.** The receptionist .... be rewarded for his courage.

Rappel de cours

L'ordre et la défense

Pour exiger de quelqu'un qu'il fasse quelque chose, on a recours à la **base verbale** du verbe (ex. : **follow** me). Pour lui signifier une interdiction, on mettra ***don't*** devant (ex. : **don't be** afraid).

Le conditionnel

Il se forme à l'aide de l'auxiliaire ***would*** suivi de la base verbale.
Ex. : **We would ('d)** like...
Pour traduire *je pourrais* et *je devrais* (conseil), tu ne dois pas utiliser l'auxiliaire *would*.
- je pourrais : **I could**
- je devrais : **I should**

1918 : bilan d'une guerre totale

Une Europe meurtrie aux frontières redessinées

Entre 1914 et 1918, la Première Guerre mondiale a vu s'affronter les principales puissances de l'époque. Le bilan est à la hauteur de leur engagement dans ce conflit : environ 9 millions de morts, des millions de blessés, d'invalides, de veuves et d'orphelins… Et combien d'hommes revenus traumatisés de cette guerre dont ils rêvent qu'elle soit la « Der des Der » ! Le désastre est aussi matériel et financier : des régions entières sont à reconstruire.

Quelle est l'ampleur du désastre démographique ? Quel est le nouveau visage de l'Europe ?

1

	mobilisés (en millions)	morts (en millions)	blessés (en millions)	morts et blessés (en % des mobilisés)
France	8,4	1,35	3,5	60
Royaume-Uni	8	0,95	2	37
Italie	5,5	0,5	?	?
États-Unis	4	0,1	0,2	8
Allemagne	13	1,6	4	41
Autriche-Hongrie	9	1,45	2	38

a) En utilisant les données du tableau ci-dessus, indique dans chaque colonne les trois pays les plus touchés.

	mobilisés	tués	blessés	% des victimes chez les mobilisés
1	....	....	....	....
2	....	....	....	....
3	....	....	....	....

b) À quel continent appartiennent les pays les plus touchés ? ....

c) Quel pays, entré plus tard en guerre et éloigné de la zone des combats, a le moins de victimes et s'apprête à exercer un « leadership mondial » ? ....

2 **Relie chacune de ces conséquences de la guerre au domaine qu'elle concerne.**

Quatre empires ont disparu, et neuf nouveaux États sont créés. •	• un drame humain
Les grandes villes industrielles et minières du nord-est de la France sont très endommagées. •	• une société bouleversée
Après avoir travaillé à la place des hommes, les femmes s'émancipent. •	• un désastre économique
Les blessés, défigurés, sont surnommés « les gueules cassées ». •	• une Europe redessinée, plus morcelée

Conclusion : La Première Guerre mondiale a provoqué le déclin de l'Europe : elle est dépeuplée, appauvrie et traumatisée.
Ses frontières ont été redessinées par les vainqueurs au grand mécontentement de l'Allemagne, que le traité de Versailles accable en la jugeant seule responsable du conflit.
Venue de la Russie, devenue l'URSS à la faveur d'une révolution en 1917, une vague révolutionnaire déstabilise encore un peu plus l'Europe dans les années 1920.
Les États-Unis, quant à eux, sortent du conflit renforcés.

Pourquoi faut-il trier ses déchets ?

Aujourd'hui en France, nous produisons deux fois plus d'ordures ménagères que nos grands-parents et les décharges commencent à saturer. Si le recyclage et le compostage sont des solutions écologiques séduisantes, à peine 20 % de nos déchets en bénéficient. L'une des raisons : tout le monde ne trie pas correctement…

Des déchets par milliers

Chaque Français produit plus d'un kilogramme de déchets par jour. Si tout le monde jetait ses déchets au même endroit pendant une année, on obtiendrait un tas d'ordures trois fois plus haut que la tour Eiffel ! D'où l'idée de donner une seconde vie aux détritus. Cela permet de limiter le nombre de décharges mais aussi d'être plus respectueux de l'environnement.

Le recyclage est moins polluant que la fabrication d'objets neufs, il est moins gourmand en énergie et surtout, il ne nécessite pas de matière première neuve. En recyclant une tonne de papier, on épargne dix arbres et 120 000 litres d'eau. En recyclant une tonne de plastique, on économise 700 kg de pétrole. La transformation des déchets « verts » (restes de nourriture, épluchures, etc.) permet d'obtenir du compost (utilisé pour fertiliser la terre) ou de l'électricité.

Déchet mal trié, déchet non recyclé

Mais pour valoriser nos déchets, il faut commencer par bien les trier. Or, si la plupart des Français participent au tri sélectif, un déchet sur cinq atterrit encore dans la mauvaise poubelle ! Le verre ou les déchets « verts » doivent être déposés dans des conteneurs spécifiques. Les emballages recyclables (plastique, carton, aluminium, etc.) doivent être jetés en vrac dans les bacs fournis par la commune, le plus souvent des poubelles jaunes. La moitié de nos ordures pourraient être ainsi récupérées.

Mais lorsque les déchets sont mal triés ou enfermés dans des sacs, ils ne sont pas envoyés dans les centres de tri. Dans certaines grandes villes, la moitié des poubelles sont ainsi refusées. Que deviennent alors les emballages ? Ils sont envoyés en décharge ou brûlés comme plus de 80 % de nos déchets. *(Source : Ademe)*

Photo : Œuvre d'art faite de bouteilles plastiques. Plage de Botafogo, Rio De Janeiro, juin 2012. *ph © Agencia Estado / ZUMA-REA*

La seconde vie de nos déchets

Les déchets peuvent renaître sous des formes inattendues. Avec 10 bouteilles en plastique, tu peux obtenir une veste de ski. Avec 670 canettes en acier, tu peux fabriquer un vélo, et avec 19 000 boîtes de conserve, faire la carrosserie d'une voiture.

© Eco-emballages

Champion du recyclage

Les Japonais possèdent des dizaines de poubelles de tri différentes : pour les bouteilles en plastique, les canettes, les briques de lait, les barquettes de viande… La dernière en date est une poubelle exclusivement dédiée aux téléphones portables.

Le tri arrive dans le métro

Après avoir fait leur apparition dans le métro berlinois, les poubelles de tri sélectif sont arrivées dans le métro parisien. Une bonne initiative quand on sait que la RATP collecte chaque année 10 000 tonnes de déchets, dont la moitié est recyclable.

MINI-QUIZ

Sais-tu ce que veulent dire les différents logos imprimés sur les emballages ? Relie chaque logo à sa signification.

1.
2.
3.
4.

a. Cet emballage contient des matériaux recyclés.
b. Cet emballage est recyclable.
c. La société qui produit cet emballage participe financièrement au recyclage des déchets.
d. Cet emballage a un impact réduit sur l'environnement.

1. c. Le « point vert » peut être noir, bleu ou rouge en fonction de la couleur de l'emballage. – 2. b. – 3. d. – 4. a. Le pourcentage indique la part de matériau recyclé dans l'emballage.

Le conseil d'Rpur

La chasse aux emballages est ouverte

Les emballages représentent un tiers de nos poubelles ! Pour réduire leur quantité, fais attention à ce que tu achètes.
Privilégie les éco-recharges, les produits familiaux ou en vrac : ils ont moins d'emballage que les produits de consommation individuelle ou les mini-doses.

IN ENGLISH

Why must we sort waste?

In France, we produce twice as much household garbage as our grandparents used to, and dumps are almost brimful. If recycling and composting are efficient ecological solutions, only twenty percent of our waste can be processed that way. One reason: everybody doesn't sort waste correctly.

- ***to sort:*** trier
- ***waste/garbage:*** déchet(s)
- ***twice as much:*** deux fois plus
- ***dump:*** décharge
- ***brimful:*** pleine à déborder

Écriture

Rapporter des paroles

1 **Lis le texte, puis remplis les bulles de la bande dessinée.**

Le professeur de SVT explique aux élèves que chaque Français jette 415 kg d'ordures par an. Un élève lui réplique que ce n'est pas grave puisque ceux-ci sont recyclés. Alors, le professeur invite sa classe à regarder un diagramme qui présente les chiffres suivants : 6 % de déchets seulement sont triés et 29 % sont incinérés. Une élève lève alors la main et demande ce qu'il faut faire. Le professeur réplique que seul un changement radical du mode de consommation des pays industrialisés peut faire évoluer la situation.

Rappel de cours

■ Quand les paroles sont rapportées exactement comme elles ont été dites, on parle de **style** (ou de **discours**) **direct**. Ce discours restitue les marques de l'oralité, les types de phrase et les niveaux de langage.
Les paroles sont annoncées par un **verbe introducteur** (*expliquer, demander…*) suivi de deux-points. Le verbe peut aussi être en incise (c'est-à-dire être intégré aux paroles rapportées).
Les paroles rapportées sont généralement entre **guillemets** ; dans un dialogue, l'emploi de **tirets** montre le changement de personne.

■ Quand les paroles sont intégrées au récit, on parle de **style** (ou de **discours**) **indirect**. Elles doivent alors subir une transformation.
Introduites par un verbe de parole, elles figurent dans des **propositions subordonnées** COD.
Ex. : Le professeur explique aux élèves [que chaque Français jette 415 kg d'ordures par an].
Elles peuvent aussi prendre une **forme infinitive**.
Ex. : Le professeur invite ses élèves [à regarder le tableau].

■ Dans un **texte théâtral**, les **didascalies** apportent toutes les précisions nécessaires à la mise en scène d'un dialogue.

2 **Voici le même dialogue rapporté au discours direct. Il manque la ponctuation et les signes typographiques (tirets, guillemets). À toi de les rétablir.**

Le professeur de SVT explique aux élèves

Chaque Français jette 415 kg d'ordures par an

Ce n'est pas grave puisqu'ils sont recyclés réplique un élève

Regardez ce diagramme : 6 % seulement des déchets sont traités et 29 % sont incinérés

Une élève lève la main et demande

Qu'est-ce qu'il faut faire alors

Seul un changement radical du mode de consommation des pays industrialisés peut faire évoluer la situation

3 **Transforme ce dialogue en une courte scène de théâtre. Trouve les répliques et indique les didascalies entre parenthèses.**

(La scène se passe ……………………………………………………………………)

LE PROFESSEUR : ………………………………………………………………………

UN ÉLÈVE : …………………………………………………………………………

LE PROFESSEUR (………………………) : ………………………………………………

………………………………………………………………………………………

UNE ÉLÈVE (………………………) : …………………………………………………

LE PROFESSEUR : ………………………………………………………………………

………………………………………………………………………………………

Écriture

Utiliser les différents niveaux de langage

Un journaliste français est parti au Mexique pour effectuer une enquête sur la pollution.

« Les constructions de parpaing brut et de palettes de déchargement d'occasion s'étalaient sur toute la colline en un paysage de désolation. Du linge rapiécé séchait sur des fils. Les eaux usées des habitations ruisselaient en cascades sur les terrasses étayées par des murettes de pneus lisses empilés. Des milliers de sacs plastiques jonchaient le sol, s'accrochaient aux buissons de *mesquite* (arbuste du Mexique) rabougris comme des pendus. »

Patrick Bard, *La Frontière* © Le Seuil, 2002.

1 Le journaliste utilise un niveau de langage soutenu. Il n'aurait sans doute pas employé le même vocabulaire s'il s'était adressé à un ami (il aurait pu utiliser un langage familier) ou à son rédacteur en chef (il se serait alors exprimé dans un langage courant).
Quels termes aurait-il employés dans ces différents cas ? Complète le tableau.

Destinataires		
un ami	**le rédacteur en chef**	**les lecteurs**
....	les cabanes	les constructions
dégoulinaient	....	....
....		jonchaient
soutenues		....
ratatinés		....

2 **Souligne dans le texte ci-dessous tous les mots ou expressions appartenant au langage familier.**

Raphaël revient d'une journée de stage d'escalade. Un des élèves a frôlé l'accident. Il le raconte à sa sœur.

« Au stage d'escalade y avait un nouveau aujourd'hui. Dès le départ moi j'ai vu qu'il captait que dalle à ce que le prof disait. Mais le mec il voulait pas le dire, il a dû croire qu'il allait s'en tirer comme ça. Sauf que pas de chance, le prof l'a envoyé direct faire la descente en rappel. Et là on a complètement flippé : en deux temps trois mouvements le mec s'est retrouvé la tête en bas, suspendu dans les airs ! »

3 **Réécris ce récit en utilisant un niveau de langage courant.**

Aujourd'hui, au stage d'escalade, il y avait un nouvel élève. ....

....

....

....

....

....

Rappel de cours

Selon la situation de communication (qui parle ? à qui ? dans quelles circonstances ?), le locuteur doit adapter son discours. On distingue **trois niveaux de langage.**

- Le **langage soutenu** se caractérise par une syntaxe correcte et un vocabulaire riche. Ex. : Cette dame n'est pas avenante.
- Le **langage courant** se caractérise par une syntaxe correcte et un vocabulaire commun. Ex. : Cette femme n'est pas sympathique.
- Le **langage familier** se caractérise par une syntaxe incorrecte et un vocabulaire familier, parfois déformé. Ex. : Cette nana, elle est pas sympa.

Activités numériques
Calculer avec des puissances

1 **Complète les égalités suivantes.**

1. $10^3 \times$ .... = 7 532
2. $10^5 \times$ .... = 16 542
3. $10^{-3} \times$ .... = 0,065
4. $10^{-4} \times$ .... = 8,4

2 **Vrai ou faux ? Coche la bonne réponse.**

	vrai	faux
1. Un milliardième s'écrit 10^{-9}.	☐	☐
2. $10^3 + 10^{-3} = 0$	☐	☐
3. $2^{-2} = \frac{1}{4}$	☐	☐
4. $\frac{5^2 \times 5^{-3}}{5^4} = \frac{1}{5^5}$	☐	☐

Rappel de cours

■ Pour tout $n \geqslant 2$,
$a^n = \underbrace{a \times a \times \ldots \times a}_{n \text{ fois}}$

■ Pour tout $a \neq 0$, $a^{-n} = \frac{1}{a^n}$

Pour tout entier n,
$10^n = 1\underbrace{0 \ldots 0}_{n \text{ zéros}}$ et $10^{-n} = \underbrace{0{,}0 \ldots}_{n \text{ zéros}}1$

Ex. : $10^6 = 1\,000\,000$ (1 suivi de six zéros)
$10^{-4} = 0{,}000\,1$ (1 précédé de quatre zéros)

■ Pour multiplier un nombre par 10^n, on décale la virgule de n rang vers la droite.
Pour multiplier un nombre par 10^{-n}, on décale la virgule de n rang vers la gauche.
Ex. : $2{,}7 \times 10^3 = 2\,700$
$32{,}12 \times 10^{-2} = 0{,}3212$

■ L'écriture scientifique d'un nombre décimal non nul est de la forme $a \times 10^n$ où a est un décimal tel que $1 \leqslant a < 10$ et n un entier relatif.
Ex. : 324,75 a pour écriture scientifique $3{,}247\,5 \times 10^2$.
0,35 a pour écriture scientifique $3{,}5 \times 10^{-1}$.

■ Quels que soient les entiers relatifs m et n, et tout entier relatif a,
$a^m \times a^n = a^{m+n}$
$(a^m)^n = a^{m \times n}$
De plus, si $a \neq 0$,
$\frac{a^m}{a^n} = a^{m-n}$ $\frac{1}{a^m} = a^{-m}$

3 **Déchets plastiques sur les plages**

Durant l'année 2006, on a trouvé 122 millions de sacs plastiques sur les plages de France.

a) Donne l'écriture scientifique de 122 millions.

Coup de pouce
Un million s'écrit 1 000 000.

....

b) La population de la France métropolitaine est d'environ 60 500 000 habitants. Donne l'écriture scientifique de ce nombre.

....

c) Explique pourquoi le nombre de sacs plastiques trouvés sur les plages représente deux sacs par habitant.

....

....

4 **Les déchets ménagers en 2002**

Les habitants de La Réunion ont produit 378 000 tonnes de déchets ménagers en 2002. Les déchets ménagers comprennent les ordures ménagères et les encombrants, les deux étant ramassés séparément.

a) Convertis 378 000 tonnes en kilogrammes, puis donne l'écriture scientifique du nombre obtenu.

Coup de pouce
1 tonne = 1 000 kg

....

En supposant que la population de la Réunion est d'environ 741 000 habitants, calcule le nombre de kilogrammes de déchets ménagers produit par une personne.

....

b) Chaque habitant de la Réunion produit 332 kg d'ordures ménagères par an.
Explique pourquoi l'ensemble des Réunionnais a produit environ 246 012 tonnes d'ordures ménagères en 2002.

....

Démontrer que deux droites sont parallèles

1 Observe la figure ci-contre.

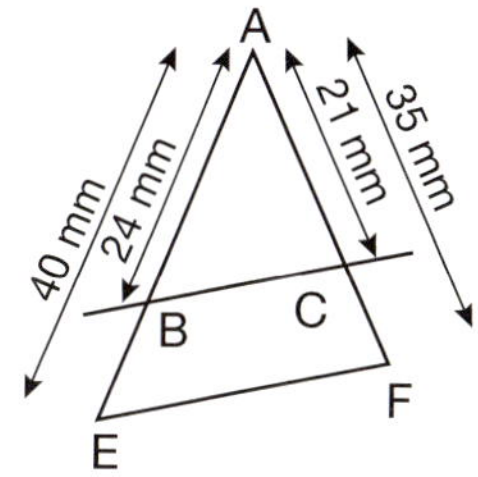

a) Complète les égalités suivantes.

$\frac{35}{40} = \frac{......}{8}$ $\frac{21}{24} = \frac{7}{......}$

b) Les rapports $\frac{AB}{AE}$ et $\frac{AC}{AF}$ sont-ils égaux ? ....

Les points A, B, E et les points A, C, F sont-ils dans le même ordre ? ....

c) Quel théorème permet d'affirmer que les droites (BC) et (EF) sont parallèles ? ....

....

2 Vrai ou faux ? Coche la bonne réponse. vrai faux

1. Sur la figure ci-contre, les droites (AB) et (CD) sont parallèles. ☐ ☐

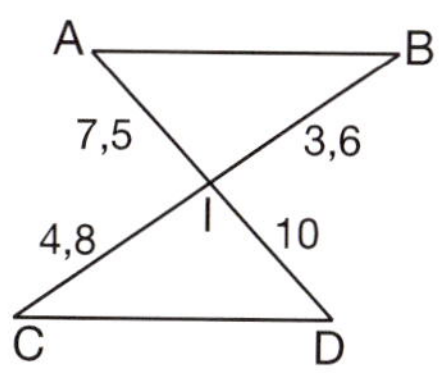

2. ABC est un triangle. M est le milieu de [AB], N est le milieu de [AC], donc (MN) // (BC). ☐ ☐

3. Sur la figure ci-contre, les droites (MN) et (BC) sont parallèles. ☐ ☐

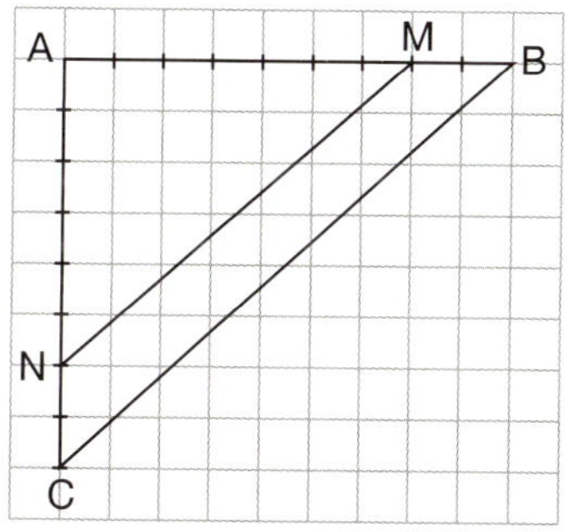

3 Les encombrants

Les objets encombrants sont ramassés dans les communes indépendamment des ordures ménagères.

a) Observe le dessin ci-contre qui représente une vieille table à repasser. On l'a réparée du mieux possible.

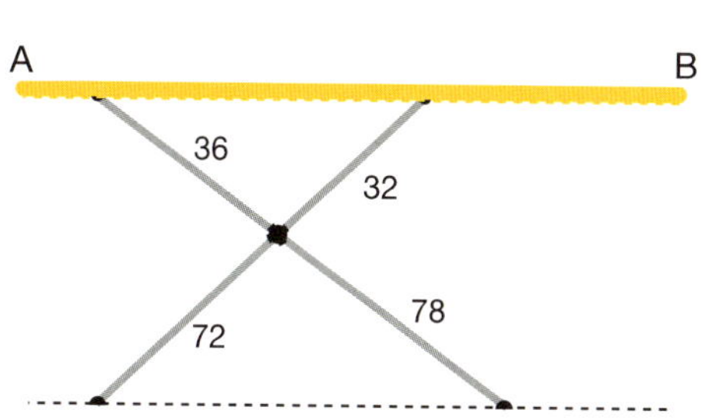

Complète les égalités suivantes : $\frac{36}{78} = \frac{......}{13}$ et $\frac{32}{72} = \frac{4}{......}$.

b) Les rapports précédents sont-ils égaux ? ....

La planche [AB] est-elle horizontale ? ....

Quel théorème te permet de le justifier ? ....

Rappel de cours

Réciproque du théorème de Thalès

Soient deux droites $\mathscr{D}$ et $\mathscr{D}'$ sécantes en A.
Soient B et M deux points de $\mathscr{D}$, distincts de A.
Soient C et N deux points de $\mathscr{D}'$, distincts de A.
Si $\frac{AM}{AB} = \frac{AN}{AC}$ et si les points A, B, M et les points A, C, N sont dans le même ordre, alors les droites (BC) et (MN) sont parallèles.

Ex. : Sur la figure ci-contre, on a $\frac{AM}{AB} = \frac{2}{5} = 0,4$ et $\frac{AN}{AC} = \frac{6}{15} = 0,4$. De plus, les points A, B, M et les points A, C, N sont dans le même ordre. On en déduit que les droites (BC) et (MN) sont parallèles.

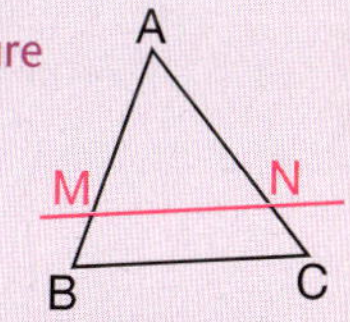

Théorème des milieux

Dans un triangle, si une droite passe par les milieux de deux côtés, alors elle est parallèle au troisième côté.
Le théorème des milieux est un cas particulier du théorème de Thalès.

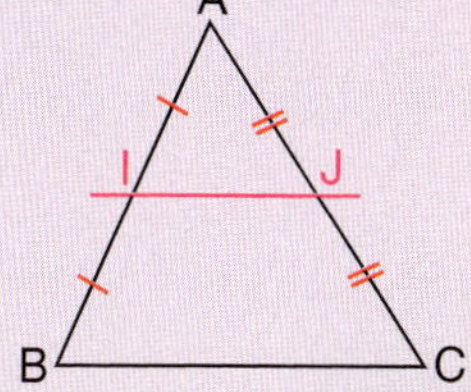

Strange noises at night

Exprimer des degrés de probabilité

(Julie, Brian and their parents are spending the night at the hotel.)

BRIAN. – Julie, I can hear a strange noise upstairs.

JULIE. – It must be a guest.

BRIAN. – No, it can't be a guest : the hotel is empty. And it sounds as if someone is walking with chains tied at their feet! The receptionist said that the hotel was haunted. I'm so scared.

JULIE. – I can hear chains hitting the ground, too. It may be a ghost!

BRIAN. – Oh no, I don't want to stay here any longer.

JULIE. – The receptionist added that if we were brave enough, we could stay... And we're brave, aren't we? So we won't move until tomorrow. Moreover, we're safer here than outside.

BRIAN. – You're right, I don't feel like coming face to face with a ghost in the corridor.

- ***guest:*** client
- ***tied:*** attaché
- ***to hit:*** frapper, toucher
- ***to add:*** ajouter
- ***safe:*** en sécurité
- ***to feel like:*** avoir envie

Rappel de cours

Les degrés de probabilité

- ***Can't*** + BV indique que la chose dont tu parles est impossible.
Ex. : It can't be a guest.
- ***May*** + BV signale une probabilité moyenne, une incertitude.
Ex. : It may be a ghost.
- ***Must*** + BV une quasi-certitude.
Ex. : It must be a guest.

Le discours indirect

Lorsqu'on passe du discours direct au discours indirect avec un verbe introducteur au prétérit, voici les changements qu'il faut respecter.

- présent → prétérit
- prétérit → prétérit ou past perfect
- present perfect → past perfect
- futur → conditionnel

Ex. : "The hotel **is** haunted"
→ He said the hotel **was** haunted.
"How long **are we** going to wait ?" (question ouverte)
→ The two boys wondered how long **they were** going to wait.
"**Can we** see the room ?" (question fermée) → Julie and Brian wanted to know if **they could** see the room.

1 **Find in the grid the antonyms of the following words:**
upstairs – empty – someone – here – brave – outside – right.

d	o	w	n	s	t	a	i	r	s
x	f	i	l	w	e	t	n	w	a
z	u	r	e	m	q	h	s	r	f
t	l	t	s	p	y	e	i	o	j
u	l	c	o	w	a	r	d	n	e
n	o	o	n	e	d	e	e	g	r

2 **How sure are you about the following sounds? Use the modals *can't*, *must* and *may*.**

VROUM VROUM — It .... be Mr McNulty's car, it is not working at the moment.

HOU HOU — It .... be an owl, or the wind, or… a ghost! I'm not sure at all.

CLING CLING — It .... be a rattle of chains. If not, it sounds very much like it.

3 **Transforme les paroles des personnages en discours indirect.**

1. Mr McNulty: "This place isn't safe at all!"
→ Mr McNulty said ....

2. Mrs McNulty: "How long are we going to stay here?"
→ Mrs McNulty asked her husband ....

3. Julie: "If we stay a bit longer, I'll try to solve this mystery."
→ Julie said ....

Caractéristiques des métaux usuels

Les métaux sont utilisés dans de nombreux domaines. On les trouve aussi bien dans les câbles électriques que dans les ordinateurs, les télévisions, les voitures, les rollers et autres moyens de locomotion. Les métaux les plus courants sont le fer, l'aluminium, le zinc, le cuivre, l'argent et l'or. On les distingue par leurs propriétés physico-chimiques (couleur, densité, oxydation…). Ils sont parfois mélangés entre eux ou associés à d'autres corps, formant ainsi des alliages.

Comment reconnaît-on les métaux usuels ? Les métaux sont-ils de bons conducteurs d'électricité ?

1 Complète le tableau suivant.

nom	…………	fer	…………	…………	zinc	or
symbole de l'atome	Al	…………	Cu	Ag	…………	…………

2 Identifie les métaux grâce au schéma et aux indices.

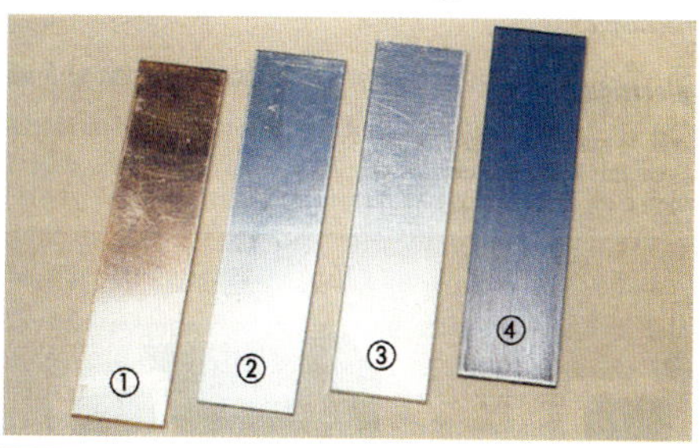

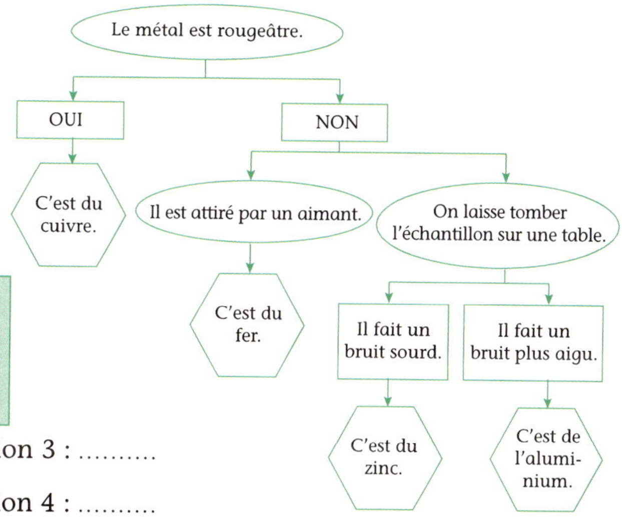

Indices
- *L'échantillon 2 est attiré par un aimant.*
- *L'échantillon 3 fait un bruit sourd en tombant.*

1. échantillon 1 : …………
2. échantillon 2 : …………
3. échantillon 3 : ……….
4. échantillon 4 : ……….

3 Observe les expériences suivantes et complète le texte.

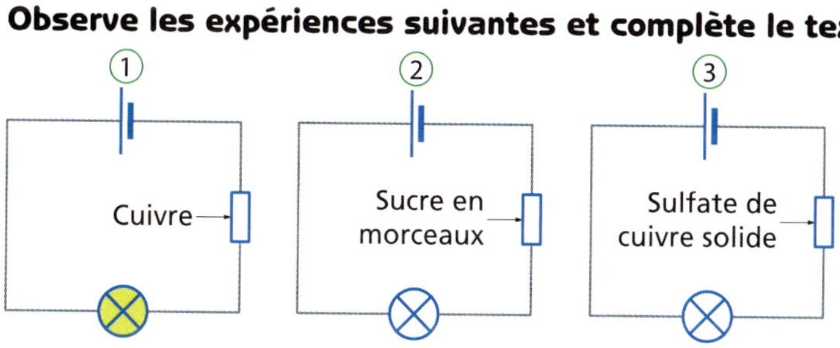

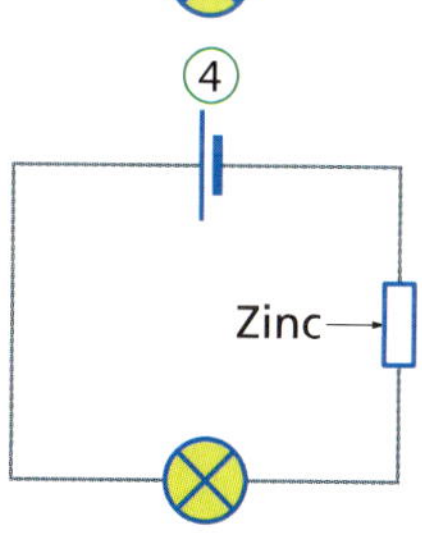

J'observe que la lampe brille dans les cas …… et …… . J'en déduis que le cuivre et le zinc sont des …………………… alors que le …………………… et le …………………… sont des isolants. Tous les …………………… sont conducteurs, ce qui n'est pas le cas de tous les solides.

Conclusion : Depuis l'âge de bronze (– 2500 à – 1000 avant J.-C.), les Hommes fondent les objets usagés pour récupérer le métal et l'utiliser dans la fabrication de nouveaux objets. Le recyclage n'est donc pas récent !
Actuellement, on recycle essentiellement l'acier et l'aluminium.
Le recyclage de l'acier permet de fabriquer des pièces de moteur, des outils, des boîtes de conserve, celui de l'aluminium permet de fabriquer des canettes, des constituants d'automobiles, etc.

Quiz Séquences 1 à 3

Corrigé p. 113

Teste tes connaissances ! Fais les quiz, compare tes réponses avec celles du corrigé et attribue-toi un score.

FRANÇAIS

1 Utiliser des connecteurs

Dans chaque phrase, souligne le connecteur, puis indique s'il exprime l'idée de cause (Ca), de conséquence (Co) ou d'opposition (Op).

	Ca	Co	Op
1. Comme la cigale a faim, elle va voir la fourmi.	☐	☐	☐
2. Mais la fourmi n'est pas prêteuse.	☐	☐	☐
3. C'est pourquoi elle refuse de l'aider.	☐	☐	☐
4. Pourtant, la cigale a de très bons arguments.	☐	☐	☐

Score : .... / 2

2 Lire un texte explicatif

Remets les phrases dans l'ordre en les numérotant de 1 à 5.

- [.....] *Les Misérables*, par exemple, paraissent en 1862.
- [.....] Jusqu'à sa mort, il reste pour le peuple français une figure forte, tant sur le plan littéraire que politique.
- [.....] Ce n'est qu'avec l'avènement de la IIIe République que Victor Hugo revient d'exil.
- [.....] C'est là qu'il écrit ses œuvres littéraires majeures.
- [.....] Sous le Second Empire, Victor Hugo vit en exil à Guernesey.

Score : .... / 2

3 Lire un texte narratif

Le 14 juillet 1789, l'événement majeur à Paris fut la prise de la Bastille.
À cette même date, le roi Louis XVI écrit dans son journal intime : « Rien. »

a) Définis la situation.

Où ? ....

Quand ? ....

b) Repère les personnages.

Qui ? ....

Certains personnages sont évoqués de manière tacite (implicite). De qui s'agit-il ? ....

c) Définis le point de vue.

Le narrateur adopte un point de vue
☐ externe ☐ interne.

d) Dans ce texte, quel serait le mot intrus ?
révolution – émeute – fanfare – soulèvement – révolte.

Score : .... / 4

4 Analyser des phrases simples et complexes

Transforme ces phrases verbales simples en phrases nominales (sans verbe).

1. L'otage a été libéré.

→ ....

2. La Poste a été cambriolée.

→ ....

Score : .... / 2

5 Rapporter des paroles

Complète ce dialogue avec la ponctuation et les signes typographiques manquants.

Le maire a déclaré .... Le développement des transports en commun sera notre priorité ....

.... Comment allez-vous financer ce développement .... a demandé un journaliste.

Score : .... / 3

6 Utiliser les différents niveaux de langage

Ces phrases appartiennent-elles au registre familier (F), courant (C), soutenu (S) ?

	F	C	S
1. Elle apostrophe un passant.	☐	☐	☐
2. Elle file au boulot.	☐	☐	☐
3. Il a fait des progrès.	☐	☐	☐
4. C'est une franche rigolade.	☐	☐	☐
5. Il présente ses hommages.	☐	☐	☐
6. Il s'endort rapidement.	☐	☐	☐

Score : .... / 3

MATHS

1 Effectuer des opérations sur les nombres relatifs

Coche la ou les bonne(s) réponse(s).

1. $\frac{2}{3} - \frac{1}{2} = \ldots$

☐ $\frac{1}{6}$ ☐ 1 ☐ $\frac{1}{5}$

2. $\frac{5}{28} \times (-4) = \ldots$

☐ $-\frac{20}{28}$ ☐ $-\frac{5}{6}$ ☐ $-\frac{5}{7}$

3. $10 - (-4) \times 2 = \ldots$

☐ 18 ☐ – 18 ☐ 2

Score : .... / 3

2 Utiliser le théorème de Pythagore

Coche la bonne réponse.

1. Les deux côtés de l'angle droit d'un triangle rectangle mesurent 21 cm et 20 cm. L'hypoténuse mesure alors…

☐ 841 cm ☐ 41 cm ☐ 29 cm

2. Un triangle dont les trois côtés mesurent 9,6 cm, 4 cm et 10,3 cm est…

☐ rectangle ☐ quelconque ☐ isocèle

3. Un rectangle a pour largeur 8 cm et pour longueur 15 cm. Sa diagonale mesure…

☐ 7 cm ☐ 17 cm ☐ 289 cm

Score : .... / 3

3 Effectuer des opérations sur des radicaux

Coche la bonne réponse.

1. $\sqrt{45}$ est égal à…

☐ $9\sqrt{5}$ ☐ $3\sqrt{5}$ ☐ $5\sqrt{3}$

2. $2\sqrt{5}+4\sqrt{5}$ est égal à…

☐ $8\sqrt{5}$ ☐ 30 ☐ $6\sqrt{5}$

3. $2\sqrt{3}\times 5\sqrt{3}$ est égal à…

☐ $7\sqrt{3}$ ☐ 30 ☐ 21

Score : .... / 3

4 Utiliser le théorème de Thalès

Coche la bonne réponse.

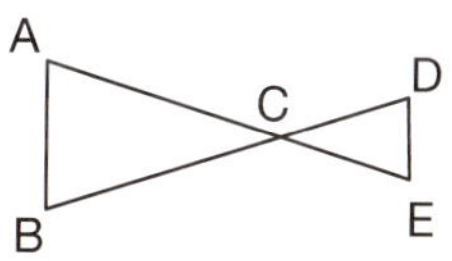

1. Sur la figure ci-contre, si (AB) // (DE), alors…

☐ $\frac{CA}{CD}=\frac{CE}{CB}$ ☐ $\frac{CA}{CE}=\frac{CB}{CD}$

☐ $\frac{AC}{AE}=\frac{BD}{BC}$

2. Sur la figure ci-contre…

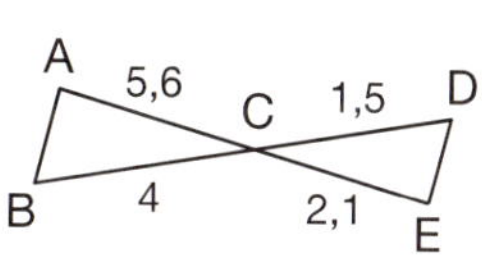

☐ (AB) et (DE) sont parallèles.

☐ (AB) et (AE) sont perpendiculaires.

☐ CA × CB = CE × CD

Score : .... / 2

5 Calculer avec des puissances

Complète les égalités suivantes.

1. $10^{\cdots\cdots} \times 5{,}32 = 532$

2. $10^{-3} \times \ldots\ldots\ldots\ldots = 0{,}592$

3. $10^{\cdots\cdots} \times 74 = 0{,}074$

4. $10^{-2} \times \ldots\ldots\ldots\ldots = 54{,}12$

Score : .... / 2

6 Démontrer que deux droites sont parallèles

Observe les figures ci-dessous et coche celle(s) où les droites (BC) et (DE) sont parallèles.

☐ figure 1 ☐ figure 2 ☐ figure 3

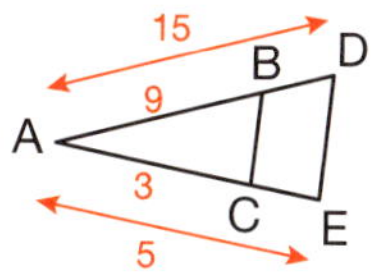

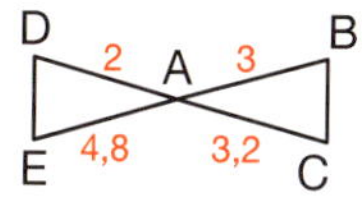

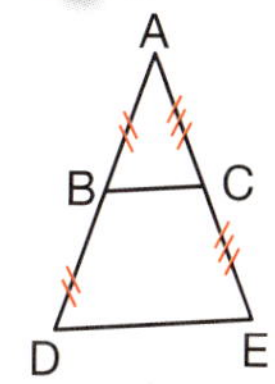

Score : .... / 3

ANGLAIS

1 Conseiller

Remets les phrases dans l'ordre en les numérotant de 1 à 4.

[......] Too late, the engine has stopped.

[......] What's happening? The car sounds as if it's going to break down.

[......] No, we'd better find a hotel or something first.

[......] If I were you daddy, I'd stop and have a look.

Score : .... / 2

2 Ordonner et défendre

a) Voici trois phrases issues du règlement de l'hôtel. Deux d'entre elles sont des interdictions. Complète-les.

1. .... wake the receptionist if you come back late at night, use your key.

2. .... use the lift in case of fire.

3. .... call the receptionist if you notice anything wrong inside or outside the hotel.

b) Complète cette phrase à l'aide de *would, could* ou *should*.

If he ...., Mr McNulty .... repair the car himself.

Score : .... / 4

3 Exprimer des degrés de probabilité

Mets les deux phrases suivantes au discours indirect.

1. Brian: "The receptionist is right ; the hotel is haunted!"

Brian said ....

2. Julie: "I don't mind. And it won't spoil my holidays."

Julie said ....

Score : .... / 2

Score total : .... / 40

Histoire de France, histoires de migrations

L'immigration fait partie intégrante de l'histoire de la France. Ce mouvement a commencé au XIXe siècle, avec la révolution industrielle, et s'est poursuivi à travers plusieurs vagues successives. Aujourd'hui, les flux de migration continuent mais les étrangers ne passent plus la frontière pour les mêmes raisons.

Les travailleurs passent la frontière

La France est le plus ancien pays d'immigration de masse en Europe. Les premières vagues ont lieu au XIXe siècle alors que les campagnes et les mines manquent de main-d'œuvre et que l'industrie prend son envol. Allemands, Polonais, Italiens et Suisses sont parmi les premiers à venir.
Au moment des guerres, la France renforce ses troupes en faisant appel aux « indigènes » de ses colonies. Africains, Malgaches, Maghrébins… arrivent donc à leur tour sur le sol français.
Dans les années 1950, de nouveaux immigrés rejoignent la France pour participer à la reconstruction du pays et à sa croissance économique. Entre 1946 et 1975, leur nombre va doubler. Les travailleurs italiens, espagnols et portugais représentent plus de la moitié des immigrés.

Les familles se regroupent

Au milieu des années 1970, la croissance ralentit et l'immigration aussi. Les immigrés ne sont plus des travailleurs mais des femmes qui viennent rejoindre leur mari ou bien des demandeurs d'asile. Ils viennent d'horizons de plus en plus variés. En trente ans, le nombre de migrants nés au Maghreb double et celui des migrants venant d'Afrique subsaharienne, d'Europe ou d'Asie augmente.

Les jeunes viennent étudier

Depuis 1997, l'immigration s'amplifie à nouveau. Les étudiants étrangers – en provenance notamment du Maghreb, de Chine et du Sénégal – représentent près d'un tiers de l'immigration. Leur nombre croît au même rythme que l'immigration liée au regroupement familial.
Suite à ces vagues successives de migration, plus de 5 millions d'immigrés et près de 7 millions de descendants d'immigrés (nés en France) résident aujourd'hui en France (18% de la population). *(Sources : Insee/ Ined/ Cité nationale de l'histoire de l'immigration.)*

Photo : *© Fanny Tondre / REA*

Paroles de migrants

Chaque année, des migrants viennent partager leur parcours avec des collégiens et des lycéens de la France entière. Ces rencontres, nées à l'initiative de l'écrivain public Frédéric Praud, sont l'occasion de faire découvrir aux jeunes l'histoire de l'immigration française et, pour ceux dont les parents sont immigrés, de redécouvrir leur propre histoire.

Cité de l'immigration

La Cité nationale de l'histoire de l'immigration a ouvert ses portes à Paris en 2007. Ce musée souhaite rassembler et mettre en valeur toutes les images, les objets et les œuvres d'art relatifs à l'histoire de l'immigration en France. À long terme, l'objectif est de faire prendre conscience que l'histoire de l'immigration est celle de tous les Français et de lutter contre les préjugés.

La France black-blanc-beur

Depuis toujours, les équipes nationales de football recrutent des sportifs de toutes origines : Raymond Kopa (Pologne), Michel Platini (Italie), Basile Boli (Côte d'Ivoire)… L'équipe de Zinedine Zidane, championne du monde en 1998, symbolise à elle seule la France « black-blanc-beur » avec des joueurs d'origines maghrébine, africaine, italienne, espagnole, portugaise, argentine, arménienne…

MINI-QUIZ

Dans quelles régions les immigrés s'installent-ils le plus en France ?

- ☐ dans les régions industrialisées
- ☐ en Île-de-France
- ☐ dans les régions agricoles
- ☐ en Bretagne
- ☐ dans les régions minières
- ☐ dans les Vosges

Les immigrés habitent davantage dans les zones frontalières et dans les régions industrielles. Quatre immigrés sur dix résident en Île-de-France.

Où vont les expats ?

Plus d'1,4 millions de Français vivent actuellement à l'étranger. Près de la moitié a élu domicile dans un pays d'Europe occidentale, avec en tête la Suisse, l'Angleterre et l'Allemagne. Plus de 13 % se sont envolés vers l'Amérique du Nord, 7 % vers l'Afrique francophone et 8 % vers le Proche et le Moyen-Orient. *(Source : DFAE.)*

IN ENGLISH

How did immigration evolve in France?

Immigration is an integral part of French History. This movement began in the 19th century, with the industrial revolution, and went on in several waves. Since 1975, the proportion of immigrants in the population has stabilized and immigration has changed a lot.

- ***to be an integral part of:*** faire partie intégrante de
- ***to go on:*** continuer
- ***wave:*** vague

Écriture

Employer le passé simple et l'imparfait

1

Des pionniers ont marché toute la journée et arrivent, épuisés, dans une ville aux confins de l'Ouest.

« Le soleil était couché depuis un moment quand ils arrivèrent à Justice Fork. Au milieu des cabanes bancales accrochées à flanc de colline, ils trouvèrent un saloon bondé de chercheurs d'or complètement ivres. Les notes d'un piano désaccordé s'échappaient par la porte ; les gars tapaient des pieds en rythme et leurs gros rires fusaient au-dehors avant de se heurter au silence environnant. »

Anne-Laure Bondoux, *Pépites* © Bayard jeunesse, 2005.

a) Quelles sont les actions mises au premier plan du récit ? ....

b) À quel temps sont les verbes qui expriment ces actions ? ....

2 **a) Conjugue le verbe « rire »…**

- au passé simple : je .... nous ....
- à l'imparfait : je .... nous ....

b) Conjugue le verbe « regarder »…

- au passé simple : je .... nous ....
- à l'imparfait : je .... nous ....

Rappel de cours

Dans un récit au passé, le passé simple et l'imparfait sont les deux temps de base.

- **L'imparfait** envisage l'action comme étant en train de se dérouler : le début et la fin de l'action ne sont pas marqués. C'est le temps des actions de second plan, des actions qui définissent le contexte, le décor du récit.
- Le **passé simple** envisage l'action comme achevée, limitée dans le temps. C'est le temps des actions de premier plan, celles qui font avancer le récit.

Ex. : Ils **se promenaient** (imparfait = contexte, arrière-plan du récit ; action envisagée dans sa durée) dans les bois, quand, tout à coup, une biche **traversa** (passé simple = action de premier plan ; action envisagée comme achevée) la route.

3 **Complète les phrases suivantes avec les verbes de l'exercice 2 ; choisis le temps qui convient.**

Coup de pouce
Tu dois utiliser l'imparfait et le passé simple.

1. Quand nous, les pionniers, arrivâmes au saloon, nous .... les hommes rassemblés qui buvaient en attendant le spectacle. – **2.** Après avoir posé nos sacs à l'entrée, nous .... de voir nos visages noirs de poussière. – **3.** Ensuite, nous voulûmes commander un verre mais, méfiants, nous .... d'abord le comportement des habitués du saloon. – **4.** Maintenant que le spectacle commençait, nous le .... et nous .... aux mimiques des acteurs.

4 **a) Réécris la phrase 3 de l'exercice 3 en remplaçant *nous* par *je*.**

Ensuite, je ....

....

b) Réécris la phrase 4 de l'exercice 3 en remplaçant *nous* par *je*.

Maintenant que le spectacle commençait, je le ....

....

Utiliser des procédés de reprise

1 **Relie chaque périphrase au nom qu'elle remplace.**

l'auteur de *Le Rouge et le Noir* ●	● Toulouse
le peintre du Moulin-Rouge ●	● Stendhal
le septième art ●	● Lisbonne
le toit du monde ●	● New York
la ville rose ●	● le cinéma
la grande pomme ●	● Toulouse-Lautrec
la ville au sept collines ●	● l'Himalaya

2

« La fin de la guerre de Sécession marqua le début d'un « âge d'or ». Le pays avait besoin d'une main-d'œuvre bon marché. New York [...] fournissait une bonne partie de la main-d'œuvre... et attira ainsi une nouvelle vague d'immigrants. *Italiens, Serbes, Hongrois, Grecs, Polonais, Juifs russes et autres créatures des profondeurs de la misère, travailleurs sans qualifications et victimes de pogroms*, tous fuyaient vers l'Amérique, ils traversaient l'océan. »

Jérôme Charyn, *New York, Chronique d'une vie sauvage* © Gallimard, coll. « Découvertes », 2003.

Infos

Les pogroms sont des massacres, des actions violentes et meurtrières menées par des populations locales contre les communautés juives.

a) L'énumération (en italique) pourraient être reprise par deux GN présents dans le texte.

Lesquels ? ....

b) Dans le texte, cette énumération est reprise par deux pronoms.

Lesquels ? ....

3 **Souligne dans le texte les cinq substituts du GN « Les immigrants ».**

Ces hommes désespérés débarquaient à Ellis Island, l'île des larmes à l'entrée de New York, où ils restaient en quarantaine. Vingt mille réfugiés étaient examinés chaque jour. Là, ces ouvriers recevaient une nouvelle identité avant d'entrer en Amérique. Seize millions de travailleurs pauvres passèrent ainsi par Ellis Island.

4 **Trouve dans le texte de l'exercice 3 un substitut de « Ellis Island ». Comment nomme-t-on ce procédé de reprise ?**

....

Rappel de cours

Les substituts sont des mots qui reprennent un élément déjà nommé dans le texte. On distingue les substituts nominaux et les substituts pronominaux.

■ **Substituts pronominaux :** ce sont tous les **pronoms** reprenant un élément déjà nommé (*tous, certains, ils, ceux-ci*...). Ils permettent d'éviter des répétitions mais n'apportent pas d'informations nouvelles. Ex. : **Les immigrants** sont arrivés à Ellis Island. Ils sont épuisés.

■ **Substituts nominaux :** un élément du texte est repris par un **synonyme**, un **terme générique**, une **périphrase**. Ce procédé permet d'éviter les répétitions, mais aussi d'apporter des informations nouvelles, un éclairage nouveau, d'ajouter certaines connotations.

- **Des travailleurs** sont arrivés à Ellis Island. Ces ouvriers sont épuisés. → reprise par un synonyme.
- **Des Italiens, des Serbes, des Hongrois**, sont arrivés à Ellis Island. Ces immigrants sont épuisés. → reprise par un terme générique.
- **Des immigrants** sont arrivés à Ellis Island. Ces hommes en attente d'une autre vie sont épuisés. → reprise par une périphrase.

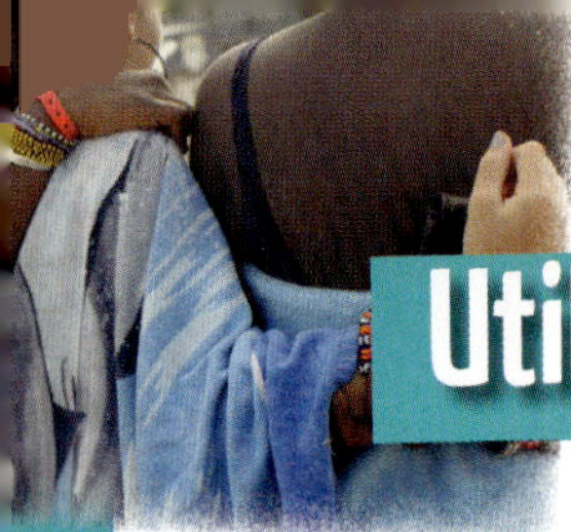

MATHS

Activités numériques

Utiliser les identités remarquables

1 Coche la bonne réponse parmi les trois proposées.

1. L'expression développée de $(x-3)^2$ est : ☐ x^2-9 ☐ x^2+9 ☐ x^2-6x+9

2. L'expression développée de $(x-4)(x+4)$ est : ☐ x^2+16 ☐ x^2+8 ☐ x^2-16

3. L'expression factorisée de x^2-9 est : ☐ $(x+3)(x-3)$ ☐ $(x+3)^2$ ☐ $(x-3)^2$

2 Relie chaque expression à son expression développée.

$(x-2)^2$ •	• $4x^2-12x+9$
$(x+5)^2$ •	• $x^2+10x+25$
$(x+2)(x-2)$ •	• x^2-4x+4
$(2x-3)^2$ •	• x^2-4

3 Migration saisonnière

La France utilise une abondante main-d'œuvre saisonnière étrangère au moment des vendanges.

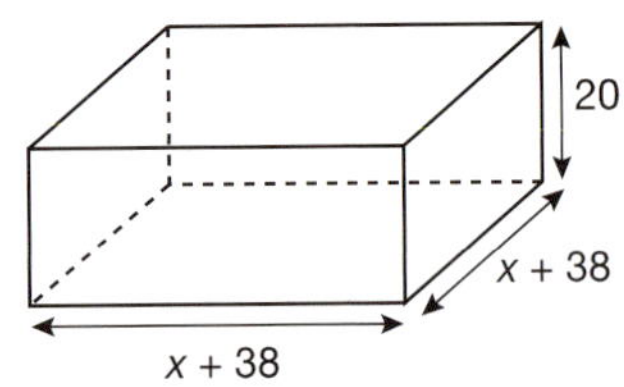

Les mesures sont exprimées en cm.

a) Pour transporter le raisin, les vendangeurs utilisent des bacs comme celui représenté ci–contre.

Complète l'expression littérale donnant le volume L du bac en fonction de x.

$V = (x+38) \times (x + \dots\dots\dots) \times 20$

$V = 20\,(x + \dots\dots\dots)^2$

b) Développe l'expression V.

....

Coup de pouce

Utilise l'égalité $(a+b)^2 = a^2 + 2ab + b^2$

c) Calcule le volume du bac si $x = 52$ cm.

....

Le bac est rempli aux trois quarts de raisin.

Vérifie que le volume du raisin est égal à 121 500 cm^3.

....

4 Un émigrant clandestin

Un passager clandestin d'un bateau veut rejoindre la plage à la nage et escalader la falaise pour rejoindre le village.

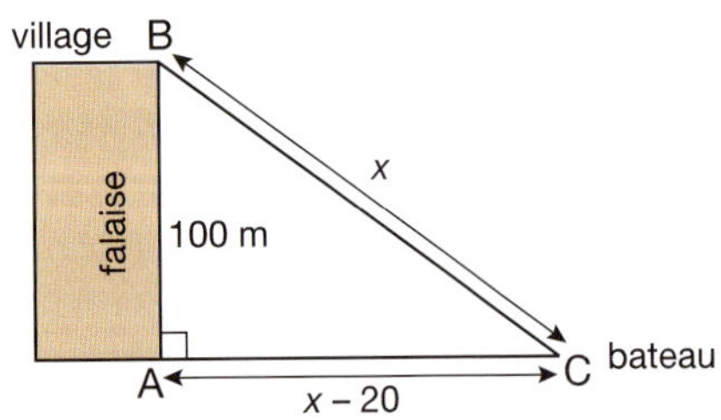

a) Utilise le théorème de Pythagore et complète les pointillés pour calculer la valeur de x :

$BC^2 = AB^2 + \dots\dots\dots\dots$

$x^2 = \dots\dots\dots\dots + (x-20)^2$

$x^2 - 10\,000 + x^2 - \dots\dots\dots\dots + 400$

$x^2 - \dots\dots\dots\dots + 40x = 10\,400$

$x = 10\,400 \div \dots\dots\dots\dots$

$x = \dots\dots\dots\dots$

b) Vérifie que la distance AC est égale à 240 m.

....

Rappel de cours

■ Pour tous nombres relatifs a, b, c, d, on a :

- $ac + bc = (a+b)\,c$
- $(a+b)(c+d) = ac + ad + bc + bd$
- $(a+b)^2 = a^2 + 2ab + b^2$
- $(a-b)^2 = a^2 - 2ab + b^2$
- $(a+b)\,(a-b) = a^2 - b^2$

Activités géométriques

Utiliser la trigonométrie

1 Observe la figure ci-contre et complète les phrases avec les mots : *opposé – hypoténuse – sinus – cosinus.*

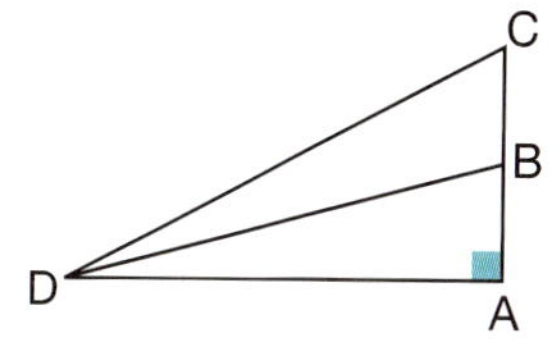

1. [AB] est le côté .... à l'angle $\widehat{BDA}$.
2. Dans le triangle rectangle ACD, le côté [CD] est ....
3. $\dfrac{AD}{DC}$ est le .... de l'angle $\widehat{CDA}$.
4. $\dfrac{CA}{DC}$ est le .... de l'angle $\widehat{CDA}$

2 Passer la frontière

Un groupe de personnes souhaite émigrer dans le pays voisin pour y trouver du travail. La route qui mène au poste frontière est une route de montagne de 5 km de long. La différence d'altitude entre le point A et le point B est de 450 m.

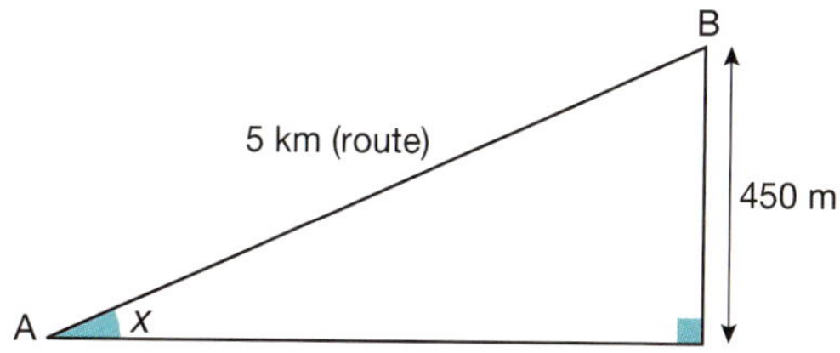

Coup de pouce

1 km = 1 000 m

a) Convertis 5 km en mètres, puis calcule sin x.

....

b) En utilisant ta calculatrice, trouve la mesure arrondie au centième de l'angle x.

....

c) La pente de la route est la tangente de l'angle x.
Vérifie que la pente est d'environ 0,09.

....

3 Des émigrants en perdition

Un bateau chargé d'émigrants situé en C est en difficulté. Deux navires situés en A et B vont lui porter secours. Lequel de ces deux navires est le plus proche du bateau des émigrants ?

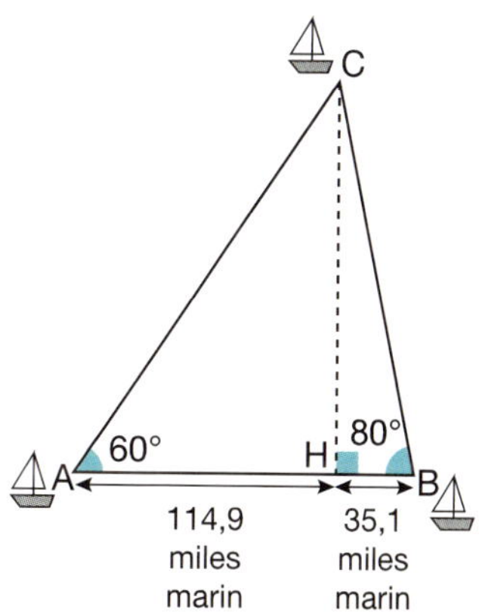

a) Complète les égalités suivantes pour calculer la longueur AC.

$\cos .... = \dfrac{....}{AC}$

$AC = \dfrac{AH}{\cos ....}$

$AC = \dfrac{..........}{0{,}5}$

$AC = ...$

b) Vérifie que BC = 202,1 miles.

....

c) Quel est le bateau le plus proche du bateau C ? ....

Rappel de cours

■ ABC est un triangle rectangle en A, on a :

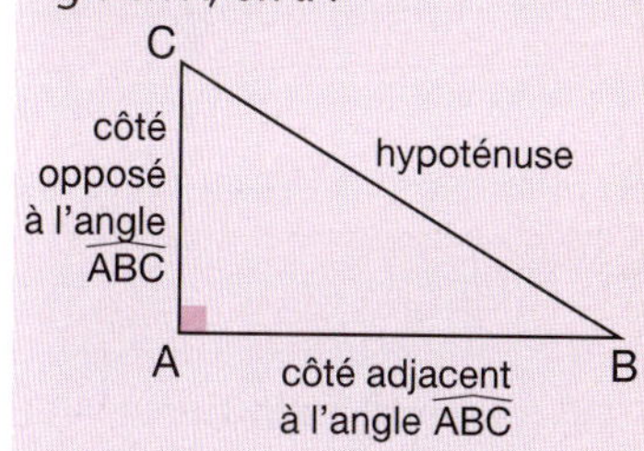

- $\sin \widehat{ABC} = \dfrac{\text{côté opposé à l'angle } \widehat{ABC}}{\text{hypoténuse}} = \dfrac{AC}{BC}$
- $\cos \widehat{ABC} = \dfrac{\text{côté adjacent à l'angle } \widehat{ABC}}{\text{hypoténuse}} = \dfrac{AB}{BC}$
- $\tan \widehat{ABC} = \dfrac{\text{côté opposé à l'angle } \widehat{ABC}}{\text{côté adjacent à l'angle } \widehat{ABC}} = \dfrac{AC}{AB}$

■ Pour tout angle aigu de mesure x, on a :
- $\cos^2 x + \sin^2 x = 1$;
- $\tan x = \dfrac{\sin x}{\cos x}$.

Interview with the receptionist

Exprimer souhaits et regrets

(In the morning, Julie, Tom and their parents are having a talk with the hotel receptionist.)

JULIE. – Excuse us sir, but can you tell us what that noise was?

RECEPTIONIST. – As I told you before, the hotel is haunted and I wish you had chosen another place to sleep. You probably heard the ghost!

JULIE. – The ghost? But aren't you afraid yourself?

RECEPTIONIST. – Well, I'm used to it now. Moreover the landlord is a good friend of mine, so I'd be very sad if the hotel closed down.

BRIAN. – How brave you are!

MR MCNULTY. – I've just received a phonecall from the mechanic and the car won't be ready for a few days.

MRS MCNULTY. – Do you mean that we have to stay here until then?

JULIE. – Great!

BRIAN. – I wish the car were repaired, we could leave this place for good!

- ***to be used to:*** être habitué à
- ***landlord:*** propriétaire
- ***to close down:*** fermer
- ***mechanic:*** mécanicien
- ***leave:*** quitter

1 True or false?

	true	false
1. The receptionist does not fear ghosts.	☐	☐
2. The receptionist has never seen the landlord.	☐	☐
3. The car is ready.	☐	☐

2 Formule les souhaits de chacun des personnages.

1. Mr McNulty: "The car isn't ready yet, I'm afraid."

→ Mr McNulty wishes ....

2. Mrs McNulty: "Oh no, it's raining again!"

→ ....

3. Julie: "I'd like to see this ghost!"

→ ....

4. Brian: "I don't want to stay here any longer."

→ ....

3 Formule à présent des regrets à partir des situations présentées ci-dessous.

1. Mr McNulty: "I didn't sleep at all last night."

→ Mr McNulty wishes ....

2. Mrs McNulty: "I have left the Connemara guide at home."

→ ....

3. Julie: "I didn't take my camera!"

→ ....

4. Brian: "Why did we choose to spend our holiday here?"

→ ....

Rappel de cours

■ Pour formuler un **souhait** à l'aide du verbe *wish*, on procède ainsi :
sujet + ***wish*** + sujet + verbe au **prétérit**.
Ex. : I **wish** the car **were** repaired.
Comme tu peux le voir dans l'exemple, *were* est plus souvent utilisé que *was*, même à la 1re et à la 3e personne du singulier.

■ Pour exprimer un **regret**, on procède de la même façon, mais le verbe sera conjugué au **past perfect**.
Ex. : I **wish** you **hadn't** chosen to stay here.
On peut aussi commencer la phrase par ***If only*** au lieu de *I wish*.

La France : terre de migrations

La France d'aujourd'hui compte un peu plus de 65 millions d'habitants. Depuis le début du XXe siècle, la France est une terre d'immigrations : elle a accueilli des millions d'étrangers d'origines diverses.
Le territoire français connait aussi des migrations intérieures : des déplacements de population importants qui correspondent aux contrastes de dynamisme des régions.

D'où viennent les migrations extérieures ?
Quelles sont les principales régions de départ, quelles sont les principales régions d'installation en France ?

1 Un siècle d'immigration en France

La composition de la population française a été modifiée par trois phases successives d'immigration depuis le début du XXe siècle. Elles ont répondu pour l'essentiel à des besoins économiques.

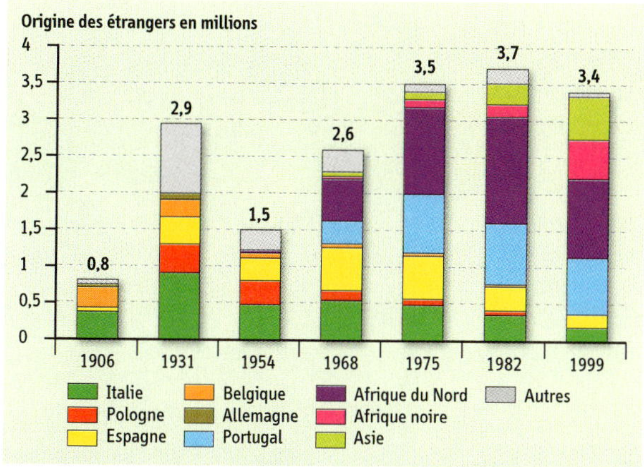

Utilise les informations ci-dessous et celles du graphique pour compléter le tableau.

Contextes économiques : **(A)** Reconstruction puis croissance économique – **(B)** Déficit démographique – **(C)** Crise et mondialisation.

Origine des immigrés : **(D)** Europe – **(E)** Afrique du Nord – **(F)** Afrique noire – **(G)** Asie

Les principales phases de l'immigration en France

Principales phases	1920 – 1930	Trente Glorieuses	1975 à nos jours
Contexte économique			
Origine des immigrés *(plusieurs réponses possibles)*			

2 Mobilités internes vers les espaces attractifs du territoire

Les dynamiques du peuplement montrent de grands contrastes entre les régions françaises.

a) Observe la carte ci-contre puis colorie dans le tableau :

– en rouge les cases correspondants aux régions attractives (qui gagnent des habitants) ;

– en bleu les cases correspondants aux régions répulsives (qui perdent des habitants).

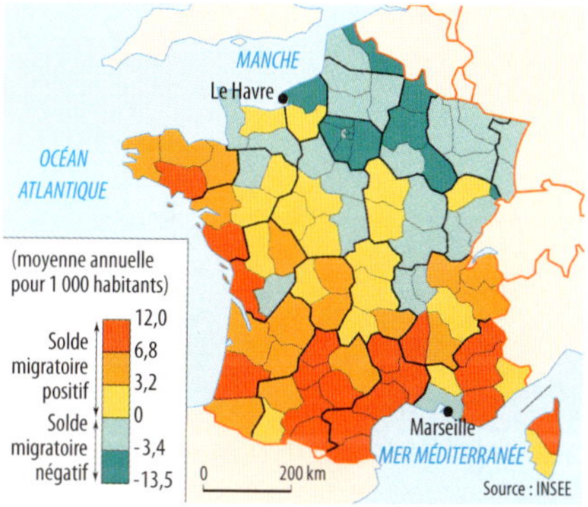

Le solde migratoire en France – 2001- 2006 (moyenne annuelle pour 1000 habitants)

Nord-Pas-Calais	Midi-Pyrénées	Bretagne
Ile-de-France	Lorraine	Languedoc-Roussillon

b) Trace sur la carte la ligne imaginaire qui sépare les espaces attractifs des autres.

Par où passe-t-elle ?

Conclusion : L'immigration a contribué à façonner la société française. Si la France demeure une terre d'immigration, celle-ci est aujourd'hui freinée par une situation économique moins favorable.
Le territoire français connaît des dynamiques différentes qui expliquent en grande partie les migrations internes : elles participent à un rééquilibrage de la répartition de la population française du Nord et de l'Est vers le Sud et l'Ouest.

Le réchauffement climatique menace-t-il des espèces ?

En un siècle, la température a augmenté de 0,8 °C en Europe, ce qui a suffi pour perturber la faune et la flore. Certaines espèces ont migré en altitude où le climat est devenu plus « doux ». D'ici à 2100, les experts du climat prévoient un réchauffement de la planète de 1,8 à 4°C. Certains parlent même de 7°C. Que se passera-t-il alors ?

Quelques degrés de plus

C'est indéniable, la Terre se réchauffe. Sa température a augmenté de 0,8 °C en cent vingt ans, ce qui est supérieur à l'augmentation naturelle que notre planète devrait connaître. Quelle est l'origine de ce réchauffement ? Les activités humaines et leurs émissions de gaz à effet de serre, dont le célèbre dioxyde de carbone.
Le suivi régulier des températures permet de savoir que le réchauffement est inégal en fonction des régions. Les pôles, par exemple, se réchauffent deux fois plus vite que le reste du monde. Aujourd'hui, ces données permettent de faire des prévisions pour l'avenir : + 1,8 °C d'ici 2100 si nous diminuons drastiquement nos émissions de polluants, + 4 °C si nous ne changeons rien.

Les animaux mettent le cap au nord

À peine 1 °C de plus en un siècle, cela peut paraître anecdotique. Pourtant dans les Alpes, ce réchauffement a conduit les animaux et les végétaux à migrer de soixante kilomètres vers le nord et de plusieurs dizaines de mètres en altitude. En Arctique, la chouette harfang est en voie de disparition et le renard blanc doit faire face à un nouveau concurrent venant du sud, le renard roux.
À l'avenir, ces mouvements vont s'accélérer sans que l'on sache vraiment comment les espèces vont s'adapter et se réorganiser. Où iront les espèces des régions froides qui vivent au sommet des montagnes ou aux pôles ? Une chose est sûre, si la température de la planète augmente de plus de 2 °C, beaucoup d'espèces n'auront pas le temps de migrer. Entre 20 et 30 % d'entre elles pourraient alors disparaître. *(Source : Giec.)*

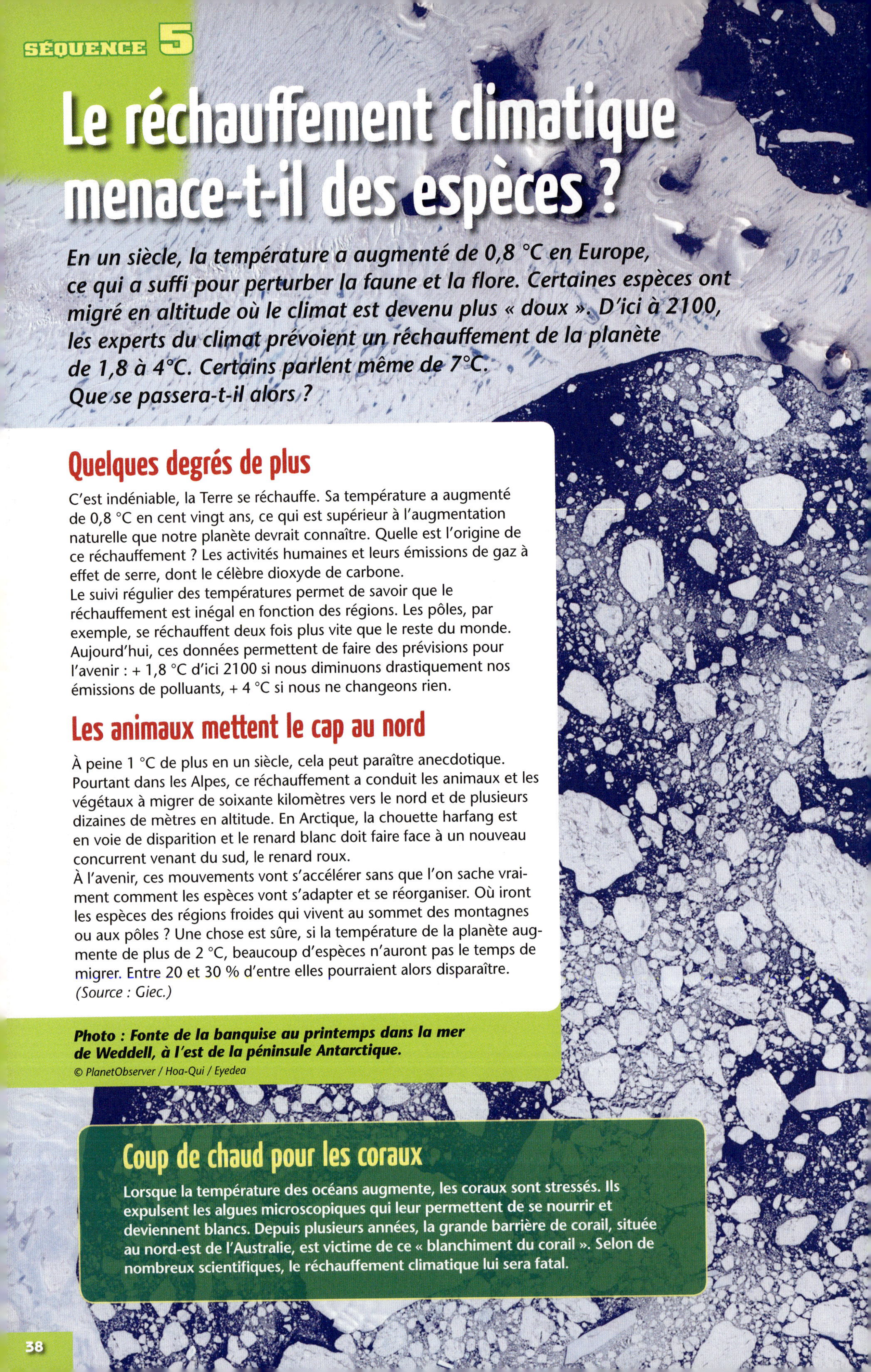

Photo : Fonte de la banquise au printemps dans la mer de Weddell, à l'est de la péninsule Antarctique.

Coup de chaud pour les coraux

Lorsque la température des océans augmente, les coraux sont stressés. Ils expulsent les algues microscopiques qui leur permettent de se nourrir et deviennent blancs. Depuis plusieurs années, la grande barrière de corail, située au nord-est de l'Australie, est victime de ce « blanchiment du corail ». Selon de nombreux scientifiques, le réchauffement climatique lui sera fatal.

Les oiseaux boudent l'Afrique

Lorsque l'hiver approche, certains oiseaux migrateurs comme la cigogne blanche, le milan noir, l'échasse blanche et même l'hirondelle, préfèrent rester dans nos contrées plutôt que d'entreprendre leur migration vers l'Afrique. Il faut dire que les hivers sont de plus en plus doux et que la nourriture est suffisante pour subsister jusqu'aux beaux jours.

Les pucerons s'acclimatent

Les pucerons, qui sont à la fois source de nourriture et parasites, semblent très bien s'acclimater à la chaleur. Après avoir suivi l'évolution de leur population pendant quarante ans, des chercheurs ont observé l'apparition régulière de nouvelles espèces. Ces petits insectes semblent même être plus actifs qu'avant.

L'ours polaire va-t-il disparaître ?

L'ours polaire se nourrit de phoques, qu'il attrape lorsqu'ils sont sur la banquise ou lorsqu'ils viennent respirer en surface. Mais avec le réchauffement climatique, la glace fond et les ours ont plus de difficultés pour chasser. D'après l'Union internationale pour la conservation de la nature, leur population pourrait diminuer de 30 % dans les quarante-cinq prochaines années.

Le conseil d'Rpur

Réduire le CO_2

En utilisant sa voiture ou en chauffant sa maison, un Français émet quatre fois plus de dioxyde de carbone (CO_2) que ce que les forêts sont capables d'absorber ! Afin de limiter ces émissions, pense à prendre tes rollers ou ton vélo pour aller en cours ou faire de petites courses dans ton quartier.

MINI-QUIZ

Quel organisme est chargé de suivre l'évolution du climat ? Quand a-t-il été créé ?

- ☐ l'Unesco
- ☐ le Giec
- ☐ le CNRS

- ☐ 1908
- ☐ 1958
- ☐ 1988

Le Giec, Groupe intergouvernemental d'experts sur l'évolution du climat, a été créé en 1988.

IN ENGLISH

Is global warming a threat to species?

In one century, temperature has increased by 0.8 °C in Europe. This growth was sufficient to disorder plants and animals. Some of them now migrate to the north in order to find a more favorable climate. Until 2100, climate experts expect a warming of the Earth from 1.8 up to 4 °C. What will happen then ?

- ***global warming:*** réchauffement climatique
- ***threat:*** menace
- ***to disorder:*** perturber
- ***in order to:*** afin de
- ***more favorable:*** plus propice
- ***until:*** d'ici

Lecture

Repérer les marques de la subjectivité

FRANÇAIS

1 **Retrouve la lettre manquante pour chacun de ces verbes modalisateurs et découvre un adjectif modalisateur.**

				D		V	O	I	R
			S	A		O	I	R	
		C	R	O		R	E		
	D	E	C	I		E	R		
				P		N	S	E	R
	E	T	O	N		E	R		
P	A	R	A	I		R	E		

Rappel de cours

■ Les modalisateurs sont des mots, des expressions, des tournures de phrase qui révèlent la **présence de l'énonciateur** dans un discours. L'énonciateur peut en effet manifester sa **subjectivité**, soit pour préciser la **probabilité** de l'information qu'il rapporte (expression du doute ou de la certitude), soit pour émettre une **appréciation** personnelle (expression d'un sentiment, d'un regret, d'un espoir). C'est ce qu'on appelle **la modalisation**.

■ Ces marques de modalisation peuvent prendre différentes formes :
- **verbes** modaux (vouloir, devoir, pouvoir…), verbes d'état (sembler, paraître, demeurer…), verbes d'opinion (croire, espérer, penser, affirmer, certifier…) ;
- **modes** verbaux (l'*indicatif* exprime la réalité ; le *conditionnel* l'incertain, le doute ; le *subjonctif* l'hypothèse, le souhait) ;
- **adverbes** modalisateurs (malheureusement, hélas, peut-être…) ;
- **termes mélioratifs** (élégant, honnête, agréable) ou **péjoratifs** (intolérable…) ;
- **marques d'énonciation** diverses (c'est probable, on peut le croire ou l'espérer, à mon avis…).

2 **Dans le texte ci-dessous, souligne les marques de la présence de l'énonciateur.**

« On peut amèrement regretter de devoir constater que nos émissions de gaz à effet de serre ont fortement perturbé les pluies au XXe siècle. Dans les régions tempérées (dont l'Europe, les États-Unis et le Canada) notre activité aurait hélas fait augmenter les précipitations de 50 à 85 % ! Dans la zone tropicale et subtropicale, au contraire, elle aurait malencontreusement réduit les pluies de 20 à 40 %, aggravant les sécheresses au Mexique, au Sahara ou dans le Sahel qui en a pourtant tellement besoin. »

Michel de Pracontal, « Vers le chaos climatique », *Le Nouvel Observateur* n° 2230, août 2007.

3 **a) Ce discours est-il ☐ mélioratif ? ☐ péjoratif ?**
b) Relève les termes qui le prouvent.

....

4 **Relie chaque modalisateur à son sens.**

Je sais, par les recherches scientifiques effectuées, que… ●	● expression d'une certitude
Je me demande réellement si… ●	● expression d'une hypothèse
On peut probablement envisager que… ●	● expression d'un doute
J'espère que… ●	● expression d'un souhait

5 **Complète les phrases suivantes avec les modalisateurs proposés dans l'exercice 4.**

1. .... l'Homme n'est pas désormais un acteur du climat.

2. .... pour qu'un cyclone tropical se forme, la température de la mer doit être supérieure à 26° C.

3. .... les tempêtes tropicales seront de plus en plus dévastatrices.

4. .... l'Homme sera conscient des dangers à court terme.

Coup de pouce

Tiens compte du sens des phrases !

Accorder le verbe avec son sujet

1 Complète ce tableau.

	verbe	présent	passé composé
C'est toi qui…	chanter	....	....
C'est vous qui…	fuir	....	....
C'est moi qui…	rire	....	....
C'est elle qui…	partir	....	....

2 Relie chaque sujet à la forme verbale qui convient.

Jean, Guillaume, Samuel, tout le monde ● — ● admire ce peintre.
Jean, Guillaume, Samuel ● — ● admirons ce peintre.
Jean, Guillaume, Samuel, tous ● — ● admirez ce peintre.
Toi et moi ● — ● admirent ce peintre.
Lui et toi ●

3 Dans le tableau ci-dessous, indique quel est le sujet de chaque verbe.

« La Terre que réchauffent le gaz carbonique (CO2), la vapeur d'eau, le méthane et quelques autres gaz naturellement présents dans l'atmosphère, affiche une température de + 15°C. Ces gaz, à la manière d'une serre de jardin, d'où l'expression « effet de serre », laissent passer les rayons solaires. Tous captent le rayonnement des infrarouges et font grimper la chaleur de la Terre. »

D'après *Science et Vie junior*, décembre 2000 © Excelsior publication S.A.

verbes	sujets
réchauffer	....
afficher	....
laisser	....
capter	....
faire	....

4 Choisis un élément 1, un élément 2, un élément 3, et construis trois phrases correctes.

■ **Éléments 1 :** *Vous deux – Toi – Les enfants*

■ **Éléments 2 :** *qui mangez des gâteaux – qui partent à 8 heures – qui comprends le plan*

■ **Éléments 3 :** *prennent le bus. – explique-le aux autres. – ne prenez plus rien !*

1. ....

2. ....

3. ....

Rappel de cours

■ Un verbe s'accorde en personne et en nombre avec son sujet. Pour **repérer le sujet**, pose la question *qui est-ce qui ?* ou *qu'est-ce qui ?* avant le verbe.

■ Le sujet est généralement placé juste devant le verbe, mais il peut être **inversé** ou **éloigné**. Ex. : Ce livre qu'av**aient** lu les enfants **était** très intéressant. Le sujet de *avaient lu* est *les enfants* (sujet inversé) ; le sujet de *était* est *ce livre* (sujet éloigné).

■ Quand le verbe a **plusieurs sujets**, il se met au pluriel. Ex. : La mésange, la pie, la grive se **sont** envolées. Mais si l'énumération est reprise par un mot singulier de sens collectif, le verbe se met au singulier. Ex. : Mon frère, ma sœur, **toute la famille est** venue.

■ Lorsque le sujet est un **pronom relatif**, il faut repérer l'antécédent. Ex. : C'est **moi** qui te l'**ai** dit.

Factoriser une expression littérale

1 Coche la bonne réponse parmi les trois proposées.

1. L'expression factorisée de $3x^2 + 6x$ est :

☐ $3(x^2 + 2)$ ☐ $3x(x + 2)$ ☐ $x^2(3x + 6)$

2. L'expression factorisée de $(x + 1)(x + 2) + 3(x + 2)$ est :

☐ $(x + 2)(x + 4)$ ☐ $(x + 1)(x + 5)$ ☐ $x^2 + 6x + 8$

3. L'expression factorisé de $x^2 - 64$ est :

☐ $(x - 8)^2$ ☐ $(x - 64)(x + 64)$ ☐ $(x - 8)(x + 8)$

2 Relie chaque expression de gauche à son expression factorisée.

$3x^2 - 7x$ •	• $(x + 3)(2x + 1)$
$x^2 - 1$ •	• $(x + 1)(x - 1)$
$(x + 3)(x + 2) + (x + 3)(x - 1)$ •	• $(5x - 1)^2$
$25x^2 - 10x + 1$ •	• $x(3x - 7)$

3 Trouve l'expression factorisée de *A*.

$A = (x^2 + 2x + 1) + (x + 1)(2x - 3)$

$A = (x + \ldots\ldots)^2 + (x + 1)(2x - 3)$

$A = (x + 1)(x + \ldots\ldots) + (x + 1)(2x - 3)$

$A = (x + 1)[(x + 1) + (2x - \ldots\ldots)]$

$A = (x + 1)[x + \ldots\ldots + \ldots\ldots - 3]$

$A = (x + 1)(3x - \ldots\ldots)$

4 Boîte crânienne

Le Muséum d'Histoire naturelle doit prêter un crâne préhistorique à un autre musée.

Pour le protéger durant le transport, on souhaite mettre le crâne dans une boîte.

a) Observe la figure et écris une expression littérale donnant le volume de la boîte.

....

b) Développe et réduis l'expression littérale précédente.

....

c) Calcule le volume de la boîte si $x = 1$ dm.

....

Coup de pouce

Le volume d'un pavé droit de dimension *a*, *b* et *c* est égal à : $V = a \times b \times c$.

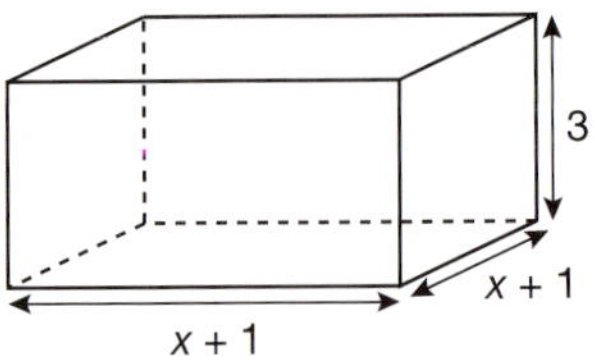

Les longueurs sont exprimées en dm.

Rappel de cours

■ Factoriser une expression algébrique, c'est transformer une somme algébrique en un produit.

■ Pour tous nombres relatifs *a*, *b*, *c*, *d*, on a :
- $ac + bc = (a + b)c$
- $ac + ad + bc + bd = (a + b)(c + d)$
- $a^2 + 2ab + b^2 = (a + b)^2$
- $a^2 - 2ab + b^2 = (a - b)^2$
- $a^2 - b^2 = (a + b)(a - b)$

Calculer des angles

1 **Coche les figures qui comportent un angle inscrit.**

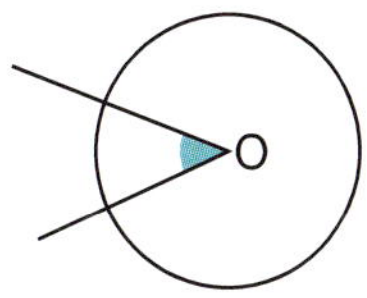

☐ figure 1

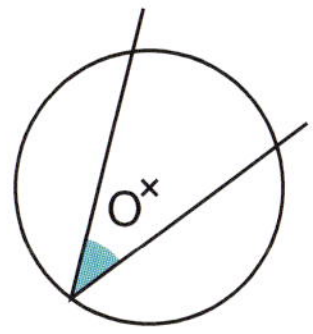

☐ figure 2

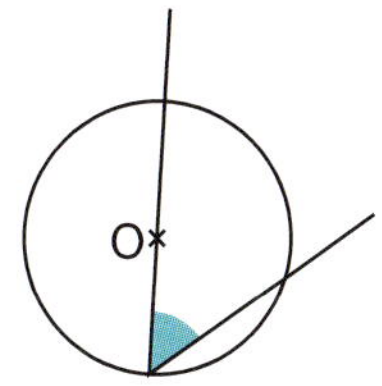

☐ figure 3

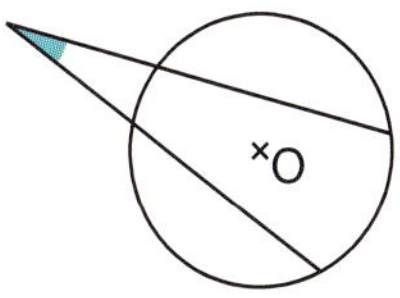

☐ figure 4

2 **Complète le tableau suivant.**

si l'angle $\widehat{BAC}$ mesure…	alors, l'angle $\widehat{BOC}$ mesure
82°	…………..
…………..	48°
50°	…………..

3 **Vrai ou faux ? Coche la bonne réponse.**

vrai | faux

a) Sur la figure ci-contre, on a $\widehat{AOB} = 80°$.

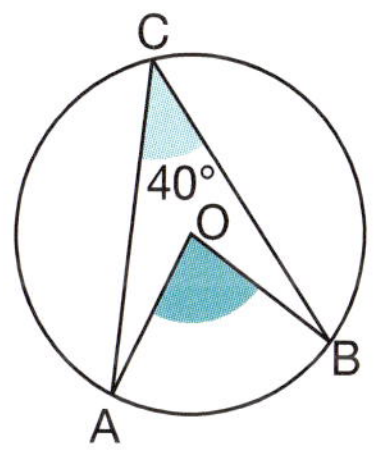

☐ ☐

b) Sur la figure ci-contre, on a $\widehat{BAC} = \frac{1}{2}\widehat{BDC}$

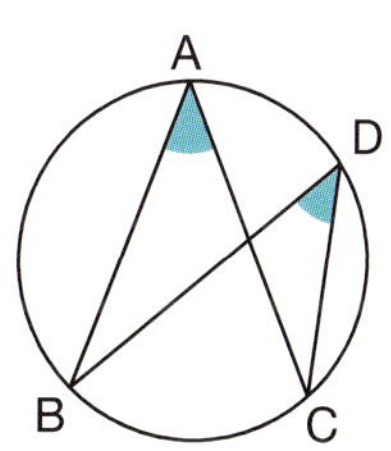

☐ ☐

4 **a) Observe la figure ci-contre** : le triangle ABC est équilatéral.
Explique pourquoi l'angle $\widehat{BAC}$ a pour mesure 60°.

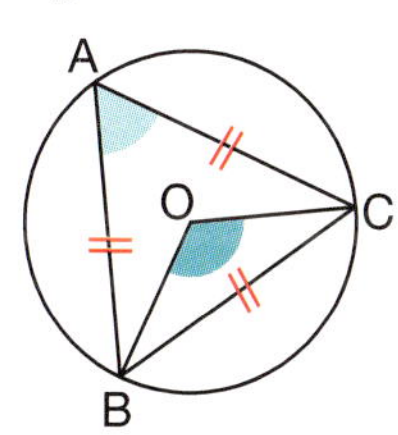

…………………………………………………………………

b) Complète les pointillés pour calculer la mesure de l'angle $\widehat{BOC}$.

$\widehat{BOC}$ est un angle …………… interceptant l'arc $\overset{\frown}{BC}$.

$\widehat{BAC}$ est un angle ……………………… interceptant aussi l'arc …………… .

On a donc $\widehat{BOC} = 2 \times$ …………… .

$\widehat{BOC} =$ ……………

Rappel de cours

Angle inscrit

- Si le sommet A appartient au cercle et si [AB] et [AC] sont des cordes de ce cercle, alors $\widehat{BAC}$ est un angle inscrit.

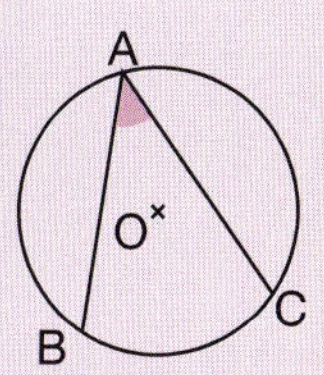

- Si deux angles inscrits interceptent le même arc, alors ils ont la même mesure.

Ex. : Les angles inscrits $\widehat{BAC}$ et $\widehat{BDC}$ interceptent l'arc BC, donc $\widehat{BAC} = \widehat{BDC}$.

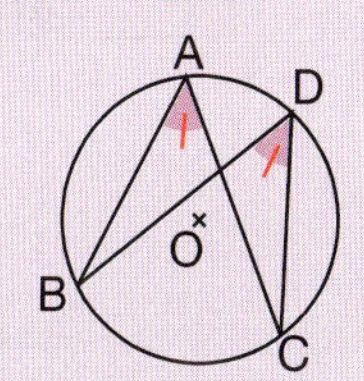

Angle au centre

- Si [OA] et [OB] sont deux rayons du cercle de centre O, alors l'angle $\widehat{AOB}$ est un angle au centre.

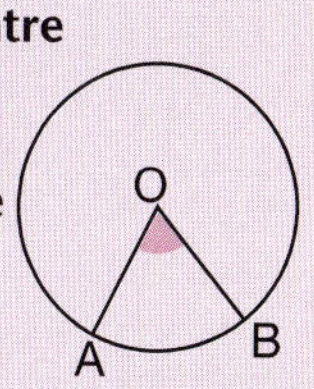

- La mesure de l'angle inscrit est égale à la moitié de l'angle au centre associé.

Ex. : $\widehat{BAC} = \frac{1}{2} \times \widehat{BOC} = 20°$.

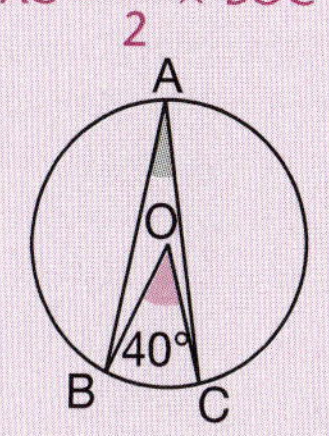

Julie and Brian's resolution

Exprimer ses goûts

JULIE. – Listen Brian, we must discover who this ghost is.

BRIAN. – I don't like playing the detectives very much, and Mum and Dad will be panic-stricken if they learn what you want to do.

JULIE. – But we don't need to tell them, do we?

BRIAN. – And I've never been keen on mysteries and all that sort of stuff you know.

JULIE. – Come on, Brian. What will your friends say when they know you're a coward? They all say you're brave-hearted and...

BRIAN. – But I...

JULIE. – You needn't argue, if you aren't interested in this wonderful experience, I'll act alone.

BRIAN. – Ok, you win. I'll help you.

JULIE. – Great! Thank you, Brian. Can you imagine the front pages of the papers once we've caught this impostor? GHOSTS-HUNTING KIDS SOLVE HOTEL MYSTERY!

BRIAN. – I wish I were as optimistic as you are. Who knows if this ghost is not a real ghost?!

- ***panic-stricken:*** effrayés, pris de panique
- ***all that sort of stuff:*** tous ces trucs
- ***coward:*** peureux
- ***to argue:*** discuter
- ***front pages:*** premières pages

1 **Which of these pictures corresponds best to the story?**

Rappel de cours

Exprimer ses goûts
- **Likes :** *enjoy, like, love, be interested in, be fond of, be keen on, be crazy (mad) about...*
- **Dislikes :** *hate, can't bear, can't stand...*
- Si quelque chose t'est égal, tu diras : *I don't mind.*
- Tous ces verbes sont suivis généralement d'un **nom au pluriel** (ex. : I'm not keen on mysteries.) ou d'un **verbe** + ING (ex. : I don't like playing.).

Les adjectifs composés
- Nom ou adj. ou adv. + V-ING. Ex. : ghost-hunting. Ici le verbe a un sens actif (*the kids hunt the ghost*).
- Nom ou adj. ou adv. + **participe passé**. Ex. : panic-stricken. Ici le verbe a un sens passif (*the parents will be stricken with panic*).
- Adjectif + nom + *-ed* (utilisé surtout dans les descriptions). Ex. : brave-hearted (*he has got a brave heart*).

2 **Pour connaître les goûts des personnages, associe chaque début de phrase à la fin qui lui correspond.**

Brian likes... •	• about horse-riding.
Julie can't... •	• of bird-watching.
Mr McNulty is crazy... •	• playing tennis very much.
Mrs McNulty is fond... •	• mind sharing his hotel with a ghost.
The receptionist doesn't... •	• stand playing chess with her brother.

3 **À partir des débuts de phrase proposés, construis un adjectif composé.**

1. Julie has got long hair, so she is .... – **2.** Mrs McNulty likes reading stories that never end, so she likes .... – **3.** Mr McNulty works hard, so he is ....

L'évolution des organismes vivants

Ainsi va la vie...

Environ 4,6 milliards d'années : c'est l'âge de la Terre. Et sur cette Terre, il y a 3,5 milliards d'années, survient la vie. Une vie qui depuis lors n'a cessé de se diversifier, colonisant peu à peu la plupart des milieux.

Comment les êtres vivants ont-ils évolué ?

1 Ce document représente les grandes étapes de l'évolution des espèces sur la planète.

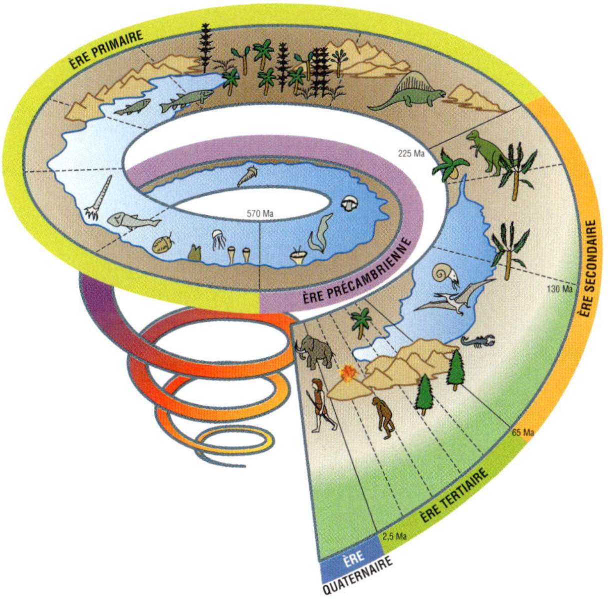

Place sur la spirale, à l'aide de flèches : *premiers animaux terrestres – dinosaures – fougères arborescentes – hommes – oiseaux.*

2 **Détermine la durée des ères.**

	de	à	durée
ère primaire	....	....	....
ère secondaire	....	....	....
ère tertiaire	....	....	....

3 **Géologie ou philosophie ? Certains auteurs nient l'existence de l'ère quaternaire, et prolongent l'ère tertiaire jusqu'à nos jours. Quel argument peuvent-ils présenter ?**

....

4 **Vrai ou faux ? Coche les affirmations correctes.**

- ☐ Des transformations spontanées du patrimoine génétique permettent l'apparition d'espèces nouvelles.
- ☐ Les mouvements des plaques lithosphériques jouent un rôle dans l'évolution.
- ☐ L'Homme a chassé les dinosaures de la surface de la Terre.
- ☐ Les dinosaures ont vu les premiers oiseaux.
- ☐ Les très nombreux fossiles trouvés permettent de retracer l'histoire de la vie sans erreur possible.

Conclusion : La plus grande partie de l'histoire de la Terre s'est déroulée sans l'Homme. Apparue dans la mer, la vie s'est répandue dans tous les milieux. Le hasard des transformations du patrimoine génétique a donné naissance à des individus parfois mieux adaptés ; ils se sont reproduits et ont pu progressivement former des espèces nouvelles. Ce processus, en marche depuis 3,5 milliards d'années, se poursuit encore aujourd'hui.

SÉQUENCE 6

Pour ou contre le nucléaire ?

Le nucléaire produit de l'énergie sans émettre de dioxyde de carbone dans l'atmosphère. Plutôt séduisant. D'ailleurs, la France a fait son choix : plus de 85 % de son électricité est d'origine nucléaire. Mais cette source d'énergie n'est pas illimitée, et elle est loin de faire l'unanimité. Son gros défaut : elle génère des déchets très radioactifs.

Une équation énergétique...

Pour produire de l'énergie nucléaire, on utilise un métal présent dans la croûte terrestre : l'uranium. Après l'avoir extrait, on le transforme en petites pastilles de combustible que l'on empile par milliers dans de grands tubes et que l'on introduit au cœur des centrales nucléaires.
Dans le réacteur nucléaire, les noyaux d'uranium se désintègrent de toutes parts en libérant une énorme quantité de chaleur. On parle de fission nucléaire. Cette énergie est ensuite récupérée pour produire de l'électricité.
Aujourd'hui, environ 440 réacteurs nucléaires, situées dans 30 pays, produisent 17 % de l'électricité consommée dans le monde. Les plus gros producteurs sont les États-Unis, la France, le Japon et la Russie.

... mais pas sans risque

L'énergie nucléaire a de nombreux avantages. Elle peut être produite en abondance avec peu de matière première : pour produire 1 kWh et éclairer une maison toute une journée, il faut environ 120 g de charbon ou seulement 0,01 g d'uranium. Son prix est compétitif par rapport aux énergies fossiles et sa production n'entraîne qu'une infime émission de dioxyde de carbone.
Mais le nucléaire inquiète. Il génère des déchets hautement radioactifs que l'on prévoit de stocker sous terre pendant plusieurs milliers d'années.
Par ailleurs, tout le monde garde en mémoire la catastrophe de Tchernobyl en 1986. Par manque de précaution, le réacteur avait été endommagé et des poussières radioactives s'étaient disséminées dans l'environnement, faisant de nombreuses victimes.
Aujourd'hui, les réacteurs russes de type « Tchernobyl » sont démontés, et les nouvelles générations de réacteurs sont conçues de manière à être encore plus sûres.
(Sources : CEA/ Ministère de l'économie, des finances et de l'industrie/ DGEM)

Photo : Centrale nucléaire, Montélimar.

Des piscines à déchets

Les tubes de combustible situés au cœur des centrales sont à une température de 800 °C. Lorsqu'ils sont usés, on les stocke dans de grandes piscines pendant plusieurs années ; l'eau arrête les rayonnements radioactifs et permet au combustible de refroidir. Ensuite, on sépare le combustible recyclable (95 %) des déchets (5 %). Ces derniers sont fondus dans du verre, enfermés dans des conteneurs en acier et entreposés provisoirement derrière d'épais murs en béton.

Les déchets renaissent de leurs cendres

Certains composés du combustible usé, l'uranium et le plutonium, peuvent être recyclés et réutilisés dans des réacteurs modernes. Il en existe en France, en Allemagne et en Suisse. Les Japonais, qui n'ont pas de réserve de pétrole, de gaz ou de charbon, viennent de construire leur propre usine de recyclage afin de prolonger la durée de vie de leurs réserves d'uranium.

Le cœur des étoiles

Une équipe scientifique internationale construit, en France, un réacteur nucléaire unique au monde. Son objectif : reproduire les réactions qui ont lieu au cœur des étoiles et utiliser l'énergie libérée pour produire de l'électricité. Il ne s'agit plus, comme dans les réacteurs actuels, de casser des atomes d'uranium, mais de faire fusionner des atomes d'hydrogène. On parle de fusion nucléaire.

Le conseil d'Rpur

Attention aux factures

Une famille française consomme en moyenne 20 000 kWh chaque année. Regarde la facture de tes parents et fais un petit calcul pour savoir si votre consommation est raisonnable. Le chauffage, l'éclairage et les appareils électriques sont gourmands en énergie.

MINI-QUIZ

Quel pays possède les plus grandes réserves d'uranium ? Dans combien de temps les réserves en uranium seront-elles épuisées ?

- ☐ le Kazakhstan
- ☐ l'Australie
- ☐ le Canada

- ☐ 5 ans
- ☐ 50 ans
- ☐ 500 ans

Le Canada possède 27 % des réserves d'uranium de la planète. Les experts estiment qu'au rythme actuel, les réserves mondiales d'uranium pourront être exploitées pendant 50 ans. (Source : Observatoire de l'énergie.)

IN ENGLISH

Nuclear power: pros and cons

Nuclear fuel generates energy without emission of carbon dioxide. France uses nuclear power to produce more than 85 % of its electricity. However, uranium reserves are not unlimited and nuclear industry generates some waste extremely radioactive.

- ***pros and cons:*** les pour et les contre
- ***fuel:*** combustible
- ***to generate:*** produire
- ***nuclear power:*** énergie nucléaire
- ***waste:*** déchet

Écriture

Écrire un texte argumentatif

FRANÇAIS

1 **Voici des arguments sur le thème de l'énergie nucléaire. Relie chaque argument « pour » à l'argument « contre » qui lui correspond.**

Pour l'énergie nucléaire	Contre l'énergie nucléaire
1. Le nucléaire est indispensable pour subvenir à tous les besoins énergétiques de la planète. Certains pays le privilégient.	**a.** Les centrales nucléaires représentent un risque permanent d'accidents graves : la réglementation ne suffit pas et la surveillance internationale est difficile.
2. L'énergie nucléaire demande peu de matières premières.	**b.** Le nucléaire ne peut pas répondre à tous les besoins. La recherche sur les énergies renouvelables doit se développer.
3. Le nucléaire n'est pas dangereux si les structures sont adaptées, entretenues et surveillées par les nations.	**c.** Les déchets radioactifs sont difficilement recyclables. Ils restent un danger pendant des siècles.
4. Les déchets radioactifs sont bien protégés sous des chapes de béton et la recherche permettra un jour de tous les recycler.	**d.** Les ressources en uranium ne sont pas illimitées.

2 **Attribue chacun des exemples suivants à un des arguments de la liste ci-dessus.**

■ En France, 85 % de l'électricité vient de l'énergie nucléaire.

→ argument ....

■ 1 kWh demande 120 g de charbon et 0,01 g d'uranium.

→ argument ....

■ En 1986, dans la centrale de Tchernobyl, le réacteur endommagé a laissé s'échapper des poussières radioactives. → argument ....

■ Les réacteurs russes de type « Tchernobyl » sont aujourd'hui démontés et les nouveaux réacteurs sont plus sûrs. → argument ....

Rappel de cours

■ Le **discours argumentatif** cherche à **convaincre**, à persuader. À la différence du discours explicatif, il n'est pas neutre. Il se caractérise par :
- **un thème** : c'est le sujet abordé (ex. : le nucléaire) ;
- **une thèse** : il s'agit du point de vue adopté, celui que l'on défend (ex. : Il faut cesser de développer les énergies nucléaires.) ;
- **une antithèse** (aussi appelée **thèse rejetée**) : c'est le point de vue opposé à la thèse, celui que l'on veut nier, réfuter (ex. : Il est nécessaire de continuer à développer les énergies nucléaires.).

■ Pour défendre sa thèse, l'auteur développe différents arguments : il peut s'appuyer sur des **arguments théoriques** (ex. : Le nucléaire est source d'accidents.) mais aussi sur des **exemples** (ex. : L'explosion de Tchernobyl prouve que le nucléaire est source d'accidents.).

3 **À partir des arguments et des exemples ci-dessus, rédige un texte argumentatif sur le thème de l'énergie nucléaire (pour, ou contre).**

....

....

....

....

....

....

....

Coup de pouce

Sélectionne les arguments qui te semblent les plus convaincants, puis classe-les. Utilise des connecteurs pour faire apparaître l'enchaînement des idées.

Grammaire

Exprimer la cause et la conséquence

1 Dans chaque phrase, encadre la conjonction de subordination qui introduit la proposition subordonnée, puis indique s'il s'agit d'une subordonnée de cause ou de conséquence.

1. L'énergie nucléaire ne pourra être indéfiniment utilisée puisque l'uranium sera un jour épuisé. ☐ cause ☐ conséquence

2. Les centrales nucléaires ont une si mauvaise image aux yeux du grand public que les industriels lancent des campagnes pour l'améliorer. ☐ cause ☐ conséquence

3. Les besoins en énergie augmenteront dans les années à venir parce que la population mondiale ne cesse de croître. ☐ cause ☐ conséquence

4. Le grand public a le sentiment de ne pas être bien informé des risques, si bien qu'il n'est pas favorable à l'énergie nucléaire. ☐ cause ☐ conséquence

2 Réécris les phrases 1 et 2 de l'exercice précédent en inversant le rapport logique.

Ex. (phrase 3) : *La population mondiale ne cesse de croître, si bien que les besoins en énergie augmenteront dans les années à venir.*

1. ....

2. ....

3

« En attendant un « nucléaire durable », l'énergie tirée de la fission de l'atome souffre d'une mauvaise image. Associée dans notre imaginaire à la bombe atomique, elle continue à faire peur à une grande partie de la société. L'accident de Tchernobyl (1986) et ses conséquences, tant en Europe de l'Est qu'en France, n'ont rien fait pour apaiser ces craintes. »

Emmanuel Thévenon, « Énergie nucléaire : a-t-on vraiment le choix ? », *Le Journal du CNRS*.
http://www2.cnrs.fr/presse/journal/2806.htm

a) Pourquoi l'énergie nucléaire souffre-t-elle d'une mauvaise image ? Retrouve dans le texte les deux causes de cet état de fait.

....

b) Réécris la deuxième phrase du texte en faisant apparaître l'idée de conséquence dans une proposition subordonnée.

....

Rappel de cours

■ La **cause** est la **raison** d'un fait, son **origine**. Elle fournit une **explication** à un fait, un événement. Les conjonctions de subordination *comme*, *parce que*, *puisque*… introduisent des propositions subordonnées circonstancielles de cause. Ces subordonnées donnent l'explication du fait énoncé dans la proposition principale.
Ex. : Nous sommes arrivés en retard [**parce que** notre voiture est tombée en panne].

■ La **conséquence** exprime le **résultat** d'un événement ou d'un fait. Les conjonctions de subordination *de sorte que*, *si bien que*, *tellement… que*, *si… que*… introduisent des propositions subordonnées circonstancielles de conséquence. Ces subordonnées donnent le résultat du fait énoncé dans la proposition principale.
Ex. : L'hiver est particulièrement rude [**de sorte que** les voitures ne peuvent pas démarrer].

4 Ajoute une lettre à chaque mot pour retrouver le nom d'un combustible.

☐	☐						dieu égyptien du soleil
☐	☐	☐					filet de lumière
☐	☐	☐	☐				regarda
☐	☐	☐	☐	☐			membre d'équipage d'un bateau
☐	☐	☐	☐	☐	☐		ce que fait une vache (au passé simple)
☐	☐	☐	☐	☐	☐	☐	combustible nucléaire

Coup de pouce
Les lettres peuvent changer de place.

Activités numériques

Résoudre une équation produit

1 **Associe chaque équation à sa solution.**

$(x-8)(x+5)=0$ •	• $x=-\frac{3}{2}$ ou $x=\frac{1}{5}$
$(x-2)(x-9)=0$ •	• $x=8$ ou $x=-5$
$(2x+3)(5x-1)=0$ •	• $x=2$ ou $x=9$

2 **Vrai ou faux ? Coche la bonne réponse.**

	vrai	faux
1. L'équation $x^2=16$ a pour unique solution 4.	☐	☐
2. L'équation $(x-5)(x+6)=0$ a pour solution 5 et − 6.	☐	☐
3. L'équation $x^2-4=0$ a les mêmes solutions que l'équation $(x+2)(x-2)=0$.	☐	☐

3 **L'uranium**

L'uranium est relativement répandu dans l'écorce terrestre, notamment dans les terrains granitiques et sédimentaires.

Coup de pouce

Le volume V d'un pavé droit de dimensions a, b, c est $V = a \times b \times c$.

a) **Observe la figure ci-contre.**

Calcule le volume de terre contenue dans le terrain A.

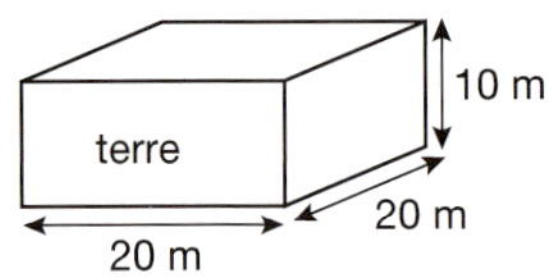

Terrain A

....

Le terrain A contient environ 24 kg d'uranium.

b) On cherche le nombre de kilogrammes d'uranium contenu dans le terrain B.

Calcule le volume de terre du terrain B.

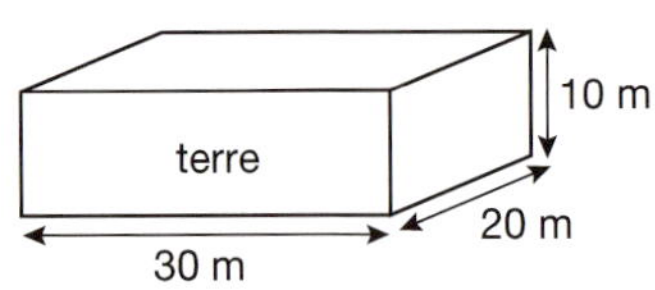

Terrain B

....

Complète le tableau de proportionnalité suivant pour trouver le nombre de kg d'uranium contenu dans le terrain B.

volume en m³	4 000	6 000
masse d'uranium en kg	24	......

c) **Trouve l'expression littérale du volume V du terrain C représenté ci-contre.**

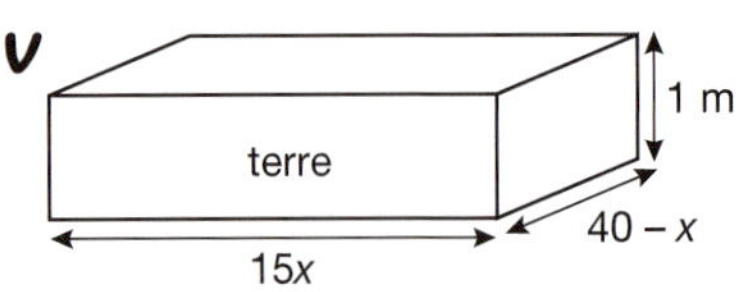

Terrain C

$V = 15x \times (40 - ......) \times 1 = 600x - ......$

Trouve la valeur de x pour laquelle les terrains B et C contiennent la même quantité d'uranium (c'est-à-dire pour laquelle ils ont le même volume).

$6\,000 = ... - 15x^2$

$6\,000 - 600x + ... = 0$

$15(400 - 40x + ...) = 0$

$15(...... - 20)^2 = 0$ donc $x = ...$

Coup de pouce

Utilise l'identité $a^2 - 2ab + b^2 = (a-b)^2$.

Rappel de cours

■ Une **équation** est une égalité dans laquelle certains nombres sont inconnus. Résoudre une équation, c'est trouver toutes les valeurs possibles de l'**inconnue**.

■ Pour résoudre les **équations produit**, on applique les propriétés suivantes.
- Si un produit de facteurs est nul, alors l'un des facteurs est nul.
- Si un des facteurs d'une multiplication est nul, alors le produit est nul.

Ex. : $(x-2)(x+3)=0$
$x-2=0$ ou $x+3=0$
$x=2$ ou $x=-3$
L'équation $(x-2)(x+3)=0$ admet deux solutions : 2 ou − 3.

Reconnaître et construire un polygone régulier

1 Construction d'un octogone régulier

Sur la figure ci-contre, on a tracé un carré ABCD et le cercle inscrit dans ce carré.

- Place les points E, G, I, K, milieux respectifs des côtés [AB], [BC], [CD], [DA].
- Trace l'octogone régulier EFGHIJKL.

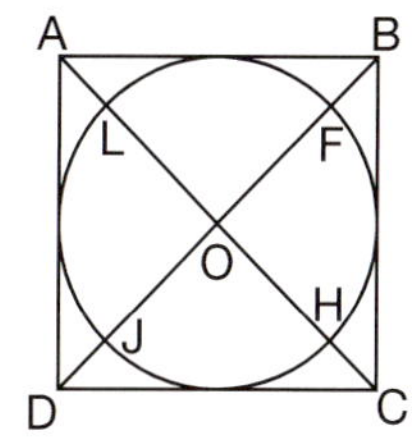

2 Le nucléaire en France

La carte ci-contre donne l'emplacement des centrales nucléaires en France.

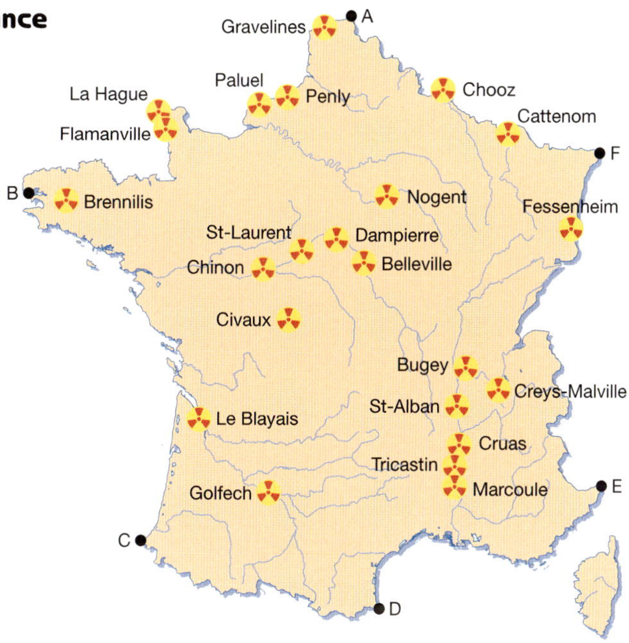

a) Trace le polygone ABCDEF.

b) Explique pourquoi la France est surnommée l'Hexagone.

....

....

....

c) Trace le triangle reliant les points correspondant aux centrales de Paluel, Civaux et Cattenom.

Le triangle obtenu est-il régulier ? ....

d) Trace le triangle reliant les points correspondant aux centrales de Bugey, Fessenheim et Nogent.

Le triangle obtenu est-il régulier ? ....

Coup de pouce

Un polygone est régulier si tous ses côtés ont la même longueur.

3 Observe les figures ci-dessous. Coche celles où le polygone bleu est régulier.

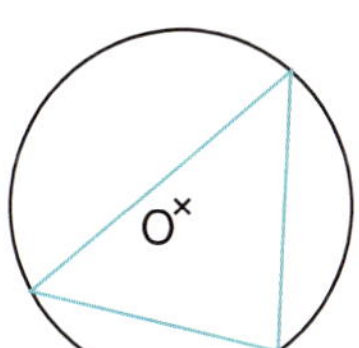

☐ figure 1

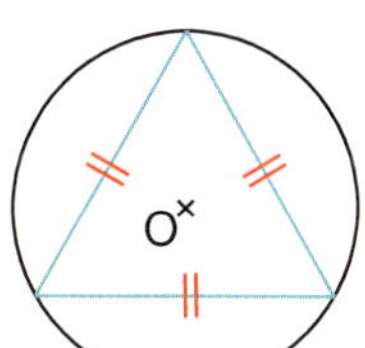

☐ figure 2

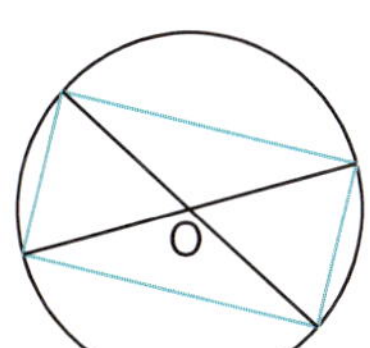

☐ figure 3

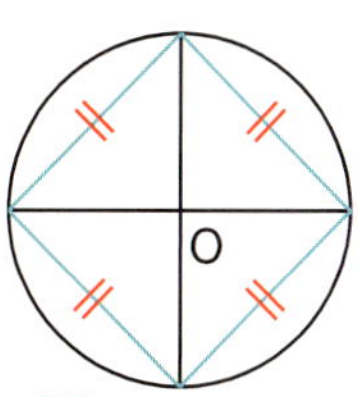

☐ figure 4

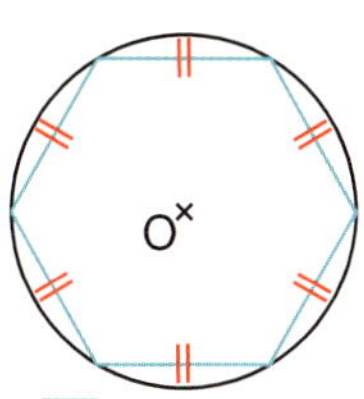

☐ figure 5

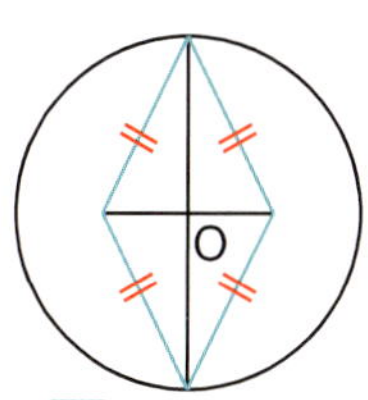

☐ figure 6

Rappel de cours

- Un **polygone régulier** est un polygone inscrit dans un cercle et dont tous les côtés ont la même longueur.
- Le **triangle équilatéral**, le **carré** sont des polygones réguliers.

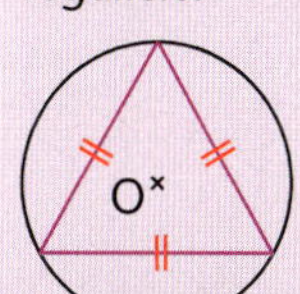

Le triangle équilatéral

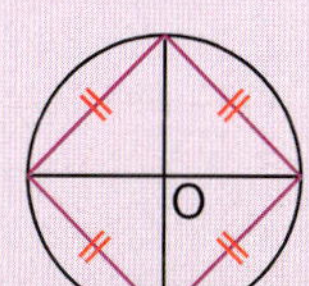

Le carré

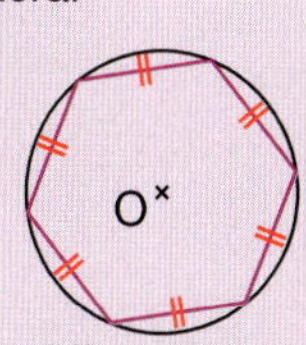

L'hexagone régulier

ANGLAIS

A plan

Parler du passé

(Julie and Brian are trying to find a way to catch the ghost.)

JULIE. – Listen Brian, I know what we're going to do.

BRIAN. – I'm all ears.

JULIE. – Good. At midnight, when everybody's asleep, we'll go upstairs and wait until the ghost arrives.

BRIAN. – I'm not sure it's a very good idea.

JULIE. – Come on Brian, you used to be much braver when you were younger, didn't you?

BRIAN. – I still am, but I didn't use to be confronted with ghosts!

JULIE. – So, you still believe a real ghost inhabits this hotel? You must be joking! You didn't use to be so naive.

BRIAN. – I'm not naive at all!... And... what will we do if it appears?

JULIE. – Well, we'll spy on him first and then we'll try to set a trap for him, or we'll jump on him.

BRIAN. – How easy!

- ***I'm all ears:*** je suis tout ouïe
- ***to inhabit:*** habiter
- ***to joke:*** plaisanter
- ***to spy:*** espionner
- ***trap:*** piège

1 **Read the definitions and fill the grid. All the words are taken from the dialogue.**

1. Something which is not difficult is .... .
2. Synonym of "think".
3. The Mouse .... is a famous play.
4. He collects information by listening to other people's conversations.
5. Neil Armstrong was the .... man to have walked on the moon.
6. Synonym of "attempt".
7. Conjunction of coordination.
8. He is not .... , look : he is wide awake.
9. Part of the body.
10. Contrary of "downstairs".

Rappel de cours

■ La tournure ***used to*** sert à parler d'**habitudes passées** que l'on tient pour révolues.
Ex. : "You used to be braver."
On pourrait traduire cet énoncé par : « *Avant, tu étais plus courageux.* »

■ Pour comparer avec le présent, on aura souvent recours à ***still*** ou ***no longer/not anymore***.
Ainsi, dans l'exemple précédent, Brian répond "And I still am !", et Julie aurait pu ajouter : "But you no longer are !" ou "But you aren't anymore !"

■ Attention à la traduction de *avant, il y avait...* : there used to be.

2 **En utilisant la tournure *used to*, dis ce qui a changé (ou pas) chez Brian au cours de ces cinq dernières années.**

Ex. : *He used to like (reading) Harry Potter, and he still does.*

1. ....

2. ....

3. ....

4. ....

Coup de pouce

Le recours à *and* et *but now* te sera très utile.

La fin de la Seconde Guerre mondiale

1945 : un monde traumatisé en quête de paix

En 1945, la Seconde Guerre mondiale s'achève, laissant derrière elle environ 60 millions de morts, des villes rasées par les bombardements et des infrastructures hors d'usage. Le conflit a aussi et surtout entraîné un fort traumatisme moral.

Pourquoi le monde est-il bouleversé en 1945 ? Quelles sont ses perspectives d'avenir ?

1 Titre à la Une du journal « Combat » le 8 mai 1945 : « Une immense joie pleine de larmes ». **Pour chacun des événements de cette année, souligne en rouge ceux qui provoquèrent la joie et en bleu ceux qui firent couler des larmes.**

27 janvier	libération du camp d'Auschwitz par les Soviétiques
8 mai	capitulation sans condition du Reich allemand = fin de la guerre en Europe
26 juin	fin de la conférence de San Francisco, signature de la charte de l'ONU
6 août	première bombe atomique sur Hiroshima
9 août	bombe atomique sur Nagasaki
15 août	l'empereur du Japon annonce à la radio la capitulation de son pays qui sera signée le 2 septembre = fin de la guerre en Asie

2 **En observant cette carte de l'Europe dans les années 1950, relève des éléments qui montrent comment l'Europe (et le monde) passent de la Seconde Guerre mondiale à la guerre froide.**

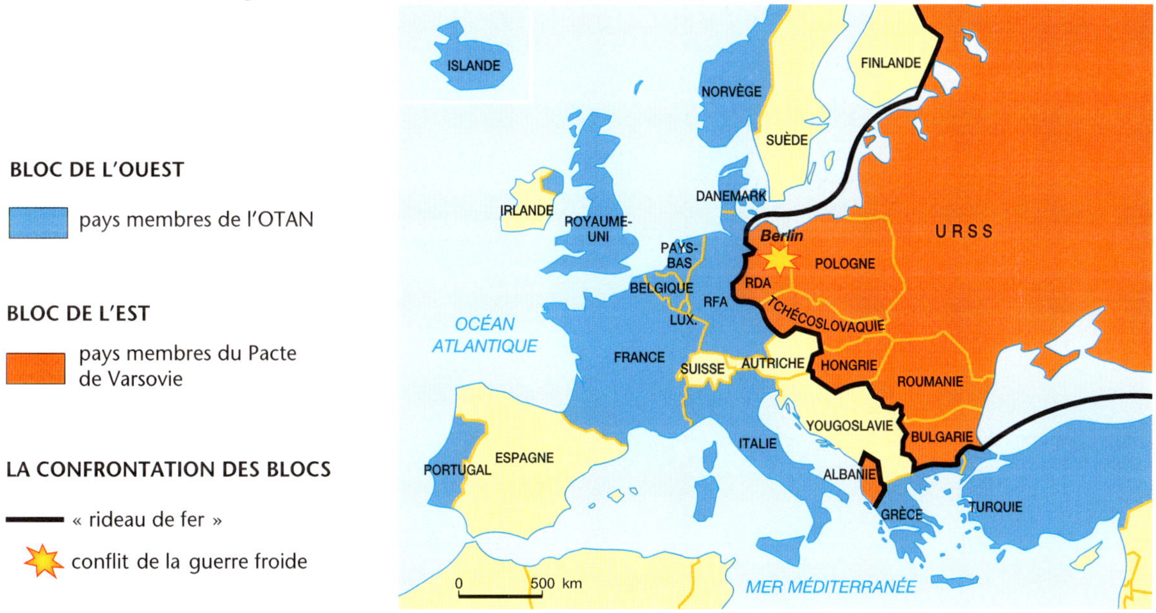

a) Cite trois pays occupés par l'armée rouge (URSS) en 1945, qui deviennent trois pays communistes du bloc de l'Est. ....

b) Cite trois pays alliés ou libérés par les Alliés qui deviennent trois pays du bloc de l'Ouest. ....

c) Quel est le pays vaincu, occupé puis divisé par la guerre froide ? Indique son nom en 1945, puis ses nouveaux noms.

....

d) Quel nom est donné à la séparation de l'Europe au temps de la guerre froide ? ....

Conclusion : L'année 1945 est marquée par la révélation des crimes nazis (le génocide des Juifs) et par la première utilisation de l'arme atomique.
Afin de préserver la paix et de promouvoir les droits de l'Homme, l'ONU voit le jour.
Mais déjà les alliés de la guerre se déchirent et la guerre froide se profile à l'horizon.

Quiz Séquences 4 à 6

Corrigé p. 117

Teste tes connaissances ! Fais les quiz, compare tes réponses avec celles du corrigé et attribue-toi un score.

FRANÇAIS

1 Employer le passé simple et l'imparfait

Dans ce texte, souligne en rouge les verbes qui expriment des actions de premier plan, en bleu ceux qui expriment des actions de second plan.

En l'an 79, alors que la chaleur accablait Pompéi, le Vésuve se réveilla. La lave recouvrit toute la ville tandis que les habitants tentaient de fuir.

Score : .... / 2

2 Utiliser des procédés de reprise

Entoure le bon substitut.

1. un marcheur : un routier – un randonneur
2. le lion : le roi de la forêt – le roi de la savane
3. le lauréat : un arbre – il
4. les Espagnols, les Italiens, les Tunisiens : les Européens – les Méditerranéens

Score : .... / 2

3 Repérer les marques de la subjectivité

Ces modalisateurs expriment-ils la certitude (C), le doute (D), le souhait (S) ?

	C	D	S
1. J'aimerais que chacun prenne conscience des enjeux écologiques.	☐	☐	☐
2. Tu supposes que cela se fera naturellement.	☐	☐	☐
3. Nous voudrions que des mesures politiques soient prises.	☐	☐	☐
4. Personne ne peut ignorer que la planète est en danger.	☐	☐	☐

Score : .... / 2

4 Accorder le verbe avec son sujet

Entoure la forme verbale correcte.

1. Pierre et Paul, tous les deux (étudierons/étudieront).
2. La file des visiteurs (s'allongent/s'allonge).
3. Karim, mon frère, me (manque/manquent).
4. Jules, Carine, Zoé, toute l'équipe (achète/achètent) le même maillot.

Score : .... / 2

5 Écrire un texte argumentatif

Lis le texte, puis réponds aux questions.

De nombreux ORL affirment que le nombre de malentendants va fortement augmenter d'ici 2025, car l'usage du MP3, très répandu, est nocif. Certains opposent que le MP3 n'est pas nocif en lui-même et qu'il suffit de ne pas trop monter le volume pour qu'il n'y ait aucun risque. Mais la plupart des utilisateurs sont des jeunes, et nombre d'entre eux aiment écouter la musique fort : hier encore, mon frère m'a fait répéter trois fois ce que je lui disais parce qu'il était en train d'écouter son MP3, alors que j'avais l'impression de hurler !

1. Quel est le thème de l'argumentation ?

....

2. Quelle est la thèse défendue ?

....

3. Souligne en rouge l'antithèse.
4. Souligne en bleu l'argument théorique.
5. Souligne en vert l'exemple.

Score : .... / 5

6 Exprimer la cause et la conséquence

Dans chaque phrase, souligne la proposition subordonnée, puis indique si elle exprime la cause ou la conséquence.

	cause	conséquence
1. Nous sommes si effrayés que nous tremblons.	☐	☐
2. Comme il n'a plus rien à lire, il regarde la télé.	☐	☐
3. Elle est tellement fatiguée qu'elle se couche sans se déshabiller.	☐	☐

Score : .... / 3

MATHS

1 Utiliser les identités remarquables

Coche la bonne réponse.

1. $(x - 6)^2 = \ldots$

☐ $x^2 - 36$ ☐ $x^2 - 6x + 36$ ☐ $x^2 - 12x + 36$

2. $x^2 + 14x + 49 = \ldots$

☐ $(x + 2)^2$ ☐ $(x + 7)^2$ ☐ $(x + 49)^2$

Score : .... / 2

2 Utiliser la trigonométrie

Coche la bonne réponse.

1. $\cos^2 x + \sin^2 x = \ldots$

☐ 1 ☐ $\tan x$ ☐ -1

2. On a $\sin x = 0{,}45$. L'arrondi à l'unité de l'angle x est…

☐ 0° ☐ 26° ☐ 27°

3. On sait que cos x = 0,2 et sin x = 0,6. On a alors tan x = ...

☐ 5 ☐ 0,8 ☐ 3

Score : .... / 3

3 Factoriser une expression littérale

Coche la bonne réponse.

1. L'expression factorisée de $4x^2 - 12x$ est…

☐ $4(x^2 - 12)$ ☐ $4x(x - 3)$ ☐ $4x^2(x - 3)$

2. L'expression factorisée de $x^2 - 49$ est…

☐ $(x + 7)^2$ ☐ $(x - 7)(x + 7)$ ☐ $(x - 49)(x + 49)$

3. Soit A = $9x^2 + 24x + 16$.

☐ L'expression factorisée de A est $(9x + 4)^2$.

☐ L'expression factorisée de A est $(3x + 4)^2$.

☐ L'expression factorisée de A est $(3x - 4)(3x + 4)$.

Score : .... / 3

4 Calculer des angles

Vrai ou faux ? Coche la bonne réponse.	vrai	faux
1. Sur la figure ci-dessous, on a $\widehat{BAC} = \frac{1}{2}\widehat{BOC}$. 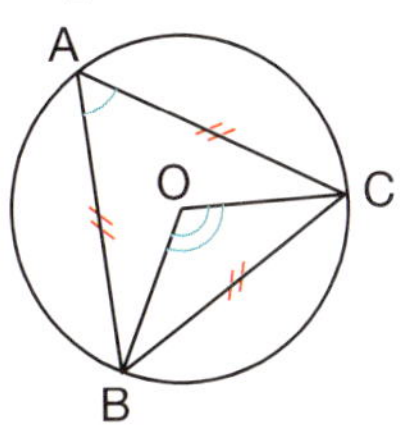	☐	☐
2. Sur la figure ci-dessous, l'angle $\widehat{BAC}$ = 20°. 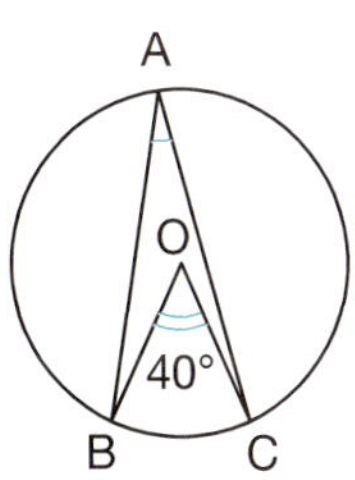	☐	☐

Score : .... / 2

5 Résoudre une équation produit

Coche la bonne réponse.

1. L'équation $(x - 6)(2 - x) = 0$ a pour solution…

☐ 6 ou – 2 ☐ 6 ou 2 ☐ – 6 ou 2

2. Un exemple d'équation produit nul est…

☐ $(x - 1)(x + 2) = 4$

☐ $(x - 1) - (x + 2) = 0$

☐ $(x - 1)(x + 2) = 0$

3. 0 et –5 sont solution de l'équation…

☐ $x(x - 5) = 0$ ☐ $x(x + 5) = 1$ ☐ $x(x + 5) = 0$

Score : .... / 3

6 Reconnaître et construire un polygone régulier

Vrai ou faux ? Coche la bonne réponse.

	vrai	faux
1. Un triangle équilatéral est un polygone régulier.	☐	☐
2. Un polygone régulier a tous ses sommets sur un même cercle.	☐	☐
3. Un polygone régulier ayant quatre côtés est un rectangle.	☐	☐

Score : .... / 3

ANGLAIS

1 Exprimer souhaits et regrets

Remets les phrases dans l'ordre en les numérotant de 1 à 4.

...... On the contrary, Julie is pleased to prolong her stay at the Lakeview Hotel.

...... Mr McNulty has just learnt that his car would not be ready for a few days.

...... They have to stay at the Lakeview Hotel until the car is repaired.

...... Brian is disappointed. He would like to leave the place.

Score : .... / 2

2 Exprimer ses goûts

a) Coche la bonne réponse.

1. Mrs McNulty is fond of ☐ *gardening.* ☐ *garden.*

2. Her husband does not mind ☐ *do the household chores.* ☐ *doing the household chores.*

b) Complète ces phrases à l'aide d'un adjectif composé.

1. She has green eyes, so she is a .... girl.

2. He looks clever, so he is a .... boy.

Score : .... / 2

3 Parler du passé

Complète ces quatre phrases.

1. She used to play the piano very well, but now ....

2. He did not use to love travelling, but now ....

3. They .... very sporty, and they still are.

4. They .... long hair, but now they have.

Score : .... / 4

Score total : .... / 40

Les ordinateurs vont-ils remplacer les musiciens ?

Les avancées technologiques qui ont lieu au début du XXe siècle donnent des idées à certains ingénieurs… et si l'on branchait les guitares sur le courant électrique ? Dans les années 1980, les instruments deviennent tout simplement… virtuels ! Un simple ordinateur suffit désormais à composer et à jouer n'importe quelle œuvre musicale.

Les sons deviennent électroniques…

Au début du XXe siècle, on cherche à avoir des sons plus puissants. Sur certains instruments, les vibrations sont transformées en courant électrique. Le signal obtenu est ensuite amplifié puis restitué par l'intermédiaire de haut-parleurs. C'est ainsi que, dans les années 1940, la guitare devient électrique. Un peu plus tard, à partir des années 1950, on parvient à reproduire les sons de certains instruments grâce à des circuits électroniques ! C'est la grande époque des synthétiseurs et de la musique électroacoustique.

… et les instruments virtuels

Dans les années 1980, l'informatique est en plein essor. Il devient facile de créer des banques de sons dans lesquelles venir piocher à loisir pour fabriquer des mélodies. Il s'agit au départ de sons synthétiques, puis de sons de véritables instruments.
Aujourd'hui, tout le monde peut composer ses propres morceaux sur ordinateur et les faire jouer par des musiciens virtuels à moindre coût. C'est d'ailleurs ainsi que la plupart des musiques de film sont enregistrées. Et même lorsque de vrais musiciens viennent enregistrer en studio, la musique finit toujours par être numérisée. Toutes les transformations deviennent alors possibles, comme par exemple de corriger les fausses notes !

Photo : Discothèque, Amsterdam. *ph © Ingolf Pompe / Gettyimages*

Des instruments imaginaires

Le logiciel Genesis permet de modéliser n'importe quel instrument, réel ou imaginaire, puis de lui faire jouer des sons… Imagine une flûte que l'on étire et que l'on vrille en tire-bouchon : avec ce logiciel, il est possible d'entendre les sons qui sortiraient d'un tel instrument. Rien n'empêche ensuite d'aller faire fabriquer sa trouvaille chez un artisan bien réel.

Pianiste virtuel

Un ordinateur peut jouer les morceaux les plus difficiles du répertoire sans aucune fausse note. Par contre, il ne peut reproduire les nuances de l'interprétation. Pour y remédier, une équipe de recherche canadienne a équipé un piano à queue de capteurs très sensibles. Lorsque un pianiste joue une œuvre sur ce piano, l'instrument est ensuite capable de rejouer le morceau avec toutes les intentions du musicien (rythme, intensité de frappe, nuances...). Les scientifiques souhaitent ainsi percer les mystères de l'interprétation et pouvoir en faire bénéficier les ordinateurs.

Connais-tu le drumitar ?

Le drumitar est un instrument bien réel et unique au monde. Il s'agit d'une sorte de synthétiseur en forme de guitare, où chaque bouton reproduit un son de percussion (*drum* en anglais). Le drumitar a été inventé par le batteur américain Roy Wooten.

Drumitar.

MINI-QUIZ

Relie chacun de ces compositeurs français au mouvement musical qu'il représente.

Pierre Schaeffer •	• musique moderne
Pierre Boulez •	• musique électronique
Claude Debussy •	• musique contemporaine

Pierre Schaeffer (1910-1995) est l'un des pères de la musique électronique.
Pierre Boulez (né en 1925) est un compositeur contemporain qui fait appel aux mathématiques.
Claude Debussy (1862-1918) est un compositeur de musique moderne.

IN ENGLISH

Will computers replace musicians?

In the 40's, the sounds of some instruments started to be amplified with loudspeakers before getting totally electronic, like synthesizers. Since the 80's, instruments have become virtual. With computers, it is possible to reproduce or create any sound.

- ***to amplify:*** amplifier
- ***loudspeakers:*** haut-parleurs

Grammaire
Identifier des expansions du nom

« La guitare électrique donne à la musique de rock sa sonorité caractéristique. La plupart des formations en comportent trois qui chacune ont un registre différent : une guitare solo, très mélodique, une guitare d'accompagnement, un peu plus grave, qui soutient et enrichit la mélodie de la première, et une basse dont le rôle est tout à fait analogue à celui de la contrebasse dans les formations de jazz ou de la basse continue dans les orchestres baroques. »

Neil Ardley, *Les Instruments de musique* © Gallimard, coll. « Les Yeux de la découverte », 2006.

Rappel de cours

Une expansion du nom enrichit un nom ou un groupe nominal. Elle peut prendre différentes formes.

- Un **adjectif qualificatif épithète** est lié directement au nom. Ex. : une **harmonieuse** musique.
- Un adjectif qualificatif **apposé** est séparé du nom par une virgule. Ex. : **Puissante**, la musique envahit la voûte de la cathédrale.
- Un **complément du nom** est le plus souvent un groupe nominal introduit par une préposition. Il peut aussi s'agir d'un verbe à l'infinitif, d'un adverbe ou d'un pronom. Ex. : la musique **de chambre**, une musique **d'autrefois**.
- Une **proposition subordonnée relative complément de l'antécédent** est introduite par un pronom relatif (*qui, que, dont, lequel*…). Ex. : Cette musique **qui envoûte le public** est jouée par un orchestre philharmonique.
- Une **apposition** est un nom ou un GN séparé du nom noyau par une virgule ; il représente la même chose que le nom noyau mais apporte une nuance, une précision. Ex. : La musique de chambre, **délice des amateurs,** régale aussi les mélomanes.

1 **Complète le tableau suivant.**

nom noyau	GN complément du nom	proposition subordonnée relative complément de l'antécédent
musique	....	
....	d'accompagnement	....
basse		....
formations	....	

2 **a) Dans le texte de départ, souligne tous les adjectifs qualificatifs, puis classe-les dans le tableau ci-dessous.**

adjectifs épithètes	adjectifs apposés
....	....

b) Un des adjectifs que tu as soulignés n'est pas une expansion nominale : il est attribut du sujet. Lequel ? ....

3 **Les textes suivants reprennent le texte ci-dessus, mais des expansions nominales ont été supprimées. Lis-les, puis coche la bonne réponse.**

1. « La guitare électrique donne à la musique de rock sa sonorité. La plupart des formations en comportent trois : une guitare solo, une guitare d'accompagnement et une basse. »

☐ La suppression des expansions ne modifie pas le sens des phrases (on perd simplement en précisions).

☐ La suppression des expansions modifie le sens des phrases.

2. « La guitare donne à la musique sa sonorité. La plupart des formations en comportent trois : une guitare, une guitare et une basse. »

☐ La suppression des expansions ne modifie pas le sens des phrases (on perd simplement en précisions).

☐ La suppression des expansions modifie le sens des phrases.

Écriture

Utiliser un champ lexical

1 **a) Barre les mots qui n'appartiennent pas au champ lexical de la musique.**
genre musical – figuratif – clair-obscur – peindre – DJ – tableau – chanter – rap – premier plan – chant – griot – mélodie – chevalet – percussions – hip-hop – MC – perspective

b) À quel champ lexical appartiennent les mots que tu as barrés ? ....

2 **Complète ce texte sur les origines du rap avec les mots du champ lexical de la musique donnés dans l'exercice précédent.**

« Le rap est un .... appartenant au mouvement culturel .... apparu au début des années 1970 aux États-Unis. Aux premières heures, les .... (*masters of ceremony*, maîtres de cérémonie) servaient juste à soutenir les ...., et les parties rappées étaient simplement appelées *MC-ing*. […]

Le .... semble formellement se rapprocher de la culture africaine dont se réclame le mouvement hip-hop. Le .... scandé du MC évoque en effet le ...., poète et musicien qui chronique la vie quotidienne ou est invité à .... lors des célébrations (ex. : mariage). De même, le retour à une musique essentiellement basée sur le rythme plus que sur la .... ramène aux poly-rythmies de .... africaines. »

http://fr.wikipedia.org/wiki/Rap

3 **Décode cette énigme pour découvrir le nom d'un instrument contemporain.**

do = A   ré = E   mi = I   fa = O   sol = U

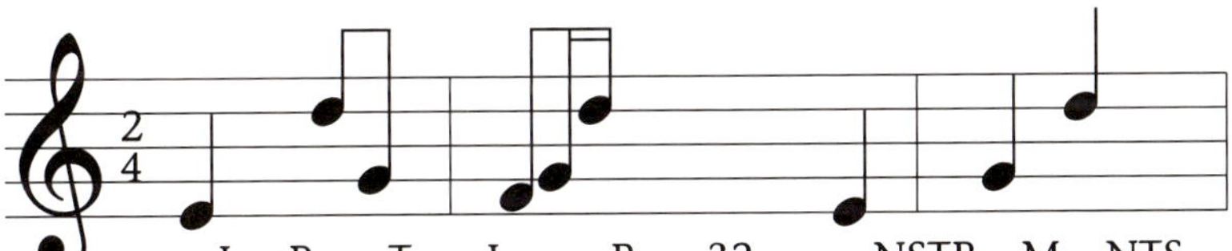

_L P_ _T J_ _ _R 32 _NSTR_M_NTS

_ L_ F_ _S _T 128 N_T_S _N M_M_ T_MPS.

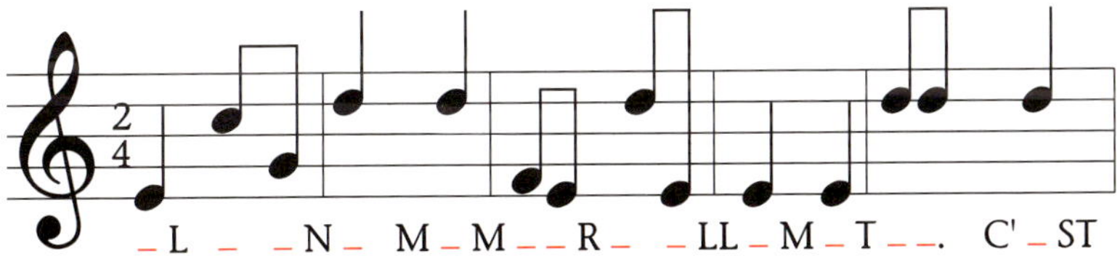

_L _ _N_ M_M_ _R_ _LL_M_T_ _. C'_ST

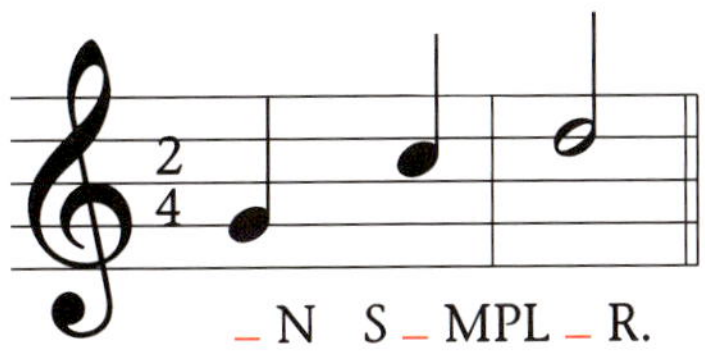

_N S_MPL_R.

Rappel de cours

- Un champ lexical est constitué de l'ensemble des mots ou expressions qui se rapportent à un même thème, une même notion.
- Les mots d'un même champ lexical peuvent appartenir à des **classes grammaticales** différentes (verbes, noms, adjectifs). Ex. : larmes, mélancolique, pleurer appartiennent au champ lexical de la **tristesse**.
- En **littérature** (dans un texte narratif, descriptif, poétique), leur utilisation donne une couleur particulière qui renforce la visée d'un texte, crée un certain effet, une atmosphère.
- Dans un **texte explicatif** ou **informatif**, on utilise un vocabulaire spécialisé : il faut bien connaître le champ lexical de la notion abordée pour pouvoir s'exprimer clairement et avec précision.

Activités numériques

Utiliser une fonction linéaire

MATHS

1 Coche les représentations graphiques qui correspondent à une fonction linéaire.

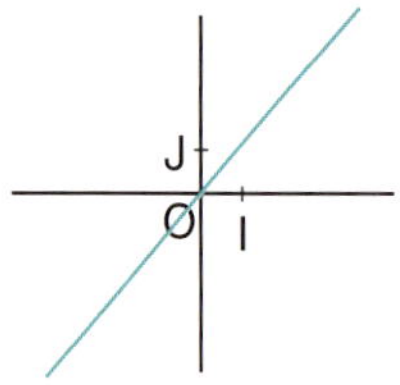

☐ figure 1

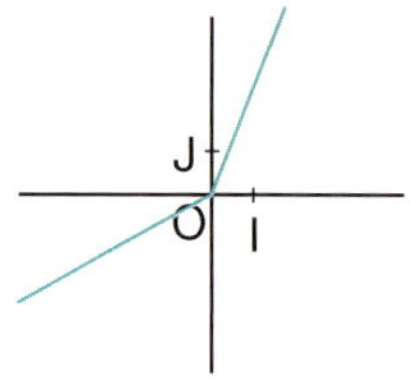

☐ figure 2

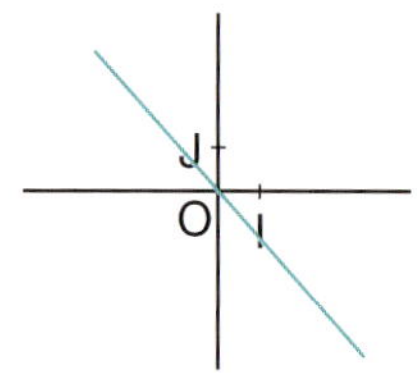

☐ figure 3

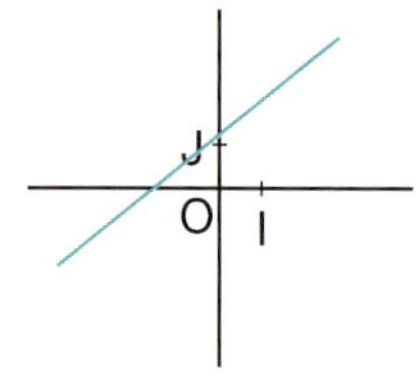

☐ figure 4

2 Vrai ou faux ? Coche la bonne réponse.

	vrai	faux
1. La représentation graphique d'une fonction linéaire est une droite qui contient l'origine du repère.	☐	☐
2. La fonction $f : x \quad -5x$ est une fonction linéaire.	☐	☐
3. L'image de – 3 par la fonction linéaire de coefficient – 4 est – 7.	☐	☐

Rappel de cours

■ Une fonction linéaire traduit une situation de **proportionnalité.** À un nombre x, elle fait correspondre le nombre ax (a étant un nombre donné).
On la note $f : x \quad ax$
ou encore $f(x) = ax$.
a est le **coefficient de linéarité.**
Ex. : La fonction qui, à tout nombre, associe son triple est une fonction linéaire.
On la note $f : x \quad 3x$
ou encore $f(x) = 3x$.
3 est le coefficient de linéarité.

■ Une situation de proportionnalité est représentée par des points alignés sur une **droite** passant par l'**origine** du repère ; la représentation d'une fonction linéaire est donc une droite passant par l'origine du repère et par le point de coordonnées (1 ; a).
Ex. : La représentation de la fonction $f : x \quad 3x$ est la droite passant par O et par le point de coordonnées (1 ; 3).

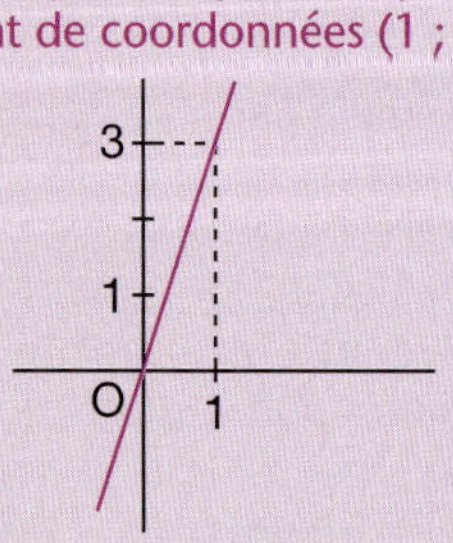

3 Le synthétiseur

L'enveloppe ADSR est une modélisation du son généré par un synthétiseur. Cela permet de décrire comment l'instrument fait évoluer le volume du son créé en fonction du temps.

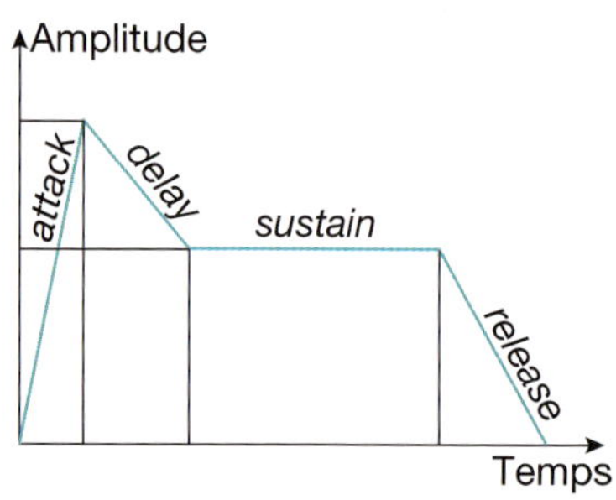

■ L'attaque (*attack*) décrit le temps nécessaire au son pour atteindre son amplitude maximale, après avoir appuyé sur une touche du synthétiseur.

■ Le déclin (*decay*) indique le temps, au-delà du pic, pour atteindre le moment où le son entre en phase de maintien.

■ Le maintien (*sustain*) décrit le niveau sonore conservé tant que la touche est maintenue enfoncée.

■ Le relâchement de la touche (*release*) indique la rapidité avec laquelle le son diminue pour s'éteindre complètement.

Quelle partie du son est associée à une fonction linéaire ?

....

4 La médiathèque

Une médiathèque demande une participation de 2 € par CD emprunté.

a) Calcule la participation demandée pour un emprunt de 6 CD.

....

b) Calcule le nombre de CD empruntés si la participation est de 14 €.

....

c) Écris la fonction $f(x)$ qui représente la participation pour un emprunt de x CD. $f(x) = 2 \times$ ....

f est-elle une fonction linéaire ? ....

Activités géométriques

Couper un solide par un plan

1 **Vrai ou faux ? Coche la bonne réponse.**

	vrai	faux
1. La section d'un cylindre avec un plan parallèle aux bases est un rectangle.	☐	☐
2. La section d'un cône avec un plan parallèle à la base est un cercle.	☐	☐
3. La section d'une sphère avec un plan est un ovale.	☐	☐

2 **Coche la bonne réponse.**

1. Une sphère est inscrite dans un cylindre. Coche la figure où l'on a représenté la section du solide par le plan (ABCD).

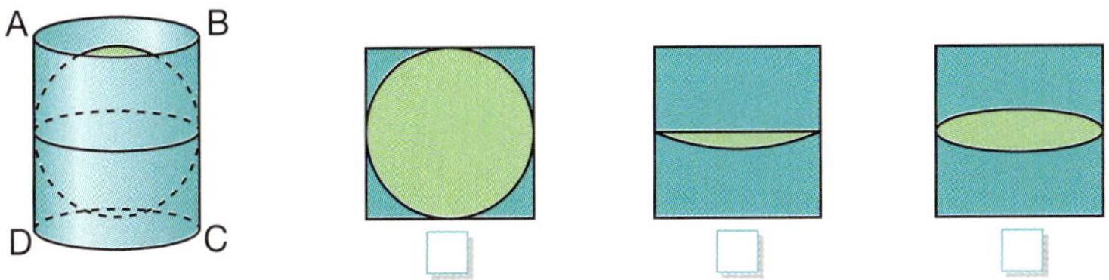

2. Une sphère est inscrite dans un cube. Coche la figure où l'on a représenté la section du solide par le plan (EFGH).

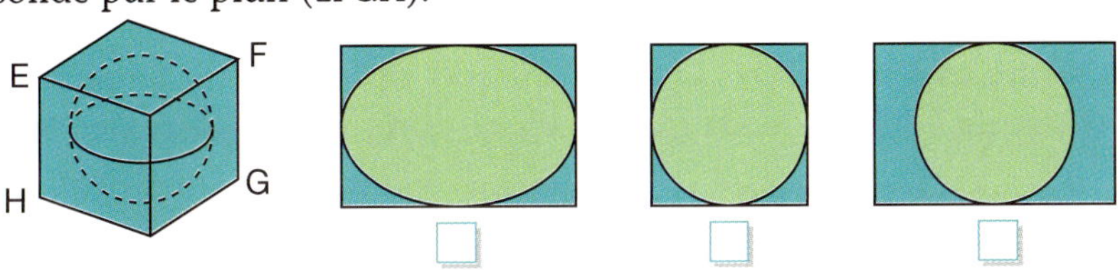

3. On coupe un pavé droit par un plan $\mathcal{P}$ qui est parallèle à l'arête [AD]. Coche la figure où on a représenté la section du solide par le plan $\mathcal{P}$.

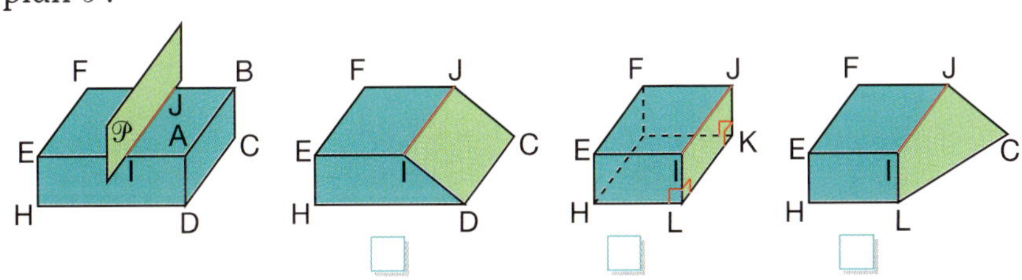

3 **Le métronome**

Pour jouer un morceau en respectant le tempo, les musiciens utilisent un métronome. Cet instrument indique la vitesse d'exécution à suivre en donnant un signal audible ou visuel régulier.

a) Les métronomes mécaniques ont souvent la forme d'une pyramide tronquée. Sur la figure ci-dessous, les faces ABCD et A′B′C′D′ sont-elles parallèles ?

....

b) Le polygone A′B′C′D′ est-il une réduction ou un agrandissement du polygone ABCD ?

....

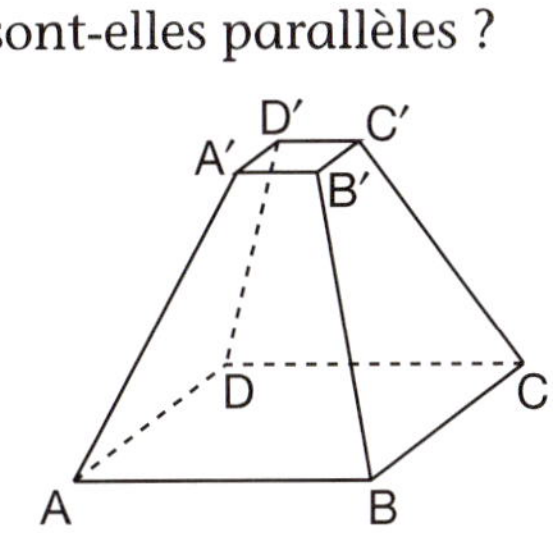

Rappel de cours

Le cylindre

- La section d'un cylindre par un plan parallèle aux bases est un cercle.

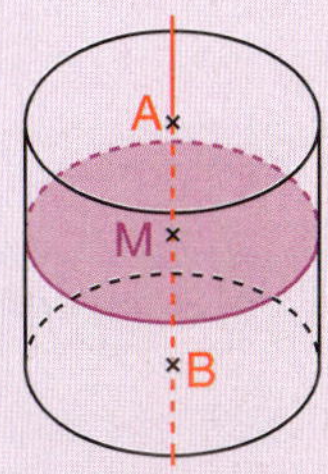

- La section d'un cylindre par un plan parallèle à l'axe du cylindre est un rectangle.

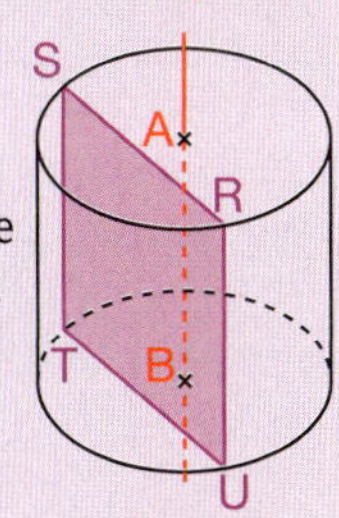

La sphère

La section d'une sphère par un plan est un cercle (ou un point lorsque le plan est tangent à la sphère).

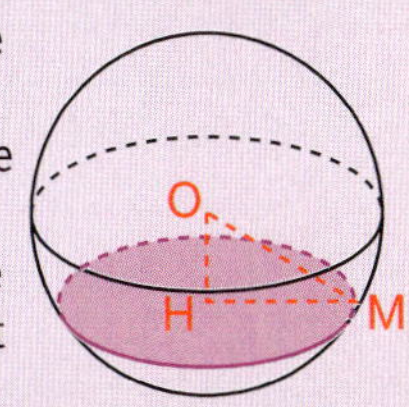

La pyramide

La section d'une pyramide par un plan parallèle à la base est un polygone qui est une réduction de cette base.

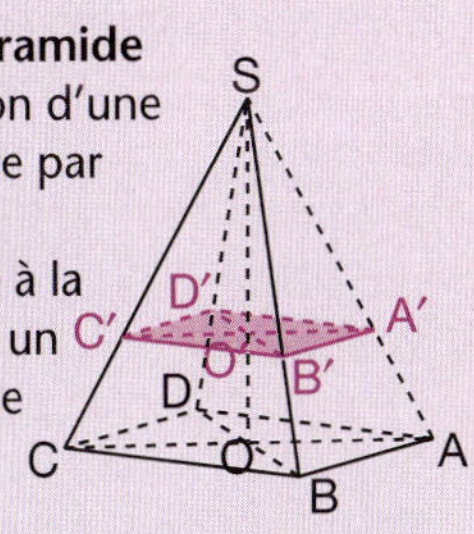

Spying on the ghost

Parler d'actions qui durent

(It's midnight, the children are upstairs, hidden in a large chest…)

JULIE. – I've been waiting for this moment since I was a little girl.

BRIAN. – What do you mean?

JULIE. – Well, I've always wanted to see a ghost for real. I'm so excited.

BRIAN. – Don't be so over-enthusiastic, you could be disappointed.

JULIE. – Ssh! Stop talking! If he hears a noise he won't come.

(After a long silence…)

BRIAN. – How long have we been hiding in this chest?

JULIE. – Nearly two hours.

BRIAN. – Can you imagine that we've been spying on something that does not exist for two hours. I'm tired of waiting, I'm going down to my room.

JULIE. – Shh! I can hear footsteps coming.

BRIAN. – I can hear them, too. Let's half close the lid so that he can't see us.

- ***to hide:*** cacher
- ***chest:*** coffre
- ***disappointed:*** déçu
- ***nearly:*** presque
- ***footsteps:*** pas (bruits de
- ***lid:*** couvercle

Rappel de cours

■ Le **present perfect progressif** se forme à l'aide de l'auxiliaire ***have*** au présent, suivi de ***been*** + V-ING.
Ex. : **I've been** waiting for this moment for a long time.

■ On utilise le present perfect progressif pour parler d'actions ayant commencé dans le passé et qui sont toujours vraies au moment de l'énonciation. C'est la raison pour laquelle il est souvent associé à ***for*** (+ **durée** de l'action) ou ***since*** (+ **point de départ** de l'action), tous deux voulant dire « depuis ».

■ Il peut aussi traduire une action finie depuis peu, si l'on veut insister sur sa **durée** (ex. : It's been raining all day!) ou exprimer l'**exaspération** (ex. : You've been drinking again!).

■ Certains verbes (*like, love, want, know…*) ne se mettent pas à la forme progressive. Pour décrire une action qui dure avec ces verbes-là, tu dois avoir recours au **present perfect simple**. Ex. : We have been here for two hours.

1 What was the chest like before the children heard footsteps coming? Justify your choice by quoting from the text.

……………………………………………………………………………………………

2 *For* ou *since* ? Complète les phrases avec le mot qui convient.

1. The McNultys have been in Ireland ………. a few days. – **2.** Julie and Brian's parents have been living in England ………. Julie was born. – **3.** They have been working for the same company ………. 13 years. – **4.** Brian has had a new watch ………. Christmas.

3 À partir des données proposées, formule des phrases exprimant depuis quand ou depuis combien de temps Julie…

1. a un chien : ……………………………………………………

2. joue au badminton : ……………………………………………

3. connaît sa meilleure amie : ……………………………………

4. apprend le français : …………………………………………

Julie's birth – 5 years old: *had a dog* – 7: *started playing badminton* – 9: *met her best friend* – 11: *started learning French* – 13

La production d'énergie électrique

Les sources d'énergie

La consommation d'électricité ne cesse d'augmenter. Or, l'énergie électrique ne peut pas être stockée. Il faut trouver des moyens de la produire en continu. En France, on utilise principalement trois modes de production : les centrales nucléaires, les centrales thermiques (à combustibles fossiles), et les centrales hydrauliques. Mais on s'oriente actuellement vers des énergies renouvelables de manière à préserver l'environnement.

Quelles sont ces énergies renouvelables ? Quels sont leurs avantages, leurs inconvénients ?

1 **Complète avec les mots de la liste suivante :** *énergie nucléaire – énergie solaire – énergie thermique – énergie éolienne – énergie de la biomasse (due à la combustion des déchets) – énergie de la géothermie (due à la chaleur du sous-sol) – énergie hydraulique.*

1. Une énergie **renouvelable** est une énergie provenant de ressources que la nature renouvelle en permanence. *Exemples :* ....

2. Une énergie **non renouvelable** est une énergie qui disparaît quand on l'utilise.

Exemples : ....

2 **Relie chaque énergie à ses avantages (en vert) et à ses inconvénients (en rouge).**

- énergie nucléaire
- énergie solaire
- énergie thermique
- énergie éolienne
- énergie de la biomasse
- énergie de la géothermie
- énergie hydraulique

Avantages :
- aucune pollution de l'air
- utilisation de nos déchets
- réserves importantes en uranium
- efficace et sûr

Inconvénients :
- bouleversement d'un écosystème
- ne fonctionne pas s'il n'y a pas de vent
- ne fonctionne pas la nuit
- nécessite de forer en profondeur
- émet des gaz polluants
- produit des déchets radioactifs dangereux

3 **Compare ces schémas de centrales électriques et trouve leur point commun.**

Dans chacune des centrales présentées, l'énergie électrique est produite par .... qui est entraîné par ....

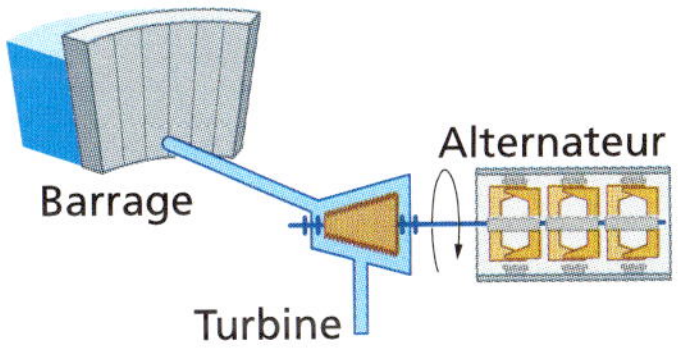

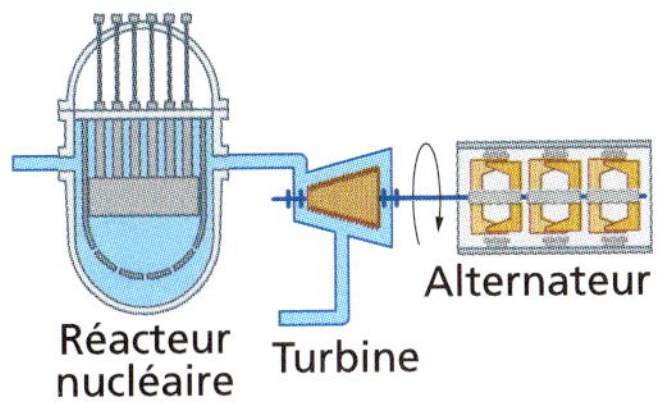

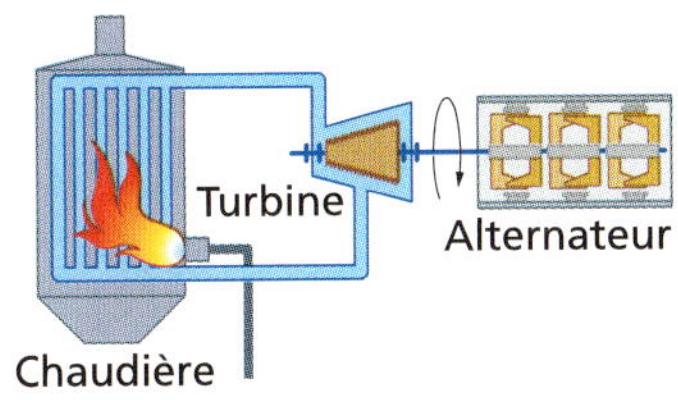

Conclusion : La production d'énergie électrique n'est pas directe. Le rôle d'une centrale électrique est de convertir une énergie primaire (nucléaire, de rayonnement…) en énergie électrique (le plus souvent grâce à un dispositif mécanique associé à un alternateur).
Pour préserver la planète, on essaye d'augmenter la part d'énergies renouvelables dans cette production. Leur exploitation n'entraîne que très peu de déchets et d'émissions polluantes, mais leur pouvoir énergétique reste inférieur à celui des énergies non renouvelables.

Parlez-vous français ?

Le français n'est pas la langue la plus courante. Sur les 6 000 langues parlées dans le monde, le français occupe seulement la 9e position, juste derrière le portugais et l'indonésien, bien loin derrière le cantonais et l'anglais… Néanmoins, cette langue est utilisée sur tous les continents, dans près de 75 pays.

La Francophonie, le pays du français

En France, on parle français. Mais nous ne sommes pas les seuls ! En Belgique, en Algérie, en Côte d'Ivoire ou encore au Québec, les gens échangent en français avec leurs voisins, leurs collègues, les commerçants… En tout, dans le monde, plus de 220 millions de personnes utilisent la langue française dans leur vie quotidienne. On dit qu'ils sont francophones. *(Source : OIF)*

Comme les francophones sont éparpillés sur la planète, les chefs d'États de 21 pays ont décidé, en 1970, de créer une sorte de pays imaginaire de la langue française et de l'appeler la « Francophonie ». L'objectif de cette communauté ? Encourager la solidarité et les échanges culturels entre les pays francophones. Aujourd'hui, 75 pays situés sur les 5 continents font partis de la Francophonie.

De la Belgique à la Côte d'Ivoire

Mais pourquoi parle-t-on français ailleurs qu'en France ? En Belgique, en Suisse et au Luxembourg, l'usage du français est lié à la proximité géographique et historique de ces pays avec la France. Pour le Québec, les îles d'Outre-Mer, l'Algérie ou la Côte d'ivoire, par exemple, le français est hérité de la colonisation. Dans un passé plus ou moins lointain, les Français ont en effet colonisé de nombreux pays et imposé leur langue, le français. La province du Québec, au Canada, a retrouvé son indépendance en 1867. Aujourd'hui, le français est la langue maternelle de plus 80 % de la population. En Côte d'Ivoire, indépendant depuis 1960, le français est resté la langue officielle. Toutefois, au quotidien, les ivoiriens utilisent des langues locales comme le sénoufo, le baoulé ou le dioula.

Photo : Jeunes parlant au téléphone.
ph © Brand New Images / Gettyimages

Père de la francophonie

Léopold Sédar Senghor, poète et écrivain, fut le premier président du Sénégal. Après l'indépendance de l'Afrique dans les années 1960, il a souhaité que les États africains nouvellement libres s'unissent et continuent à parler français. C'est pourquoi il est considéré comme l'un des pères fondateurs de la Francophonie.

La tête et les jambes

Tu connais les J.O. mais connais-tu les J.F. ? Ce sont les Jeux de la Francophonie, une compétition qui se déroule tous les quatre ans avec des épreuves sportives comme le football ou la boxe, mais aussi culturelle avec la chanson ou la danse. En 1989, lors des Jeux du Maroc, la jeune athlète guadeloupéenne Marie José Pérec, surnommée la « Gazelle », remportait son premier titre international.

Quand les footballeurs téléphonent...

Savais-tu qu'au Cameroun, les footballeurs peuvent téléphoner sur le terrain ? Car dans ce pays, « téléphoner » signifie faire une longue passe aérienne à l'un de ses coéquipiers. Et si un joueur adverse veut intercepter le ballon, il doit « têter », c'est-à-dire faire une tête. À toi maintenant d'imaginer ce que signifient « cabiner le ballon » pour un goal ou « aller aux oranges » pour des footballeurs sénégalais...

Source : En français dans le monde, Patrick Fandio, JC Lattès.

MINI-QUIZ

Parmi ces pays, lesquels sont des pays francophones ? Coche les bonnes réponses.

- ☐ Seychelles
- ☐ Liban
- ☐ Chili
- ☐ Egypte
- ☐ Madagascar
- ☐ Turquie

Les Seychelles, le Liban, l'Égypte et l'île de Madagascar font partie des 75 pays francophones de l'Organisation internationale de la Francophonie. Aux Seychelles et à Madagascar, le français est même l'une des langues officielles.

7 jours sur la planète

« 7 jours sur la planète » est un magazine d'actualité diffusé le samedi sur la chaîne TV5MONDE. On peut le regarder à 8h30 en France, à 9h en Orient (heure du Caire), à 10h en Afrique (heure de Dakar), à 10h30 en Asie (heure de Bangkok), à 11h30 dans le Pacifique (heure de Tokyo)... Et en parallèle de la diffusion, des exercices et des activités sont proposés sur le site de l'émission pour apprendre le français. (http://www.tv5.org/TV5Site/7-jours)

IN ENGLISH

Do you speak French?

The french language is not widespread. Among the 6000 languages spoken in the world, French is only in ninth position, just behind the Portuguese and Indonesian, far behind Cantonese and English... Nevertheless, this language is spoken on all continents, in nearly 75 countries.

- ***widespread:*** répandu, courant
- ***ninth:*** neuvième
- ***among:*** parmi
- ***behind:*** derrière
- ***nevertheless:*** neanmoins

Vocabulaire
Reconnaître les mots et leur construction

FRANÇAIS

1 Le français, langue de culture

L'auteur écrit en novembre 1962 un article sur sa passion du français. Il énumère cinq raisons de l'aimer.

« Il y a, d'abord, une raison de fait. […] Deuxième raison : la richesse du vocabulaire français. On y trouve, avec la série des doublets – d'origine populaire ou savante –, la multiplicité des synonymes. […] Troisième raison : la syntaxe. Parce que pourvu d'un vocabulaire abondant, grâce en partie, aux réserves du latin et du grec, le français est une langue concise. Par le même fait, c'est une langue précise et nuancée, donc claire. […] Quatrième raison : la stylistique française. […] Cinquième raison : l'humanisme français. […] car il a l'homme comme objet de son activité. »

Léopold Sédar Senghor, article paru dans la revue *Esprit*, novembre 1962, « *Le français, langue vivante* ».

Rappel de cours

- **Syntaxe :** elle traite des mots et des propositions dans une phrase (place et fonction).
- **Stylistique :** elle étudie la manière d'écrire d'un auteur, sa façon personnelle d'exprimer sa pensée.
- **Doublet :** deux mots de français moderne de même étymologie qui ont une forme et parfois un sens différents. Ex : *coupable/culpabilité* viennent du latin *culpa* (la faute).
- **Synonymes :** mots qui ont un sens très proche, presque identique, dans le même contexte. Ex : parler/ s'exprimer.
- **Antonymes :** mots de la même classe grammaticale et de sens opposé. Ex : *sortir/entrer* (verbes) gentil/ méchant (adjectifs)
- **Homonymes :** mots de sens différents mais qui ont, soit la même orthographe, soit la même prononciation.
- **Paronymes :** termes de sens différents mais de sonorités très proches. Ex : le poisson/ le poison.

1 **Complète le tableau avec les synonymes** *(limpide, abondance, érudit, brève, inerte)* **et les antonymes** *(ignorant, pauvreté, développée, actif, obscure)* **des mots suivants :**

richesse :	....	....
claire :	....	....
passif :	....	....
savant :	....	....
concise :	....	....

2 **À partir des racines grecques ci-dessous, cherche le sens des mots suivants puis écris-les en face de leur définition :**
Hydrophile – Bibliophile – Géologie – Hémicycle – Hydrographie.

Racines : *biblio* (livre) – *hémi* (moitié) – *hydro* (eau) – *geo* (terre) – *cycle* (cercle) – *graph* (écriture) – *phil* (ami de…) – *logie* (science).

Étude scientifique des eaux marines et fluviales : ....

Espace disposé en demi-cercle (amphithéâtre) : ....

Amateur de livres rares et précieux : ....

Étude de l'évolution de la Terre et de ses fossiles : ....

Qui a la capacité d'absorber l'eau (ex. le coton) : ....

3 **Trouve trois homophones et trois homographes du mot « vers » et donne leur sens entre parenthèses.**

Homophones : mots de même orthographe	Homographes : mots de même prononciation
1. .... :	1. .... : ....
2. .... :	2. .... : ....
3. .... :	3. .... : ....

Construire une complétive ou une relative

1 **a) Dans chaque phrase, mets la subordonnée entre crochets et entoure le mot subordonnant.**

1. Or, il se trouve que le français est [...] une langue éminemment poétique. »

2. La langue que parlent les francophones est d'une audience internationale »

in *Esprit*, novembre 1962, « Le français, langue vivante », L.S.Senghor

b) Précise la nature de ces subordonnées (relative ou complétive).

1. .... **2.** ....

2 **Réécris chaque couple de phrases de manière à faire une phrase contenant une proposition principale et une subordonnée complétive introduite par « que ».**

1. L. S. Senghor explique à ses lecteurs : « Je pense en français, je m'exprime mieux en français que dans ma langue maternelle. » ....

....

2. L'auteur ajoute : « ...nous, politiques, nous, écrivains noirs, nous sentons, pour le moins aussi libres à l'intérieur du français que de nos langues maternelles. »..

....

3 **Dans cette grille de mots mêlés, retrouve sept pronoms relatifs.**

b	g	m	r	a	q	f
o	h	m	l	q	u	e
l	t	a	e	l	o	m
a	a	u	q	u	i	g
d	u	q	u	e	l	i
z	n	u	e	s	o	t
i	p	e	l	a	u	b
s	x	l	e	s	a	g

Coup de pouce

Tu dois trouver quatre pronoms relatifs simples et trois pronoms relatifs composés.

4 **a) Dans cette phrase, encadre le pronom relatif et souligne son antécédent.**

La langue française est une langue qui offre aux textes une grande richesse de vocabulaire.

b) Complète les phrases suivantes avec d'autres pronoms relatifs.

1. La langue française, ... s'exprime un tiers des délégations à l'ONU, est concise.

2. La langue française, ... se battent de nombreux francophones, possède des ressources inépuisables.

3. La langue française .... on admire la précision, est la langue officielle des JO.

Rappel de cours

■ Une proposition **subordonnée conjonctive complétive** (introduite par ***que***) complète le verbe de la proposition principale dont elle est le **COD**. Le verbe de la principale est souvent un verbe de déclaration, d'opinion (suivi de l'indicatif) ou de volonté, de sentiment (suivi du subjonctif).

Ex. : Je crois [que tu **as** tort]. (verbe à l'indicatif)
Je souhaite [que tu **aies** tort]. (verbe au subjonctif)

■ Une **subordonnée relative** est une expansion du nom : elle est **complément de l'antécédent**. Un pronom relatif l'introduit. Ce pronom relatif peut être simple (*qui, que, quoi, dont, où*) ou composé (*lequel, laquelle, à laquelle, duquel...*).

Ex. : La langue [**que** je parle] est le français. Les langues anciennes [**dans lesquelles** elle puise ses racines] sont le latin et le grec.

■ Attention ! Le même mot *que* peut introduire une complétive et une relative. Dans une relative, *que* est un pronom qui remplace un nom, l'antécédent. Dans une conjonctive, *que* est une conjonction de subordination et ne remplace aucun mot.

Activités numériques
Utiliser une fonction affine

1 Ski dans le parc national des Écrins

Puy-Saint-Vincent est une station de ski située dans le parc national des Écrins. Elle propose deux tarifs différents.

Tarif A : 20 € la journée.

Tarif B : 60 € l'abonnement, puis 14 € la journée.

a) Calcule la dépense pour cinq jours avec le tarif A.

....

Explique pourquoi la dépense est de 130 € avec le tarif B.

....

b) $f(x)$ est le prix payé pour x jours de ski avec le tarif A. Complète. $f(x) = 20 \times ....$

c) $g(x)$ est le prix payé pour x jours de ski avec le tarif B. Complète. $g(x) = 14 \times .... + 60$.

d) Trouve le nombre de jours x pour lequel les deux tarifs sont égaux.

$f(x) = g(x)$ $\quad 20 \times$ .... $= 14 \times x +$ ....

$20 \times x - 14 \times$ .... $=$ .... donc .... $\times x = 60$ donc $x =$ .... $\div 6 =$ ....

Rappel de cours

■ Une **fonction affine** f fait correspondre à un nombre x, le nombre $ax + b$ (a et b étant deux nombres donnés).
On la note $\boldsymbol{f : x \mapsto ax + b}$ ou encore $\boldsymbol{f(x) = ax + b}$.

■ La **représentation d'une fonction affine** est une droite passant par le point de coordonnées (0 ; b).
a est le **coefficient directeur** de cette droite.
b est l'**ordonnée à l'origine** de cette droite.
Ex. : La représentation de la fonction $f : x \mapsto 3x + 2$ est une droite passant par le point de coordonnées A (0 ; 2).
De plus, $f(2) = 3 \times 2 + 2 = 8$.
Cette droite passe par le point B de coordonnées (2 ; 8).

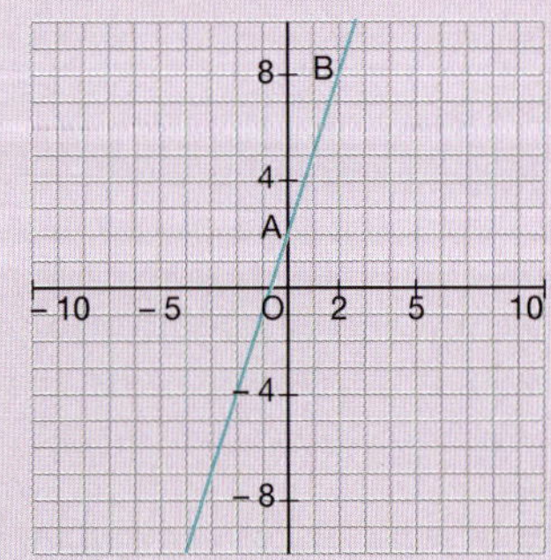

2 Vrai ou faux ? Coche la bonne réponse.

	vrai	faux
1. La fonction $f : x \mapsto 3x^2 - 1$ est une fonction affine.	☐	☐
2. Les fonctions linéaires sont des fonctions affines particulières.	☐	☐
3. Soit la fonction $f : x \mapsto 2x + 3$. L'image par f de 5 est 13.	☐	☐

3 Une promenade à vélo

Un cycliste amateur décide de faire une longue promenade dans un parc de sa région. Il part à 10 h.

a) À quelle heure arrive-t-il au point A ? ....

b) Que se passe-t-il entre 12 h et 12 h 15 ? ....

c) Quelle est la distance entre les points A et C ? ....

d) Combien de temps a duré la balade ? ....

e) Combien de kilomètres a parcouru le cycliste ? ....

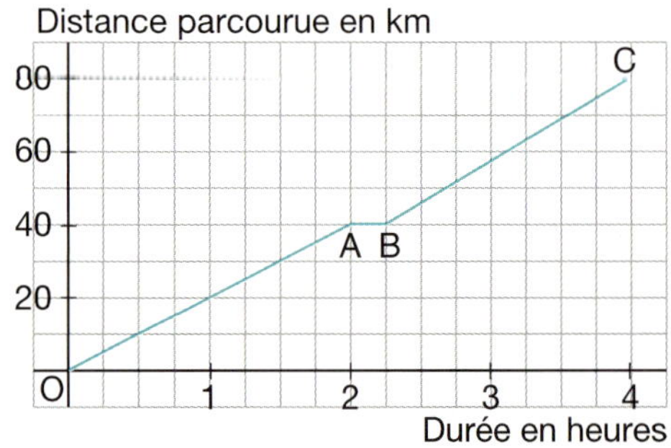

Reconnaître une sphère

1 Un observatoire astronomique

Dans le parc national des Pyrénées, l'observatoire astronomique du Pic-du-Midi est situé à une altitude de 2 877 mètres.

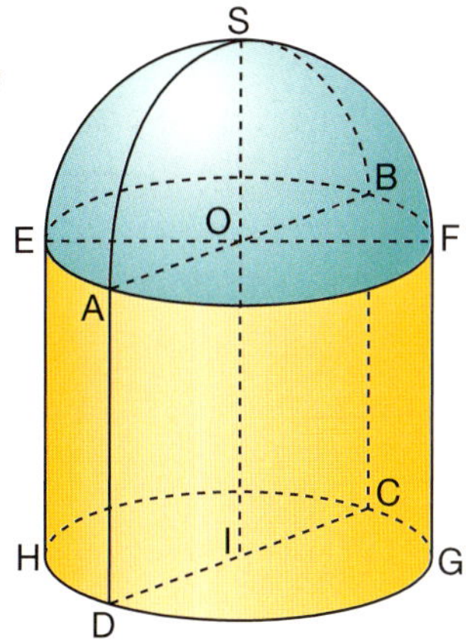

a) Comment s'appelle le solide coloré en jaune ?

....

b) Comment s'appelle le solide coloré en bleu ?

....

Cite un de ses rayons. ....

Quel nom donne-t-on au segment [EF] ? ....

Que rôle joue le point O pour le solide bleu ?

....

2 Une sphère en perspective

a Sur la figure ci-dessous, place le point B pour que [AB] soit un diamètre de la sphère.

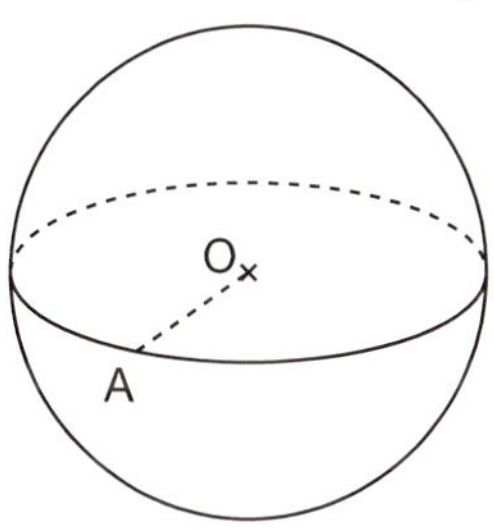

b Sur la figure ci-dessous, place le centre O de la sphère.

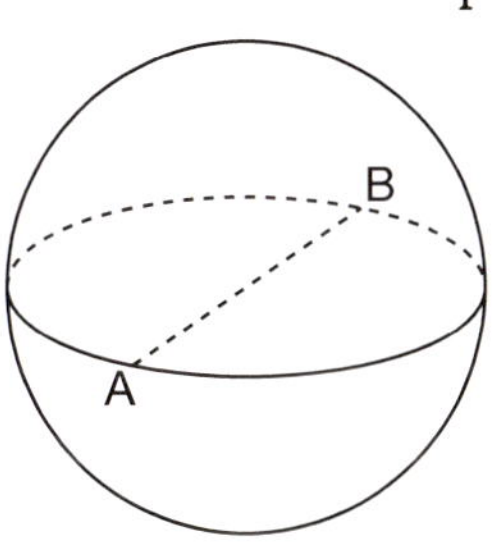

c Sur la figure ci-dessous, place le point O pour que [OB] soit un rayon de la sphère.

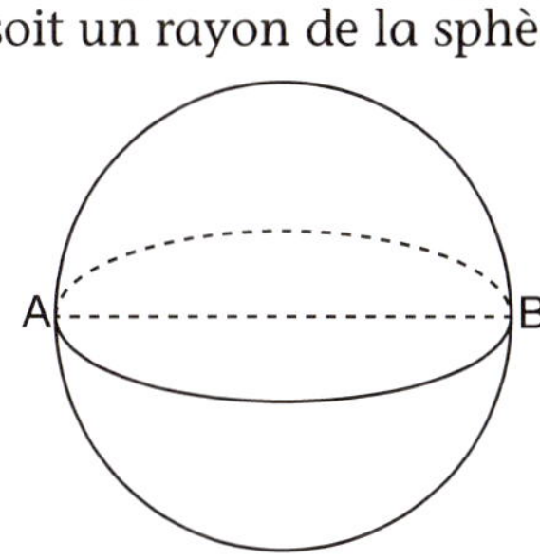

Coup de pouce

O est le milieu du segment [AB].

Rappel de cours

■ Une **sphère** $\mathcal{S}$ de centre O et de rayon r est l'ensemble des points M de l'espace tels que OM = r.

[AB] est un diamètre de la sphère.
[OC] est un rayon de la sphère.

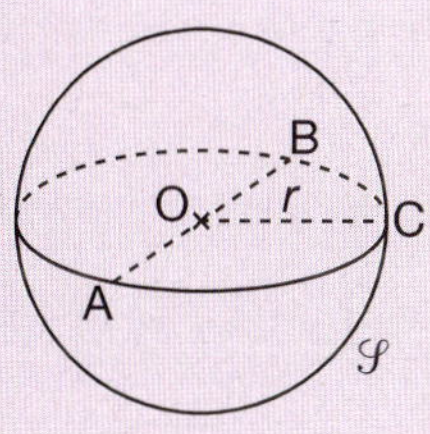

■ Ex. :

On considère la sphère de centre O et de rayon r = 4 cm.

- On a OA = 4 cm = r, donc A appartient à la sphère.
- On a OB = 4 cm = r, donc B appartient à la sphère.
- On a OC = 3 cm, donc C n'appartient pas à la sphère : il est à l'intérieur de la sphère.
- On a OD = 5 cm, donc D n'appartient pas à la sphère : il est à l'extérieur de la sphère.
- Remarque : le centre de la sphère n'appartient pas à la sphère, il est à l'intérieur de celle-ci.

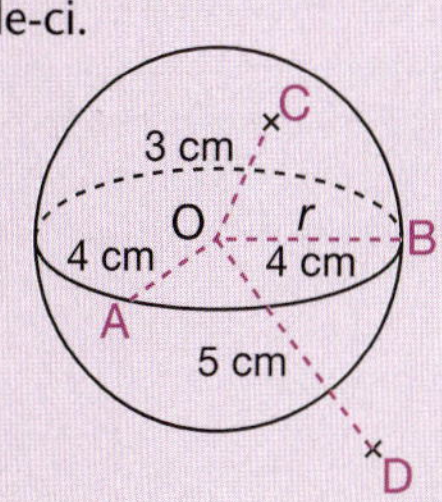

3 Vrai ou faux ? Coche la bonne réponse.

On considère la sphère de centre O et de rayon 6 cm.

	vrai	faux
1. Le point O est un point de la sphère.	☐	☐
2. Le point A tel que OA = 5 cm est à l'extérieur de la sphère.	☐	☐
3. Le point B tel que OB = 7 cm est à l'extérieur de la sphère.	☐	☐
4. Le point C tel que OC = 6 cm est un point de la sphère.	☐	☐

Last minute details

Ordonner son raisonnement

(As the ghost approaches, Julie and Brian talk in a low voice.)

JULIE. – Here's what we're going to do.

BRIAN. – Are you still sure we must try to catch him now?

JULIE. – Definitely! First, when he gets close to the staircase we'll jump out of this chest and we'll push him down the stairs.

BRIAN. – Then, thanks to this rope hanging on the wall, we'll tie his hands and feet. We mustn't let him go!

JULIE. – Good thinking! Brilliant! You now seem to be enjoying yourself, don't you? And finally, we'll say a quick prayer and hope for the best.

BRIAN. – Stop talking! He's only a few feet from the top of the staircase. It makes my blood run cold.

JULIE. – It's not time. Let's open the lid. Now, let's go!

- ***definitely:*** sans aucun doute
- ***staircase:*** escaliers
- ***rope:*** corde
- ***to tie:*** attacher
- ***to enjoy oneself:*** s'amuser
- ***prayer:*** prière
- ***blood:*** sang
- ***lid:*** couvercle

1 Put the following sentences in the right order.

- [......] Julie and Brian open the chest.
- [......] Julie explains her plan to her brother.
- [......] Brian has an idea.
- [......] They get out of the chest.
- [......] They stop making a noise.
- [......] The ghost crosses the room and gets to the staircase.

Rappel de cours

■ Lorsque deux verbes se suivent, il est souvent difficile de savoir comment former le second. La liste de verbes ci-dessous devrait t'aider à y voir un peu plus clair.

■ V-ING
- après *like, love, enjoy, hate…*
Ex. : The McNultys **like** tra-velling.
- après *go*
Ex. : They usually **go** ski**ing** in winter.
- après *begin, stop, resume, keep, finish…*
Ex. : **Stop** talk**ing** !

■ BV
- après les auxiliaires modaux
Ex. : We **mustn't let** him go.
- après *make* et *let*
Ex. : It **makes** my blood **run** cold.

■ **to** + BV : après *want, would like, ask, tell, seem, forget…*
Ex. : You now **seem to be** enjoying yourself.

■ **Après une préposition**, on trouve souvent V-ING.
Ex. : How **about hiding** in this chest?

2 Relie chaque début de phrase à la fin qui lui correspond.

Julie and Brian do not want •	• let their children face the ghost on their own.
The receptionist does not mind •	• to leave the hotel before catching the ghost.
If they knew what was happening, Mr and Mrs McNulty would never •	• staying at the hotel in spite of the ghost.

3 Mets les verbes entre parenthèses à la forme qui convient.

1. The ghost likes *(haunt)* .... the hotel at night. He would like all the guests *(leave)* .... the place. – **2.** Instead of *(stay)* .... in bed and *(be)* .... afraid, Julie and Brian prefer *(spy)* .... on the ghost. – **3.** During the day Julie, Brian and their parents go *(hike)* .... around the lake. – **4.** The McNultys can't *(leave)* .... yet because the car is still under repair. – **5.** The ghost wants *(frighten)* .... the McNultys. – **6.** The receptionist should not *(let)* .... the ghost *(terrorize)* .... the guests. He should *(call)* .... the police and tell them *(intervene)* .... – **7.** Julie has always dreamt of *(see)* .... a ghost.

Le rayonnement de la France

Une puissance moyenne à l'influence mondiale

La France reste l'une des dix plus grandes puissances économiques du monde : elle est un des cinq membres permanents du Conseil de sécurité de l'ONU, son armée, qui dispose de l'arme nucléaire, est présente sur de nombreux théâtres d'opération et elle dispose de territoires ultramarins. Mais son influence dépend peut-être plus sûrement de son rayonnement culturel comme en témoigne la place de la langue française dans le monde et les 75 millions de touristes qui visitent son territoire chaque année.

1 Les attributs de la puissance française dans le monde
Place dans ce schéma les exemples de la puissance française dans le monde.

Francophonie – Présence militaire dans le monde – Entreprises de grande distribution – Présence de la flotte dans l'océan Indien et Atlantique – DROM-COM (Départements et Régions d'Outre-mer – Collectivités d'Outre-mer) – Industrie du luxe – Patrimoine artistique et littéraire – Arme nucléaire – Exportation agricole – Membre permanent du Conseil de sécurité de l'ONU – Industrie agro-alimentaire – Premier pays pour le tourisme – Membre du G8.

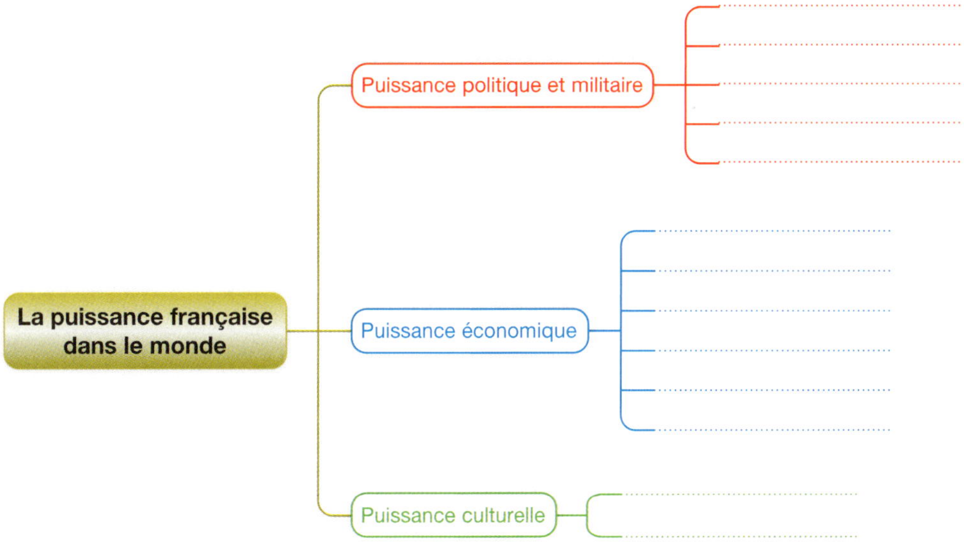

2 Associe les photos ci-dessous à une des réponses utilisées pour compléter l'exercice 1.

ph© Patrick Escudero/Hemis/Corbis

ph© Thierry Orban/Sygma/Corbis

ph© ONU

ph© Sandro Di Carlo Darsa/PhotoAlto/Photononstop

1. ....
2. ....
3. ....
4. ....

Conclusion : Si la France ne peut plus rivaliser avec les géants économiques que sont les États-Unis et la Chine, elle garde une influence mondiale. Elle s'appuie sur le réseau de la francophonie, sur quelques firmes transnationales et sur sa culture.

Que fait-on pour le développement durable ?

Piller les ressources de notre planète et la polluer en retour, cela ne peut pas durer éternellement. Arrêter de respirer, de manger et de bouger pour ne pas abîmer notre environnement, ce n'est pas possible. Il faut donc concilier les deux. Satisfaire équitablement les besoins de tous les Hommes tout en veillant à ce que les générations futures ne manquent de rien : c'est ça, le développement durable.

Des actions personnelles…

En prenant le bus plutôt que sa voiture, en triant ses déchets, en faisant attention à sa consommation d'eau, chacun d'entre nous peut agir au quotidien.

… aux actions communes

Des actions peuvent aussi être menées à plus grande échelle. C'est ainsi qu'en 1992, lors du sommet de la Terre de Rio, 173 pays ont adopté l'Agenda 21. Il s'agit d'un programme qui liste les actions à mener au cours du XXIe siècle pour que tous puissent se développer sur un pied d'égalité tout en respectant l'environnement.

Photo : Panneaux solaires.
ph © Henglein and Steets / Gettyimages

Campus responsables (France)

En France, 38 établissements d'enseignement supérieur se sont engagés à devenir des « campus responsables ». Les étudiants de ces écoles agissent au quotidien et suivent des cours de « développement durable ». L'objectif étant, à terme, qu'ils deviennent des dirigeants et des chefs d'entreprise conscients des enjeux environnementaux.

Lettres ouvertes pour l'environnement (Europe)

En 2006, 3 600 jeunes originaires de quatorze pays se sont adressés aux différents acteurs de la société (industriels, journalistes, ONG, etc.) à travers sept « lettres ouvertes ». Ces lettres leur ont permis d'exprimer leurs attentes, mais aussi de proposer des solutions concrètes pour préserver l'environnement.

Des igloos en terre (États-Unis)

Nader Khalili, architecte américain d'origine iranienne, a conçu des maisons en forme d'igloo, résistantes aux tremblements de terre et écologiques. Ces empilements de sacs de terre reliés entre eux avec du fil barbelé sont solides, rapides à construire et économiques. Ces éco-dômes ont déjà été fabriqués en Iran et au Pakistan pour accueillir les victimes de tremblements de terre.

© Nader Khalili / Archives Hatier

Igloo en terre.

Bo01, « vivre en 2001 » (Suède)

En 2001, la ville suédoise de Malmö a transformé d'anciennes friches industrielles en quartier 100 % écologique, baptisé Bo01. Rien n'y est laissé au hasard. Les bâtiments sont fabriqués avec des matériaux recyclables et alimentés en énergie renouvelable, les déchets sont recyclés ou transformés en biogaz pour alimenter les véhicules. Tout est fait pour encourager les gens à circuler en bus ou en vélo. Et même les restaurants sont bios !

Une décharge pleine de ressources (Brésil)

En se décomposant, les déchets émettent du méthane. Laissé dans la nature, ce biogaz contribue à l'effet de serre tandis qu'en le brûlant, on peut produire de l'électricité. C'est ainsi que le Brésil a décidé de capturer le méthane émis par la décharge municipale de Trémembé. Cette initiative devrait éviter l'émission de plus de 700 000 tonnes d'équivalent CO_2 sur dix ans et permettre, à terme, de produire de l'électricité.

Une centrale solaire géante (Australie)

L'Australie, pays sec et ensoleillé, prévoit la construction d'une immense centrale solaire photovoltaïque. Des centaines de miroirs mobiles seront installés pour concentrer les rayons du Soleil et développer une puissance de 154 MW. Cette centrale devrait alimenter en électricité plus de 45 000 foyers sans émettre de polluants.

MINI-QUIZ

L'un des objectifs du développement durable est de permettre à tout le monde de vivre correctement. Sais-tu à quelle époque le commerce équitable est apparu ? Quel est son objectif ?

- ☐ dans les années 1930
- ☐ dans les années 1960
- ☐ dans les années 1990

- ☐ rémunérer à sa juste valeur les producteurs
- ☐ baisser les prix pour le consommateur
- ☐ augmenter les marges de la grande distribution

Le commerce équitable est apparu dans les années 1960 au Royaume-Uni et aux Pays-Bas. L'un de ses principes de base : assurer une juste rémunération aux producteurs et aux artisans les plus défavorisés.

Le conseil d'Rpur

Faire des écoachats

On peut voir sur certains emballages des logos représentant une petite Terre avec une feuille ou une fleur et le symbole de l'euro. Il s'agit d'écolabels. Cela signifie que ces produits ont un impact limité sur l'environnement. En achetant ces produits, tu fais toi aussi un geste pour l'environnement.

IN ENGLISH

What can we do for sustainable development?

Acting for sustainable development means satisfying the needs of all the people in the world so that future generations lack nothing. Everybody can participate in sustainable development by choosing food, transport, heating... Countries can also act on a large scale.

- ***sustainable development:*** développement durable
- ***to act:*** agir
- ***to lack:*** manquer
- ***heating:*** chauffage
- ***on a large scale:*** à grande échelle

Lecture

Lire un texte argumentatif

FRANÇAIS

Jacques Percebois, directeur du Centre de recherche en économie et droit de l'énergie, répond aux questions d'un journaliste.

« Quel paramètre pèse le plus, selon vous, dans la mise en place de nouvelles politiques énergétiques ?

– Je pense que dans le domaine de l'énergie, les facteurs économiques et politiques interfèrent et ont toujours été liés. Car il s'agit de produits stratégiques, et le prix actuel du pétrole en est un bon exemple. Si le marché du pétrole était « débarrassé » des contraintes politiques, le prix serait sans doute plus proche de 45 dollars le baril. Mais du fait de ces contraintes et de la gestion des risques qui y sont liés, il faut se couvrir sur les marchés financiers, faire des stockages stratégiques, anticiper la rupture possible, prendre des assurances. Tout cela a un coût. C'est pourquoi le prix du marché atteint entre 60 et 65 dollars. Quant aux contraintes environnementales, c'est nouveau, et cela induit des dépenses supplémentaires. Mais c'est une bonne chose, car le monde prend conscience de la nécessité d'une gestion intertemporelle des ressources. Ce qui implique de se préoccuper aussi du bien-être des générations futures. »

Jacques Percebois, interviewé dans *TDC* n° 914, « Énergie et climat », 2006.

1 Laquelle de ces phrases résume le point de vue de J. Percebois ?

- ☐ Les paramètres économiques et politiques n'ont rien à voir avec la question de l'énergie.
- ☐ Les paramètres économiques et politiques ne devraient pas avoir d'effet sur le coût de l'énergie.
- ☐ À cause des contraintes environnementales, l'énergie coûte trop cher.
- ☐ Les contraintes environnementales entraînent des dépenses importantes, mais on ne doit pas en faire l'économie.

2 Sur quel exemple J. Percebois appuie-t-il son argumentation ?

....

3 Relève tous les modalisateurs.

....

4 Relève les cinq connecteurs logiques qui, placés en tête de phrase, structurent l'argumentation et classe-les dans le tableau.

idée de cause	idée de conséquence	idée d'opposition
....	....	....

5 Réécris ces phrases en introduisant ton point de vue grâce à un modalisateur.

1. Le réchauffement de la planète entraîne des catastrophes naturelles.

→ ....

2. L'environnement n'est pas l'affaire des politiques mais de tous.

→ ....

Rappel de cours

■ Une **argumentation** se caractérise par le recours à des connecteurs logiques (pour montrer l'enchaînement logique des arguments que l'on expose) et par la présence de modalisateurs (car un texte argumentatif n'est pas neutre : l'énonciateur exprime son point de vue).

■ Les **connecteurs logiques** appartiennent à différentes classes grammaticales et peuvent exprimer une idée de cause (parce que, comme…), de conséquence (donc, c'est pourquoi…), d'opposition (mais, cependant…), etc. Situés en début de phrase ou de proposition, ils font ressortir la structure du texte. (Voir aussi page 6.)

■ Les **modalisateurs** permettent à l'énonciateur de prendre position (selon moi, je pense que…) ou simplement de signaler le caractère plus ou moins certain d'une information (peut-être, il semble que…). (Voir aussi page 40.)

Construire des phrases à la forme passive

1 Complète ce tableau.

temps	sujet	auxiliaire	part. passé	compl. d'agent
présent	L'Agenda 21	est	adopté	par 173 pays.
passé composé	L'Agenda 21	....	....	par 173 pays.
imparfait	L'Agenda 21	....	....	par 173 pays.
plus-que-parfait	L'Agenda 21	....	....	par 173 pays.
futur	L'Agenda 21	....	....	par 173 pays.
passé simple	L'Agenda 21	....	....	par 173 pays.

2 Transforme les phrases actives en phrases passives.

1. Les anciens utilisaient des moulins à vent.

→ ....

2. Les éoliennes remplacent les moulins des anciens.

→ ....

3. Des architectes ont construit des maisons parasismiques.

→ ....

3 Transforme les phrases passives en phrases actives.

1. Du méthane est émis par la décomposition des déchets.

→ ....

2. La plus grande centrale photovoltaïque sera construite en Australie.

→ ....

3. L'apparition de nouvelles espèces de pucerons avait été observée par des chercheurs.

→ ....

Coup de pouce

Lorsque le complément d'agent n'apparaît pas dans la phrase passive, on utilise le pronom indéfini « on » dans la phrase active.

4 Présent passif ou passé composé actif ? Indique dans les parenthèses le temps auquel le verbe est conjugué.

1. Les citoyens sont encouragés (...................) à circuler en vélo. – **2.** Le commerce équitable est apparu (...................) dans les années 1960. – **3.** Des citoyens sont venus (...................) assister à la conférence. – **4.** Le commerce équitable est pratiqué (...................) depuis plusieurs décennies.

Rappel de cours

■ Dans une phrase à la **forme active**, le **sujet fait l'action** exprimée par le verbe, tandis que le COD subit l'action.
Ex. : La lampe éclaire la pièce.

■ Dans une phrase à la forme **passive**, le sujet **subit** l'action exprimée par le verbe.
Ex. : La pièce est éclairée par la lampe.

■ Lorsqu'on **transforme** une phrase active en phrase passive :
• le **sujet** de la phrase active devient complément d'agent (introduit par la préposition *par* ou *de*) ;
• le **COD** de la phrase active devient sujet du verbe à la voix passive ;
• le **verbe** se met à la voix passive.

■ La **voix passive** se construit avec l'auxiliaire *être* (conjugué au temps de la phrase active) suivi du **participe passé** du verbe (qui s'accorde avec le sujet).
Ex. : La pièce **était** éclairée par la lampe. → imparfait passif du verbe *éclairer.*
La pièce **a été** éclairée par la lampe. → passé composé passif du verbe *éclairer.*

Activités numériques
Travailler sur des données statistiques

MATHS

1 Les émissions de CO_2 en France

Les deux graphiques ci-dessous présentent l'origine des émissions de CO_2 en France pour l'année 1990 et l'année 2004.

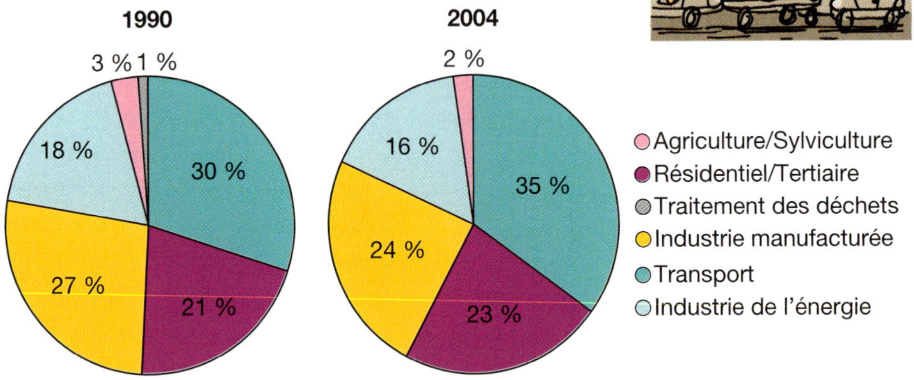

a) En observant les deux graphiques, complète le tableau statistique.

	Agriculture	Traitement des déchets	Transports	Résidentiel tertiaire	Industrie manufact.	Industrie de l'énergie
1990	3 %	1 %	.... %	21 %	.... %	18 %
2004	.... %	0 %	35 %	.... %	24 %	.... %

b) Quels sont les deux secteurs d'activité où la part des émissions de CO_2 a augmenté ? ....

c) Quel est le secteur d'activité où la diminution de la part des émissions de CO_2 a été la plus importante ? ....

2 Vrai ou faux ? Coche la bonne réponse.

Ce tableau donne le relevé des notes de français d'une classe de 3e.

note	8	9	10	12	14	16	18
nombre d'élèves	3	2	2	4	4	3	2

	vrai	faux
1. L'effectif total est 25.	☐	☐
2. La moyenne pondérée est 12.	☐	☐
3. La médiane est 14.	☐	☐
4. L'étendue est 2.	☐	☐

3 On considère la série statistique : 7 ; 3 ; 5 ; 9 ; 2 ; 8 ; 5.

a) Calcule la moyenne arithmétique de cette série. ....

b) Calcule l'étendue de cette série. ....

c) Vérifie que la médiane est égale à 5. ....

Rappel de cours

■ Moyenne arithmétique
Pour la calculer, on additionne toutes les valeurs de la série et on divise par l'effectif total.

■ Moyenne pondérée
Pour la calculer, on multiplie chaque valeur par son effectif, on ajoute ces produits et on divise cette somme par l'effectif total.
Ex. : Soit la série statistique :

Valeurs du caractère	2	5	6	8
effectifs	3	4	2	1

La moyenne est
$$\frac{2\times3+5\times4+6\times2+8\times1}{3+4+2+1}$$
$$=\frac{46}{10}=4,6$$

■ Étendue
L'étendue d'une série est la différence entre la plus grande valeur du caractère et la plus petite.
Ex. : Dans la série précédente, l'étendue est 8 – 2 = 6.

■ Médiane
La médiane est la valeur du caractère qui partage la série en deux séries de même effectif.
Ex. : Soit la série : 2 ; 2 ; 3 ; 3 ; 3 ; 4 ; 4 ; 5 ; 6 ; 7 ; 8.
Cette série comporte 11 éléments.
On obtient le partage suivant :
(2 ; 2 ; 3 ; 3 ; 3) 5 éléments
médiane : 4
(4 ; 5 ; 6 ; 7 ; 8) 5 éléments

Faire des calculs sur une sphère

1 Le globe terrestre

La Terre est assimilée à une sphère de centre O et de rayon 6 370 km.

a) L'équateur est l'intersection du plan perpendiculaire à la ligne des pôles (NS) passant par O.

Calcule la longueur de l'équateur ($\pi = 3{,}14$).

....

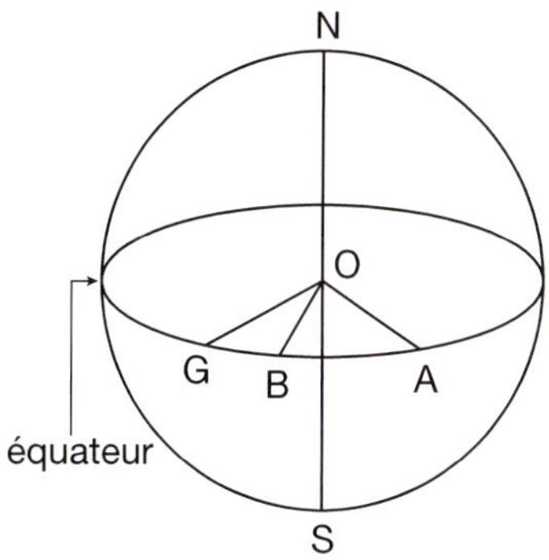

b) G, A et B sont trois points situés sur l'équateur.

On sait que $\widehat{GOA} = 42°$ et $\widehat{GOB} = 9°$. Calcule la mesure de l'angle $\widehat{AOB}$. ....

c) Complète le tableau suivant pour calculer la longueur de l'arc $\overset{\frown}{AB}$, portion de l'équateur située en Afrique.

angle au centre	360°	....
longueur de l'arc	40 003,6	$\overset{\frown}{AB}$

Calcule l'arrondi à l'unité de la longueur de l'arc $\overset{\frown}{AB}$. ....

2 Vrai ou faux ? Observe la figure ci-contre et coche la bonne réponse.

Coup de pouce

La longueur d'un cercle de rayon r est $2 \times \pi \times r$.

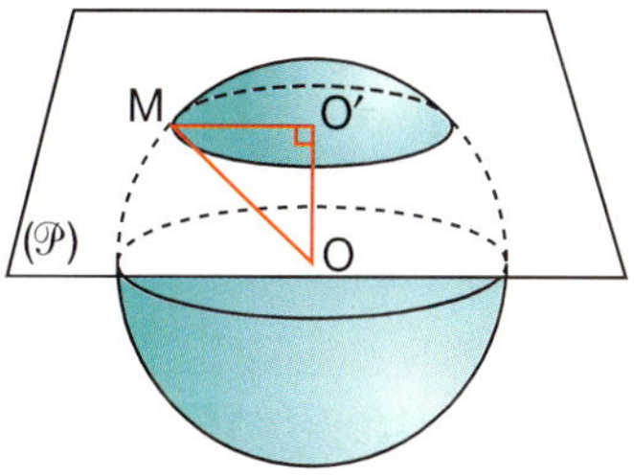

	vrai	faux
1. [OO'] est un rayon de la sphère.	☐	☐
2. Le point O est un point du plan 𝒫.	☐	☐
3. [OM] est l'hypoténuse du triangle O'OM.	☐	☐

3 Un doseur de lessive

Pour protéger la planète, un fabriquant de lessive souhaite diminuer la quantité de lessive utilisée à chaque lavage. Il fabrique un doseur.

a) L'ouverture du doseur est délimitée par un cercle de centre H et de rayon HA = 2,7 cm. Calcule la longueur de ce cercle.

....

b) Le doseur a la forme d'une calotte sphérique de centre O et de rayon r = OA = 4,5 cm. Calcule la longueur OH, sachant que le triangle AHO est rectangle en H. On a :

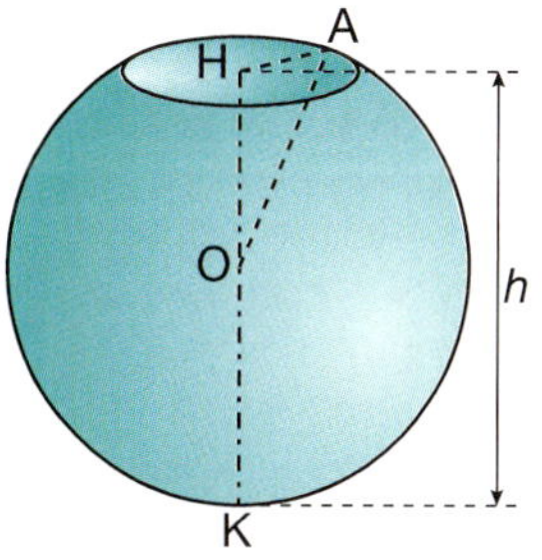

$AO^2 = AH^2 +$ ....

.... $= 2{,}7^2 + OH^2$

$4{,}5^2 -$ .... $= OH^2$

.... $- 7{,}29 = OH^2$

.... $= OH^2$

En utilisant la touche √ de la calculatrice, on trouve OH = ...

Rappel de cours

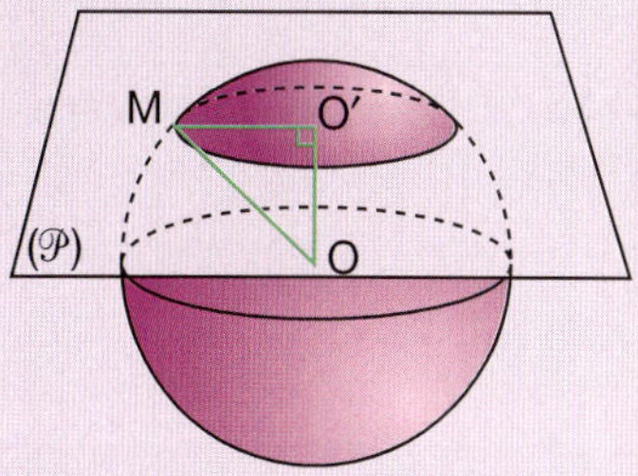

OM est le rayon de la sphère. O'M est le rayon du cercle qui est la section de la sphère par le plan (𝒫).

■ Pour **calculer le rayon** de la section d'une sphère par un plan, on applique le théorème de Pythagore au triangle OO'M, rectangle en O'.

■ On a :

$O'M^2 + O'O^2 = OM^2$

ou encore :

$O'M^2 = OM^2 - O'O^2$.

Trapped!

Féliciter quelqu'un

(Julie and Brian are behind the ghost, ready to push him down the stairs.)

GHOST. – What's happ… AAARRGGH!!

BRIAN. – Congratulations, Julie. Bravo!

JULIE. – Nice work, Brian. He has hurtled down all the steps. But…

BRIAN. – Yes, I told you, it couldn't be a real ghost. Ghosts don't speak, do they?

JULIE. – So who is it?

BRIAN. – It will be easy to find out; he's completely knocked out. Let's take his hood off and see who's hiding under this disguise.

JULIE AND BRIAN. – Oh! The receptionist!

JULIE. – Why on earth did he have to dress as a ghost?

BRIAN. – He can't answer right now. Let's tie his hands behind his back and call our parents. They must be awake. He made such a noise!

JULIE. – Look at the bump on his forehead.

BRIAN. – I know, but we had to do something to arrest him, didn't we? And we couldn't let him roam the hotel every night.

JULIE. – You're right. He'll have to explain to us what this all means.

- ***to hurtle down:*** dévaler
- ***step:*** marche
- ***knocked out:*** KO
- ***hood:*** cagoule, capuche
- ***awake:*** éveillé
- ***bump:*** bosse
- ***to roam:*** errer

Rappel de cours

- Les **auxiliaires** de modalité traduisent la possibilité, l'obligation, la probabilité…
- ***Can*** (présent) et ***could*** (prétérit et conditionnel) : possibilité, capacité, permission à la forme affirmative (FA) et impossibilité, incapacité et interdiction à la forme négative (FN).
- ***Must*** : obligation et quasi-certitude à la FA, et interdic tion à la FN.
- ***May*** : permission, autorisation et probabilité à la FA, et interdiction à la FN.
  Might (conditionnel) : probabilité, éventualité.
- ***Have to*** à la FN : absence d'obligation.
- ***Should*** : conseil.
- Au futur et au preterit, ***must*** et ***may*** sont remplacés par leurs équivalents ***have to*** et ***be allowed to***.
  Au futur, ***can*** est remplacé par son équivalent ***be able to***.

1 Multiple-choice questions.

1. The ghost ☐ vanished in the air. ☐ fell into the children's trap. ☐ thwarted the children's plan.

2. He ☐ escaped after hurtling down the steps. ☐ frightened the children and kept haunting the hotel. ☐ fainted because of the fall.

3. Julie and Brian's plan ☐ was a success. ☐ was a failure. ☐ will take place later.

2 Retrouve les trois mots ou expressions du dialogue que tu pourrais utiliser pour féliciter quelqu'un.

1. .... **2.** .... **3.** ....

3 Reformule les paroles de chaque personnage en utilisant les auxiliaires de modalité ou leurs équivalents.

1. Mr McNulty: "Using the swimming-pool is allowed."

→ We ....

2. Mrs McNulty: "It was impossible to sleep in this hotel when the ghost was around."

→ We ....

3. Julie: "The landlord had better find another receptionist."

→ The landlord ....

4. Brian: "I hope our parents will let us spend another week in Ireland."

→ I hope we ....

L'Homme, (mauvais) gérant de la planète

Le développement durable a pour objectif de ne porter aucune atteinte irréversible à notre planète : « Nous ne possédons pas la Terre, nous l'empruntons à nos enfants. » Cette phrase, d'Antoine de Saint-Exupéry, est devenue célèbre.

Quelles empreintes l'Homme laisse-t-il sur l'environnement ?

1 L'effet de serre

- Le rayonnement infrarouge est le principal responsable de l'effet de serre. Ce rayonnement chauffe la surface terrestre (A).
- Une partie du rayonnement est réfléchie par la surface terrestre (effet de miroir), et est renvoyée vers l'atmosphère (B).
- Certains gaz émis par les activités humaines s'accumulent dans l'atmosphère. Ils y constituent une couverture nuageuse qui fait écran à la dissipation du rayonnement B. Par un deuxième effet miroir, celui-ci est renvoyé vers le sol, qu'il réchauffe à nouveau (C) !

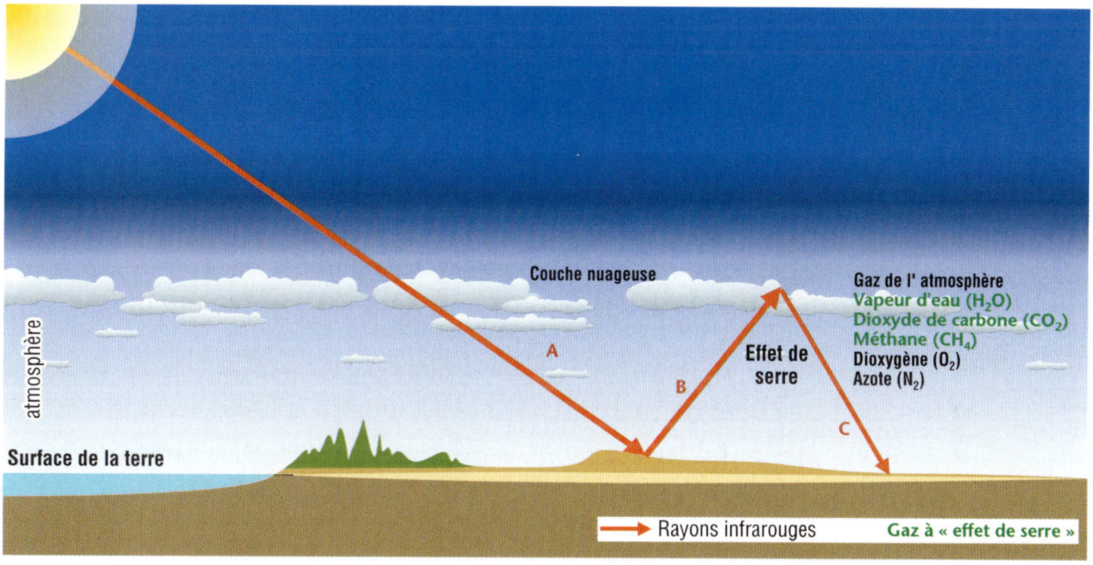

a) Dresse la liste des gaz à effet de serre. ....

b) Quelle partie du rayonnement infrarouge pourrait-on éviter ou limiter ?

☐ A ☐ B ☐ C

c) Comment ? ....

....

Conclusion : Au cours des cent cinquante dernières années, le développement industriel a connu un essor considérable. À mesure que les conditions de vie des Hommes s'améliorent dans les pays industrialisés, les rejets liés aux activités humaines prennent une ampleur telle que les mécanismes naturels ne peuvent plus assurer leur retraitement. Le maintien des équilibres sur la planète impose à l'Homme de mettre en œuvre des moyens concrets et efficaces pour limiter son emprise sur l'environnement.

2 Vrai ou faux ? Coche les affirmations correctes.

☐ Les cyclomoteurs ne produisent pas de dioxyde de carbone.

☐ L'activité industrielle contribue à l'effet de serre.

☐ La pollution n'est pas toujours visible.

☐ L'effet de serre ne concerne que les régions polaires.

☐ L'effet de serre entraîne la montée du niveau des mers et océans.

Quiz Séquences 7 à 9

Corrigé p. 122

Teste tes connaissances ! Fais les quiz, compare tes réponses avec celles du corrigé et attribue-toi un score.

FRANÇAIS

1 Identifier des expansions du nom

Souligne les expansions des noms en gras

***Honoré de Balzac**, écrivain français, a écrit des romans réalistes, philosophiques et fantastiques. Dans* **La Comédie humaine**, *qui rassemble 137 œuvres, il décrit la* ***société** française de son temps.*

Score : .... / 3

2 Utiliser un champ lexical

Nomme le champ lexical auquel appartiennent les mots de chaque liste, puis barre l'intrus.

1. coureur – voiture – roue – casque – casaque – pare-choc – pneu – stand : ....

2. poster – affiche – slogan – dépliants – spot – lampe – annonce : ....

Score : .... / 2

3 Reconnaître les mots et leur construction

Vrai ou faux ? Coche la bonne réponse.

	vrai	faux
1. *pleurer* est l'antonyme de *rire*	☐	☐
2. *partir* est le synonyme d'*arriver*	☐	☐
3. *quart* est l'homophone de *car*	☐	☐
4. *induire* est le paronyme de *enduire*	☐	☐

Score : .... / 4

4 Construire une complétive ou une relative

Subordonnée relative ou complétive ?

	relative	complétive
1. Le train que tu vois va à Paris.	☐	☐
2. Je crois que ce train va à Paris.	☐	☐
3. Tu vois bien que ce train va à Paris !	☐	☐
4. Monte dans le train régional que l'on aperçoit sur l'autre quai.	☐	☐

Score : .... / 2

5 Lire un texte argumentatif

Dans ce texte, souligne deux connecteurs et encadre deux modalisateurs.

Dans Les Misérables, *il me paraît évident que Victor Hugo a voulu dénoncer les inégalités. En effet, à son époque, les gens simples vivaient de peu. Toutefois, Jean Valjean devient un notable. Cela, selon moi, dénote une volonté de montrer la réussite.*

Score : .... / 2

6 Construire des phrases à la forme passive

Quelle est la forme verbale correcte dans chacune de ces transformations passives ?

1. Rembrandt a peint *la Ronde de nuit*.
→ *La Ronde de nuit* (avait été peinte – a été peinte – sera peinte) par Rembrandt.

2. À Amsterdam, on expose *les Tournesols* de Van Gogh.
→ À Amsterdam, *les Tournesols* de Van Gogh (auront été exposés – seront exposés – sont exposés).

3. Les touristes auront apprécié la visite.
→ La visite (aura été appréciée – sera appréciée – appréciera) des touristes.

Score : .... / 3

MATHS

1 Utiliser une fonction linéaire

Coche la ou les bonne(s) réponse(s).

1. On considère la fonction $f : x \quad 4x$.

☐ f est une fonction linéaire.

☐ L'image de – 4 par f est –16.

☐ La représentation de la fonction f est une droite.

2. Soit f la fonction linéaire de coefficient 7.

☐ $f(x) = 7x$ ☐ $f(2) = 14$ ☐ $f(0) = 7$

3. L'image de 3 est 7,5 par la fonction…

☐ $f : x \quad x + 1$ ☐ $f : x \quad x + 4{,}5$ ☐ $f : x \quad 2{,}5x$

Score : .... / 3

2 Couper un solide par un plan

Dans le tableau coche la bonne réponse. Observe la figure ci-contre.

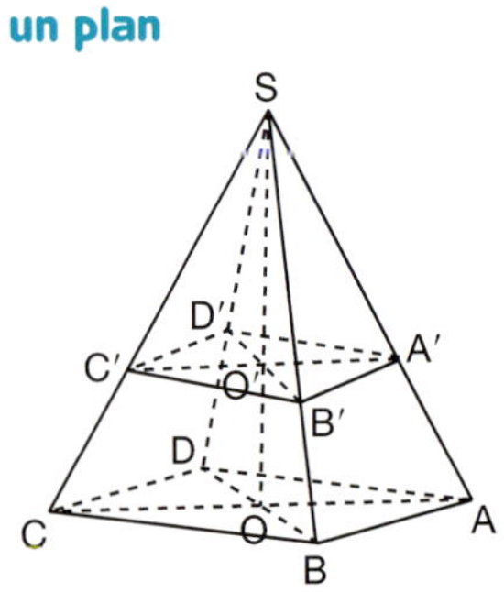

	vrai	faux
1. On a tracé la section d'une pyramide avec un plan parallèle à la base.	☐	☐
2. La pyramide SA'B'C'D' est une réduction de la pyramide SABCD.	☐	☐

Score : .... / 2

3 Utiliser une fonction affine

Coche les fonctions qui sont affines.

☐ $f : x \quad x - 2$ ☐ $f : x \quad 3x$

☐ $f : x \quad -4x + 1$ ☐ $f : x \quad -5x^2 + x$

☐ $f : x \quad x^3$ ☐ $f : x \quad 1 - x$

Score : .... / 3

4 Reconnaître une sphère

Vrai ou faux ? Coche la bonne réponse.

On considère la sphère de centre O et de rayon 3 cm.	vrai	faux
1. Les points situés à l'intérieur de la sphère appartiennent à la sphère.	☐	☐
2. Soit A un point tel que OA = 3 cm. Alors [OA] est un rayon de la sphère.	☐	☐
3. Tout point M de l'espace tel que OM = 4 cm est à l'extérieur de la sphère.	☐	☐
4. Si OC = 2 cm, alors C appartient à la sphère.	☐	☐

Score : .... / 2

5 Travailler sur des données statistiques

Ce tableau donne le nombre de buts marqués pendant les 64 matchs d'une coupe du monde de foot.

nbre de buts marqués pendant un match	0	1	2	3	4	5	6	7	8
nbre de matchs	2	15	19	11	8	4	1	2	2

Vrai ou faux ? Coche la bonne réponse.	vrai	faux
1. L'effectif total est 64.	☐	☐
2. La moyenne est 2,718 75.	☐	☐
3. La médiane est 2.	☐	☐
4. L'étendue est 17.	☐	☐

Score : .... / 2

6 Faire des calculs sur une sphère

Observe la figure ci-contre.

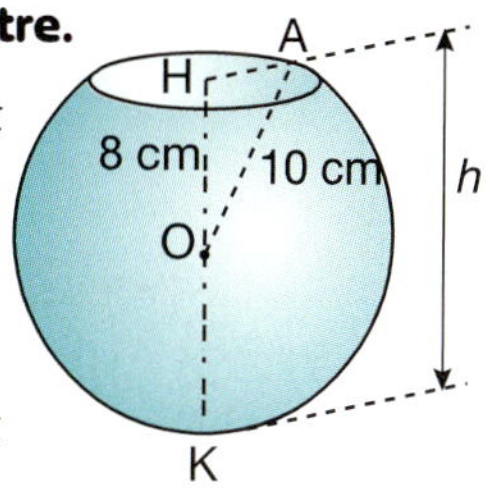

1. La longueur OK est égale à...

☐ 10 cm ☐ 8 cm ☐ 5 cm

2. La longueur AH est égale à...

☐ 36 cm ☐ 6 cm ☐ 18 cm

3. La longueur HK est égale à...

☐ 16 cm ☐ 20 cm ☐ 18 cm

4. Le cercle de centre H passant par A a pour longueur...

☐ $10 \times \pi$ cm ☐ $8 \times \pi$ cm ☐ $12 \times \pi$ cm

Score : .... / 4

ANGLAIS

1 Parler d'actions qui durent

a) Entoure la forme correcte.

The two children (are waiting – have been waiting) in the chest for a few minutes.

b) Complète les phrases avec *for* ou *since*.

1. The weather has been bright and sunny .... they arrived.

2. The ghost has been terrorizing the guests .... weeks.

3. The receptionist has known the landlord .... the end of the 80s.

Score : .... / 4

2 Ordonner son raisonnement

Remets les phrases dans l'ordre en les numérotant de 1 à 4.

...... We'll tie his hands and feet.

...... Now, let's go!

...... We'll push him down the stairs.

...... We'll jump out of this chest.

Score : .... / 2

3 Féliciter quelqu'un

Mets les phrases suivantes au futur.

1. Julie must tell her friends how she caught a ghost.

→ ....

2. Mr McNulty can't repair the car himself.

→ ....

Score : .... / 2

Score total : .... / 40

Qui sont les jeunes européens ?

L'Union européenne rassemble aujourd'hui 27 États membres et plus de 110 millions de jeunes de moins de 19 ans. Bien que ces pays soient très différents, ces jeunes européens sont confrontés aux mêmes mutations : une entrée dans la vie active plus tardive et des parcours individuels plus variés que par le passé.

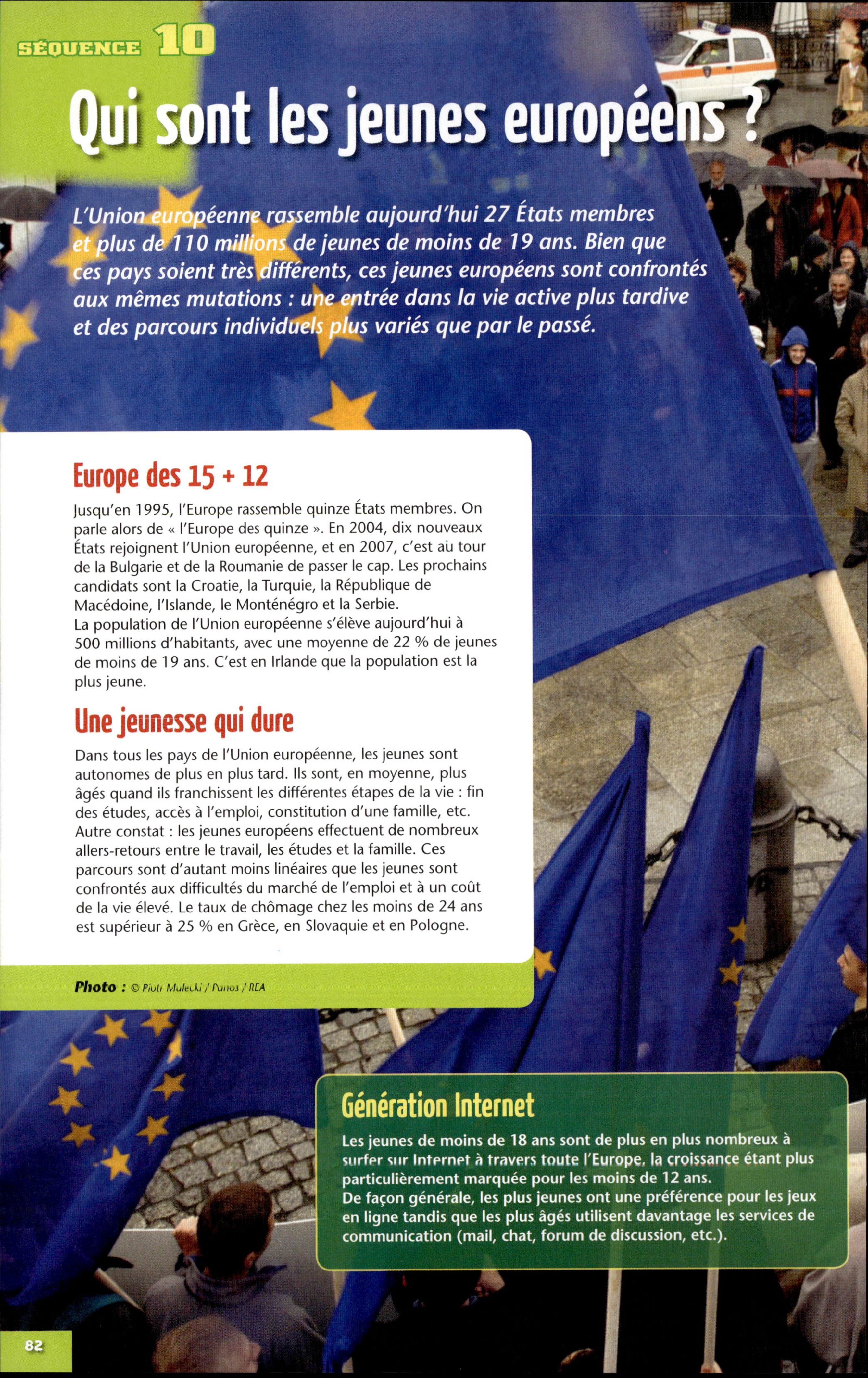

Europe des 15 + 12

Jusqu'en 1995, l'Europe rassemble quinze États membres. On parle alors de « l'Europe des quinze ». En 2004, dix nouveaux États rejoignent l'Union européenne, et en 2007, c'est au tour de la Bulgarie et de la Roumanie de passer le cap. Les prochains candidats sont la Croatie, la Turquie, la République de Macédoine, l'Islande, le Monténégro et la Serbie.
La population de l'Union européenne s'élève aujourd'hui à 500 millions d'habitants, avec une moyenne de 22 % de jeunes de moins de 19 ans. C'est en Irlande que la population est la plus jeune.

Une jeunesse qui dure

Dans tous les pays de l'Union européenne, les jeunes sont autonomes de plus en plus tard. Ils sont, en moyenne, plus âgés quand ils franchissent les différentes étapes de la vie : fin des études, accès à l'emploi, constitution d'une famille, etc. Autre constat : les jeunes européens effectuent de nombreux allers-retours entre le travail, les études et la famille. Ces parcours sont d'autant moins linéaires que les jeunes sont confrontés aux difficultés du marché de l'emploi et à un coût de la vie élevé. Le taux de chômage chez les moins de 24 ans est supérieur à 25 % en Grèce, en Slovaquie et en Pologne.

Photo : © Piotr Malecki / Panos / REA

Génération Internet

Les jeunes de moins de 18 ans sont de plus en plus nombreux à surfer sur Internet à travers toute l'Europe, la croissance étant plus particulièrement marquée pour les moins de 12 ans.
De façon générale, les plus jeunes ont une préférence pour les jeux en ligne tandis que les plus âgés utilisent davantage les services de communication (mail, chat, forum de discussion, etc.).

Citoyens européens

Quand on demande aux jeunes citoyens européens ce que signifie l'Europe pour eux aujourd'hui, 90 % d'entre eux citent la liberté de voyager, d'étudier et de travailler dans le pays de leur choix. Les citoyens des douze nouveaux États membres semblent plus enthousiastes que ceux de l'Europe des quinze. En effet, seulement 35 % d'entre eux pensent que l'Europe signifie « une bureaucratie excessive, une perte de temps et d'argent », alors que c'est l'avis de 42 % des jeunes citoyens des quinze et de 51 % des jeunes français.
(Source : institut Gallup, 2007.)

Et les loisirs ?

« Rencontrer des amis » et « faire du sport », voilà ce que la majorité des jeunes européens de moins de 19 ans aiment faire avant tout. Quelques exceptions toutefois : les jeunes portugais, chypriotes, roumains et bulgares consacrent beaucoup de temps à « regarder la télévision ». Certains stéréotypes se retrouvent partout en Europe. Les filles lisent plus souvent que les garçons et aident davantage à la maison. À l'inverse, les garçons font plus de sport et sont plus souvent devant leur ordinateur.
(Source : institut Gallup, 2007.)

L'auberge espagnole

Avec le réseau Erasmus, il est possible d'aller faire ses études à l'étranger et de côtoyer, comme dans le film *L'Auberge espagnole* de Cédric Klapisch, des étudiants de toute l'Europe. Créé en 1987, ce programme a fait voyager 1,5 millions d'étudiants dans le cadre de leurs études. Les Français vont surtout en Espagne, au Royaume-Uni et en Allemagne. Les Allemands, eux, vont en Espagne, en France et au Royaume-Uni.

MINI-QUIZ

Qui est le premier fondateur de l'Europe ? Au cours de quel traité la Communauté économique européenne a-t-elle changé de nom ?

- ☐ Robert Schuman
- ☐ Charles de Gaulle
- ☐ Jean Monnet

- ☐ le traité de Maastricht
- ☐ le traité de Paris
- ☐ le traité de Rome

Le ministre des Affaires étrangères français Robert Schuman propose, en 1950, que l'Allemagne et la France unissent leurs ressources en charbon et en acier. L'Europe fait ses premiers pas. C'est au cours du traité de Maastricht, signé en 1992, que la CEE devient l'Union européenne.

IN ENGLISH

Who are European teenagers?

The European Union brings together 27 states and more than 110 million teenagers who are less than 19 years old. Despite the differences between the countries, these European youngsters face the same kinds of situation.

- ***teenager:*** adolescent
- ***to bring together:*** regrouper

Conjugaison

Utiliser le conditionnel, émettre des hypothèses

Gérald-Louis Gautier, *Les Cultures européennes du boire et du manger* © Aria Louis Pasteur.

1 **Quels pays sont représentés ici ? Quels indices te permettent de les reconnaître ?**

- Image 1 : ....
- Image 2 : ....
- Image 3 : ....
- Image 4 : ....

2 **a) Modifie l'article ci-dessous en mettant tous les verbes au conditionnel.**

La Commission européenne a mené une enquête dans les vingt-sept pays de l'Union sur la manière dont les jeunes européens utilisent Internet.

« Les enfants interrogés (âgés de 9 à 14 ans et ayant un accès à Internet) *(se montrent)* ...., dans l'ensemble, conscients des risques de dépendance et des dangers liés à la nature des sites visités. Ils *(sont)* .... en général soumis à des règles familiales qui *(limitent)* .... la fréquence et le temps de connexion. Le plus souvent, ils en *(acceptent)* .... le principe. »

« Les Jeunes européens sont conscients des risques du Web », *Le Monde*, 22 août 2007.

b) Quelle nuance apporte le conditionnel ? ....

Rappel de cours

- Le conditionnel est un mode que l'on emploie pour exprimer :
  - un fait soumis à une **condition** (ex. : S'il parlait plus, il se ferait des amis.) ;
  - une **hypothèse** (ex. : Selon sa sœur, il serait végétarien.) ;
  - une demande **polie** (ex. : Je voudrais un verre d'eau.) ;
  - un **souhait** ou un **conseil** (ex. : J'aimerais le voir pendant les vacances./ Tu devrais boire davantage.) ;

  Le conditionnel permet aussi d'exprimer le **futur** dans le passé. Ex. : Elle pensait réellement que je lui écrirais.
- Le conditionnel présent se construit à partir du **radical du futur** de l'indicatif, auquel on ajoute les **terminaisons de l'imparfait** de l'indicatif : *-ais, -ais, -ait, -ions, -iez, -aient*. Ex. : je chante**rais**, nous chante**rions**.

3 **a) Lis la suite de l'article, et souligne les deux verbes au conditionnel.**

« Selon l'étude, certains enfants adopteraient des conduites plus « à risques » qu'ils ne le disent ou ne le pensent. D'ailleurs, ils avouent leur réticence à en parler aux adultes, et à leurs parents en particulier. « J'aurais trop peur que ma mère y voie la confirmation de ce qu'elle craint et qu'elle m'interdise d'aller sur les forums », explique ainsi une jeune Allemande. Le caractère illégal des téléchargements, en revanche, est souvent minimisé. »

« Les Jeunes européens sont conscients des risques du Web ».

b) Dans les paroles de la jeune Allemande, le conditionnel exprime un fait soumis à une condition. Mais la proposition subordonnée conditionnelle (introduite par *si*) est sous-entendue. **À toi de la restituer.**

« ...., j'aurais trop peur que ma mère y voie la confirmation de ce qu'elle craint [...]. »

Conjugaison

Utiliser le subjonctif

1 **Dans le texte suivant, souligne les verbes au subjonctif, puis précise dans les parenthèses l'idée qu'ils expriment : ordre, souhait ou but.**

Pourvu que tu puisses entrer en section européenne (....................) ! Tes parents exigent qu'en seconde, tu poursuives dans cette section (....................) et tu as beaucoup travaillé pour que ce rêve devienne réalité (....................). Alors, il faut que tu sois le meilleur jusqu'au bout (....................) de sorte que ton dossier ne fasse pas obstacle (....................).

2 Tu fais visiter ta région à un groupe de jeunes Croates. Tu demandes au guide de traduire tes recommandations, dont voici la liste.
Mets les verbes à la forme qui convient.

« Dites-leur qu'ils…

1. prendre le plan de leur quartier ....

2. acquérir des billets de bus ....

3. avoir un bonnet de bain ....

4. acheter des bottes pour la pêche ....

5. être à l'heure pour les visites .... »

3 **Remplace le verbe en italique par le verbe entre parenthèses et fais les modifications nécessaires.**

1. *Savez*-vous que, dans le cadre du programme Erasmus, les étudiants français vont en priorité en Espagne ? *(craindre)* → ....
....

2. *Ignorez*-vous que les étudiants anglais veulent majoritairement aller en France ? *(souhaiter)* → ....
....

4 **a) Complète ces phrases avec le verbe qui convient parmi ceux de la liste suivante :** *prendre – décider – réunir – recevoir.*

On demande :

1. au conseil européen [qu'il se .... pour représenter les intérêts des États membres.]

2. aux ministres des pays membres [qu'ils .... des lois européennes.]

3. au médiateur européen [qu'il .... les plaintes des citoyens en conflit avec les institutions européennes.]

4. au parlement européen [qu'il .... des décisions.]

b) Indique la nature et la fonction des propositions entre crochets.

■ nature : .... ■ fonction : ....

Rappel de cours

■ Dans une **proposition indépendante**, le subjonctif exprime un **ordre.** Ex. : Qu'il vienne immédiatement !

■ Dans une proposition **subordonnée complétive,** il exprime un **souhait** (ex. : Espérons qu'il puisse venir !), un **ordre** (ex. : Il faut qu'il vienne.), un **doute** (ex. : Je doute qu'il puisse venir.), un **sentiment** (ex. : Je me réjouis qu'il puisse venir.). La subordonnée est alors COD.

■ Dans une subordonnée **circonstancielle**, le subjonctif s'emploie après les locutions conjonctives exprimant le **but** (ex. : Je ferai tout pour qu'il puisse venir.), l'**opposition** (ex. : Bien qu'il soit déjà tard, il viendra peut-être.) et après certaines locutions exprimant le **temps** (*avant que, jusqu'à ce que*) ou la **condition** (*pourvu que, à moins que*).

■ Au subjonctif présent, les **terminaisons** sont les mêmes pour tous les groupes : *-e, -es, -e, -ions, -iez, -ent.*
Ex. : que je parle, que tu voies, que nous riions…
Attention au radical de certains verbes du 3e groupe : *vouloir* (que je veuille), *prendre* (que je prenne), *aller* (que j'aille), *faire* (que je fasse)…

■ Seuls les auxiliaires ont des terminaisons particulières.
• **avoir** : aie, aies, ait, ayons, ayez, aient.
• **être** : sois, sois, soit, soyons, soyez, soient.

Activités numériques
Résoudre une inéquation

1 Téléphone portable

Les opérateurs de téléphone portable propose des tarifs spéciaux pour les jeunes.

a) Un opérateur A propose le tarif suivant : un forfait de 20,60 € pour 30 minutes de communication par mois ; les appels hors forfait au-delà de ces 30 minutes sont facturés 0,38 € la minute. **Explique pourquoi une consommation de 40 minutes coûte 24,40 €.**

....

Trouve le prix payé P pour x minutes hors forfait. $P = 20{,}60 + x \times$ ....

b) Un opérateur B propose le tarif suivant : un forfait de 25,20 € pour 30 minutes par mois ; les appels hors forfait au-delà de ces 30 minutes sont facturés 0,30 € la minute. **Explique pourquoi une consommation de 40 minutes coûte 28,20 €.**

....

Trouve le prix payé P' pour x minutes hors forfait. $P' = 25{,}20 + x \times$ ....

c) Trouve à partir de quelle valeur de x le forfait B devient plus intéressant que le forfait A.

$P' < P$ $\qquad 25{,}20 + x \times 0{,}30 <$ ...... $+ x \times 0{,}38$

$25{,}20 - 20{,}60 < x \times 0{,}38 - x \times$ ......

...... $< x \times 0{,}08$

$4{,}6 \div$ ...... $< x$ donc ...... $< x$.

Le nombre x est un entier. Explique pourquoi le forfait B est plus intéressant que le forfait A à partir de 28 minutes hors forfait.

....

Rappel de cours

Soient a, b et c trois nombres relatifs.

■ Si $a > b$, alors $a + c > b + c$.
Si $a > b$, alors $a - c > b - c$.
Cette propriété est vraie si on remplace le symbole $>$ par $<$ et $\geqslant$ par $\leqslant$.
Ex. : On a $x - 7 > 12$, donc $x - 7 + 7 > 12 + 7$ ou encore $x > 19$.

■ Si $a < b$ et si $c > 0$, alors $a \times c < b \times c$.
Ex. : On a $5x > -3$. Le nombre $\frac{1}{5}$ est strictement positif, donc $\frac{1}{5} \times 5x > \frac{1}{5} \times (-3)$ ou encore $x > -\frac{3}{5}$.

■ Si $a < b$ et si $c < 0$, alors $a \times c > b \times c$.
Ex. : On a $-3x > -4$. Le nombre $-\frac{1}{3}$ est strictement négatif, donc $-\frac{1}{3} \times (-3x) < -\frac{1}{3} \times (-4)$ ou encore $x < \frac{4}{3}$.

2 Coche la bonne réponse.

1. Si $x + 7 > -3$, alors $x >$ …	☐ 4	☐ 10	☐ – 10
2. Si $x - 10 < -5$, alors $x <$ …	☐ 5	☐ – 5	☐ 2
3. Si $3x > 12$, alors $x >$ ….	☐ 9	☐ – 9	☐ 4
4. Si $-4x < 8$, alors x …	☐ < 2	☐ > -2	☐ < -2

3 Tarif réduit

La carte 12-25 ans de la SNCF coûte 49 € et permet d'avoir des réductions. Le prix d'un billet vaut alors 50 % du tarif normal. Le prix normal d'un trajet est 30 €.

a) Calcule le prix de la carte et de dix trajets à tarif réduit.

....

La carte est-elle intéressante pour dix trajets ? ....

b) Soit x le nombre de trajets effectués.

Que représente l'expression $49 + x \times 30 \times \frac{1}{2}$? ....

Que représente l'expression $x \times 30$? ....

Résous l'inéquation $30x > 49 + 15x$. ....

À partir de combien de voyages la carte 12-25 ans est-elle intéressante ?

....

Calculer des aires ou des volumes

1 Ballons de sport

En 2003, 71 % des Français de 14 ans ou plus pratiquaient une activité physique ou sportive.

a) On admet qu'un ballon de basket est assimilable à une sphère de rayon $r = 12$ cm. En prenant 3,14 pour π, calcule le volume V de ce ballon en cm^3.

....

b) On admet qu'une balle de tennis est assimilable à une sphère de rayon r'. La balle de tennis est donc une réduction du ballon de basket. Si le coefficient de réduction est $\frac{4}{15}$, calcule le rayon r'.

....

> **Coup de pouce**
> Multiplie le rayon r par le coefficient de réduction pour trouver r'.

c) En prenant 3,14 pour π, calcule l'arrondi au centième du volume V' de la balle de tennis.

....

d) Calcule l'arrondi au millième du rapport $\frac{V'}{V}$. ....

Compare alors $\frac{V'}{V}$ et l'arrondi au millième de $\left(\frac{4}{15}\right)^3$.

....

2 Vrai ou faux ? Coche la bonne réponse.

	vrai	faux
1. L'aire d'une sphère de rayon 3 cm est égale à $36 \times \pi$ cm^2.	☐	☐
2. Le volume d'une sphère de rayon 3 cm est égal à $36 \times \pi$ cm^3.	☐	☐
3. Le volume d'un cône de rayon 3 cm et de hauteur 6 cm est égal à $36 \times \pi$ cm^3.	☐	☐
4. Le volume d'une pyramide de hauteur 6 cm dont la base est un carré de 3 cm de côté est égal à $36 \times \pi$ cm^3.	☐	☐

> **Rappel de cours**
>
> **■ La pyramide**
> Le volume V d'une pyramide est égal à $\frac{1}{3} \times B \times h$ où B est l'aire de la base et h la hauteur de la pyramide.
>
> **■ Le cône**
> Le volume V d'un cône est égal à $\frac{1}{3} \times \pi \times r^2 \times h$ où r est le rayon de la base et h la hauteur du cône.
>
> 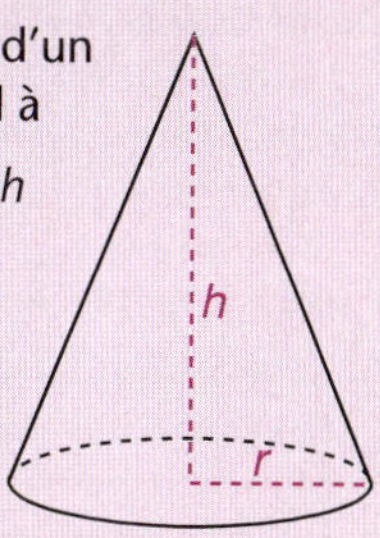
>
>
> **■ La sphère**
> Le volume V d'une sphère est égal à $\frac{4}{3} \times \pi \times r^3$ où r est le rayon de la sphère.
>
> 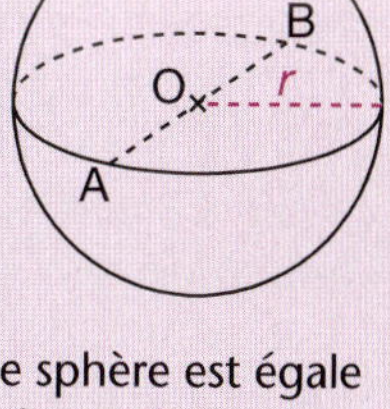
>
>
> L'aire S d'une sphère est égale à $4 \times \pi \times r^2$ où r est le rayon de la sphère.

3 Au camping

Au cours de l'été 2004, les campings ont enregistré 94,5 millions de nuitées. Les Français représentent environ les deux tiers de celles-ci. La fréquentation étrangère est à 97 % européenne. Parmi tous ces campeurs, on compte de nombreux adolescents. De nouveaux modèles de tente ont été créés spécialement pour eux.

a) Une tente de camping, de type igloo, a la forme d'une demi-sphère de 2 mètres de diamètre. En prenant 3,14 pour π, **calcule l'arrondi au centième du volume d'air dans cette tente.**

....

b) En prenant 3,14 pour π, **calcule la surface de tissu utilisé pour la tente** (sans le tapis de sol).

....

c) En prenant 3,14 pour π, **calcule la surface de tissu utilisé pour le tapis de sol.**

....

> **Coup de pouce**
> L'aire du disque de rayon r est égale à $\pi \times r^2$

The impostor confesses the truth

Dire le contraire

ANGLAIS

(After learning the news, the landlord arrives at the hotel.)

LANDLORD. – So what I was told is true. But why did you dress as a ghost and terrorize the guests?

RECEPTIONIST. – Well, I thought that if the hotel was haunted nobody would ever come... In the end you would be forced to sell it.

LANDLORD. – But nobody would buy a haunted place.

RECEPTIONIST. – I would! And thanks to my plans I could buy it for next to nothing.

LANDLORD. – I'm very disappointed. I thought so highly of you. I wanted us to remain friends.

RECEPTIONIST. – I didn't! I've always been jealous of you. What mattered to me was your hotel!

LANDLORD. – Now that the truth has been revealed, you'll be punished. You must pay for what you did. I'm afraid.

- ***truth:*** vérité
- ***for next to nothing:*** pour une bouchée de pain
- ***to think highly of:*** estimer (quelqu'un)
- ***to matter:*** importer
- ***to send:*** envoyer

Rappel de cours

Le tag de contraste
Il revient à dire *moi oui*, *moi si* ou *moi non*, c'est-à-dire le contraire de ce qui vient d'être dit. Il se forme à partir de l'**auxiliaire** à la forme affirmative si la phrase est à la forme négative, et vice-versa.
Ex. : Julie wasn't afraid. **Brian was.** "I wanted us to remain friends." **"I didn't!"**

La forme passive
Lorsqu'on transforme une phrase à la forme active en phrase à la forme passive, il faut respecter les quatre étapes suivantes :
- le complément d'objet dans la phrase à la forme active devient **sujet** ;
- on introduit l'auxiliaire *be*, conjugué au temps du verbe de la phrase à la forme active ;
- le verbe de la phrase à la forme active devient **participe passé** ;
- le sujet de la phrase à la forme active devient **complément d'agent** (il n'y a pas de complément d'agent si le sujet est un pronom personnel ou *someone*).

Ex. : Cats eat mice.
→ Mice are eaten by cats.

1 True or false ?

	true	false
1. The landlord knew everything about the receptionist.	☐	☐
2. The receptionist dressed as a ghost because he wanted to have fun.	☐	☐
3. The receptionist has never considered the landlord as a friend.	☐	☐
4. The landlord is going to call the police.	☐	☐
5. The landlord is angry with the receptionist.	☐	☐

2 Une seule des deux propositions entre parenthèses permet d'exprimer le contraire de ce qui a été dit. Laquelle ? Raye celle qui est fausse.

1. Julie and Brian's parents weren't pleased with the situation at all. (Julie and Brian were./ Julie and Brian did.)

2. Everybody is pleased that the truth has been discovered at last. (The receptionist isn't./ The receptionist hasn't.)

3. The landlord thinks he must sell the hotel. (Julie and Brian must./ Julie and Brian don't.)

3 Mets les phrases suivantes à la forme passive.

1. Many artists have painted the lakes of Connemara.

→ ....

2. The ghost frightened a lot of people at night.

→ ....

3. Someone must warn the police.

→ ....

4. The landlord will probably reward Julie and Brian.

→ ....

La construction européenne

Une communauté en devenir

Àprès la Seconde Guerre mondiale, les États d'Europe de l'Ouest cherchent à se rapprocher pour éviter un nouveau conflit mais aussi pour accélérer leur développement économique. À l'initiative des Français Jean Monnet et Robert Schumann, six pays créent la Communauté européenne du charbon et de l'acier (CECA), première étape de la construction européenne. Aujourd'hui, l'Union européenne a élargi ses compétences et rassemble 27 États.

Quelles ont été les grandes étapes de la construction européenne ? Quelles sont ses ambitions et ses implications dans la vie quotidienne des citoyens européens ?

1 Associe chacune des phrases présentant un objectif ou une réalisation du traité de Maastricht au document qui l'illustre.

1. « Tout citoyen de l'Union résidant dans un État membre dont il n'est pas ressortissant a le droit de vote et d'éligibilité aux élections municipales et aux élections européennes dans l'État où il réside. » → document ....

2. « La politique étrangère et de sécurité commune inclut l'ensemble des questions relatives à la sécurité européenne, y compris la définition à terme d'une politique de défense commune. » → document ....

3. Avec le traité de Maastricht, l'UE se donne pour objectif « l'établissement d'une union économique et monétaire comportant à terme une monnaie unique ». → document ....

doc. a

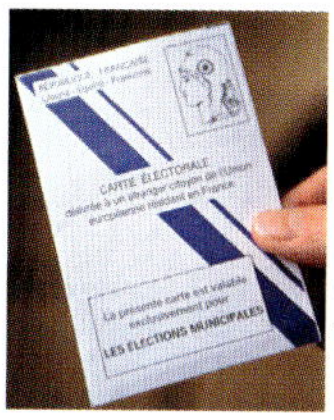

ph © D. Thomas / CIT'Images

doc. b

ph © D. Gys / Reporters – REA

doc. c

2 Colorie avec la bonne couleur les cinq pays membres de l'UE laissés en blanc.

Conclusion : À l'origine de la construction européenne, les six pays signataires du traité de Rome se donnaient pour objectif d'assurer la paix et le développement économique en Europe de l'Ouest.
Depuis le traité de Maastricht, les objectifs de l'Union européenne se sont élargis et ses réalisations sont devenues plus visibles dans la vie des citoyens de l'UE, avec par exemple la création de l'euro.
Mais d'autres objectifs restent encore à l'état de projet, comme la politique étrangère et de défense commune.

SÉQUENCE 11

Que devient le trou de la couche d'ozone ?

La couche d'ozone forme, tout autour de la Terre, un bouclier qui nous protège des ultraviolets. Sans elle, nous serions littéralement « brûlés ». Seulement voilà, certains polluants issus des activités humaines détruisent ce filtre protecteur et sont à l'origine du « trou » de la couche d'ozone.

Une protection naturelle...

Comme son nom l'indique, la couche d'ozone est particulièrement riche en ozone. Elle est située dans la haute atmosphère, plus particulièrement dans la stratosphère, entre 20 et 50 km d'altitude. L'ozone (O_3) se forme à partir de l'oxygène (O_2) sous l'action du rayonnement solaire.
La couche d'ozone enveloppe la Terre depuis 2 milliards d'années et protège sa surface des ultraviolets émis par le Soleil. Sans elle, aucune forme de vie n'aurait pu se développer en dehors des océans.

...détruite par l'homme

À la fin des années 1970, des scientifiques évoquent l'existence d'un « trou » dans la couche d'ozone, au-dessus de l'Antarctique. En fait, il ne s'agit pas d'un trou mais d'un amincissement de la couche d'ozone qui apparaît tous les ans à la même saison.
Cette dégradation de la couche d'ozone est liée à l'utilisation de gaz comme les CFC (autrefois utilisés dans les bombes aérosol) et les oxydes d'azote (émis par les usines et les transports). Ces polluants s'élèvent dans l'atmosphère et, sous l'action du soleil, provoquent des réactions qui détruisent les molécules d'ozone.

Un avenir optimiste

Pour faire face à l'appauvrissement croissant de la couche d'ozone, au pôle Sud mais aussi dans d'autres régions, le protocole de Montréal est signé en 1987. Son objectif : réduire puis éliminer complètement les gaz incriminés. Aujourd'hui, les CFC sont quasiment interdits partout.
Mais même si on ne les utilise plus, ces gaz destructeurs peuvent rester plusieurs dizaines d'années dans l'atmosphère. Le « trou » de la couche d'ozone ne va donc pas se refermer instantanément. D'après les estimations, il devrait se reboucher et disparaître complètement d'ici 2065.

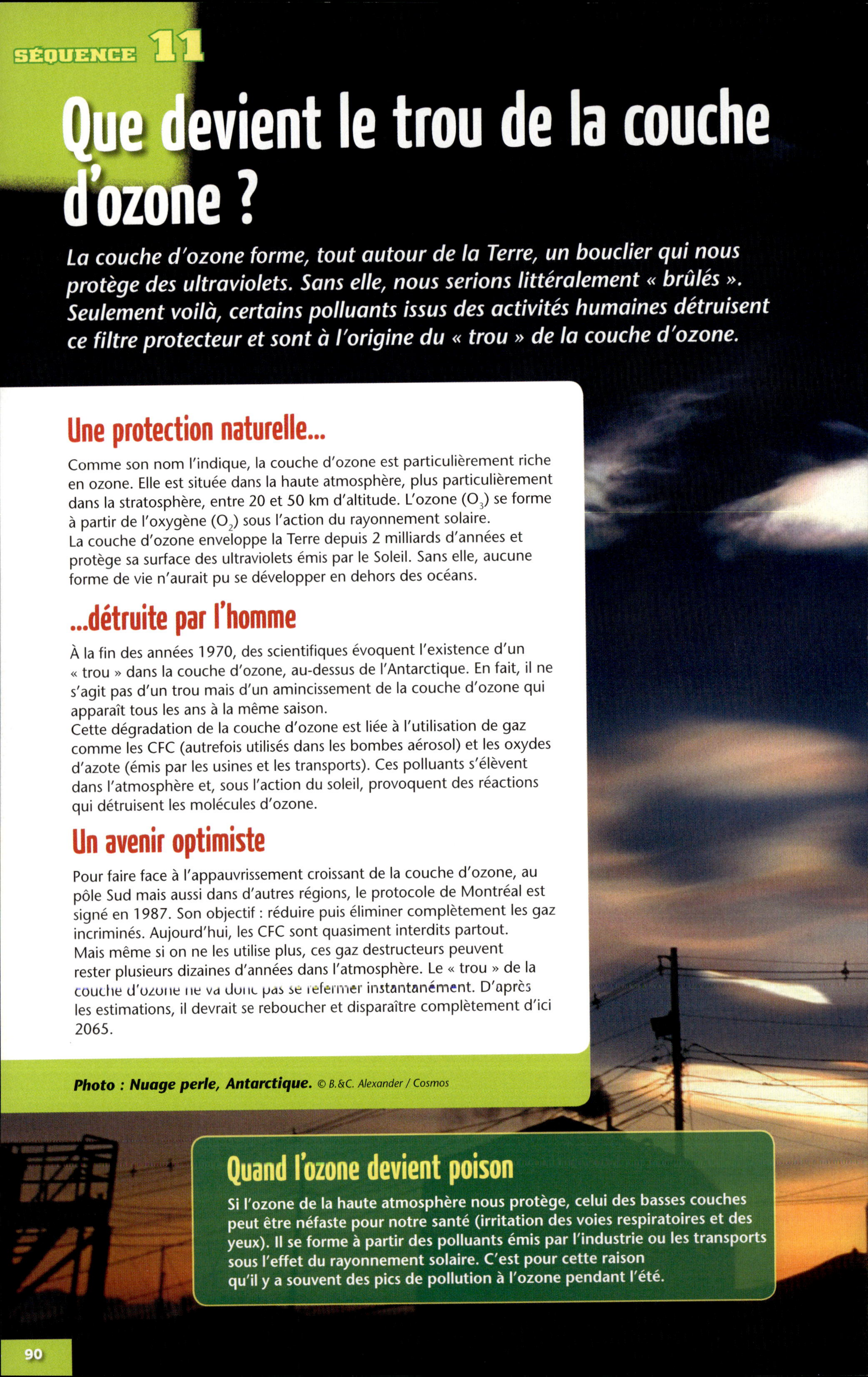

Photo : *Nuage perle, Antarctique.* *© B.&C. Alexander / Cosmos*

Quand l'ozone devient poison

Si l'ozone de la haute atmosphère nous protège, celui des basses couches peut être néfaste pour notre santé (irritation des voies respiratoires et des yeux). Il se forme à partir des polluants émis par l'industrie ou les transports sous l'effet du rayonnement solaire. C'est pour cette raison qu'il y a souvent des pics de pollution à l'ozone pendant l'été.

MINI-QUIZ

À quelle saison le trou de la couche d'ozone, situé au-dessus de l'Antarctique, se forme-t-il ? Pour quelle raison ?

- ☐ en été
- ☐ au printemps
- ☐ en hiver

- ☐ il y a plus de soleil
- ☐ il y a plus de vent
- ☐ il y a plus de polluants

À chaque printemps austral (en automne pour nous), la réapparition du Soleil et de ses UV conduit les polluants atmosphériques à détruire l'ozone.

Sous l'œil des satellites

De nombreux satellites suivent l'état de santé de la couche d'ozone. Selon les conditions météorologiques, la disparition de l'ozone est plus ou moins importante d'une année sur l'autre. En 2006, le « trou » situé au-dessus de l'Antarctique atteignait une taille record de 27 millions de km^2, c'est-à-dire supérieure à la superficie de l'Amérique du Nord.

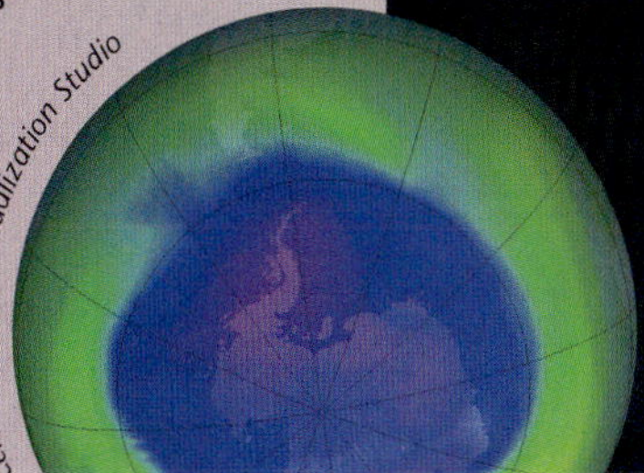
© NASA/ Goddard Space Flight Center Scientific Visualization Studio

Trou de la couche d'ozone en 2005.

Le conseil d'Rpur

Éviter l'avion

En rejetant des oxydes d'azote directement dans la haute atmosphère, les avions sont particulièrement nocifs pour la couche d'ozone. Pour les trajets de courte ou de moyenne distance, mieux vaut choisir le train.

Coup de soleil express

Certaines années, les habitants du sud du Chili se retrouvent sous le « trou » de la couche d'ozone et ne sont, par conséquent, plus suffisamment protégés contre les ultraviolets. Pendant ces périodes, il est impossible de sortir sans crème sous peine d'attraper un coup de soleil en quelques minutes seulement.

IN ENGLISH

What's new about the ozone layer?

The ozone layer constitutes a shield that protects us against the ultraviolet rays of the sun. Without it, no life would have appeared on Earth. However, some atmospheric polluting agents damage the ozone layer and are responsible for the ozone hole over the Antarctic.

- ***ozone layer:*** couche d'ozone
- ***shield:*** bouclier
- ***to damage:*** dégrader
- ***hole:*** trou

Écriture
Écrire un poème en vers

1 **a) Ce quatrain est composé de quatre alexandrins. Complète chaque vers avec le mot qui convient (entoure-le), de manière à reconstituer les alexandrins.**

De la nuit émergera la planète { centenaire / misère / étrangère / Terre }

Chaque matin brumeux détient { le renouveau / le cachot / le mot }

Qui secoue la torpeur, réveille { la guerre / le mystère / l'air / le monastère }

Chaque jour, la Terre exhale de nouveaux { héros / zoos / maux }

b) Les rimes de ce quatrain sont : ☐ plates ☐ croisées ☐ embrassées.

> **Coup de pouce**
>
> Placé à la fin d'un mot, le *e* muet se prononce s'il est suivi d'une consonne ; il s'élide s'il est suivi d'une voyelle. Ex. : *Chaque fleur s'évapor(e) ainsi qu'un encensoir* (Baudelaire, « Harmonie du soir »).

2 **Ce poème de Marceline Desbordes-Valmore (Poésies inédites, 1860) est composé de trois tercets en alexandrins. Réécris le poème en lui redonnant sa forme.**

« J'ai voulu ce matin te rapporter des roses ; Mais j'en avais tant pris dans mes ceintures closes que les nœuds trop serrés n'ont pu les contenir. Les nœuds ont éclaté. Les roses envolées dans le vent, à la mer s'en sont toutes allées. Elles ont suivi l'eau pour ne plus revenir. La vague en a paru rouge et comme enflammée. Ce soir, ma robe encore en est toute embaumée… Respires-en sur moi l'odorant souvenir. »

(1) ....

(2) ....

(3) ....

(4) ....

(5) ....

(6) ....

(7) ....

(8) ....

(9) ....

> **Rappel de cours**
>
> ■ Dans un poème en vers, les vers sont souvent regroupés en **strophes**. On appelle quatrain une strophe regroupant quatre vers, tercet une strophe de trois vers, distique une strophe de deux vers.
>
> ■ Les vers d'un même poème ont en général le même nombre de **syllabes**. On appelle alexandrin un vers de douze syllabes, décasyllabe un vers de dix syllabes, ennéasyllabe un vers de neuf syllabes, octosyllabe un vers de huit syllabes.
>
> ■ Les **rimes** peuvent alterner selon plusieurs combinaisons : rimes plates (*aabb*), rimes croisées (*abab*), rimes embrassées (*abba*). On parle de rimes pauvres, suffisantes ou riches selon le nombre de sons répétés en fin de vers.
>
> ■ Le rythme d'un vers est marqué par des **césures**. Souvent, la césure se situe à l'hémistiche (milieu du vers).

3 **Complète les phrases.**

1. Le vers 1 rime avec le vers ...., ce sont des rimes ....

2. Le vers .... possède une césure à l'hémistiche.

3. Le vers .... contient une comparaison.

4. Les vers .... ont une rime riche.

Jouer avec les figures de style

1 **Analyse ce vers d'Émile Verhaeren en répondant aux questions suivantes.**

Voici le vent, le vent sauvage de novembre

1. Combien ce vers a-t-il de syllabes ? ..... Comment s'appelle ce type de vers ? ....

2. Quelle consonne est répétée ? ..... Comment s'appelle cette répétition ? ....

3. Quel effet produit cette répétition ? ....

2 **Transforme les comparaisons en métaphores et vice versa.**

	comparaisons	métaphores
1.	Le papillon est pareil à un souffle qui passe.	....
2.	....	La neige tombe, poussière de sucre sur le sol.
3.	Les blés mûrs ressemblent à une mer dorée.	....

3 **a) Relie chaque nom à la personnification qui lui convient.**

1. Le ciel ●	● caresse les fleurs de ses cheveux fins.
2. La libellule ●	● remuent leurs bras dans un geste large.
3. La fenêtre ●	● pleure des larmes de diamant.
4. Les vagues ●	● ouvre ses yeux sur le monde.

b) Relève dans ces phrases les mots qui font la personnification.

1. .... **3.** ....

2. .... **4.** ....

4 **« La Terre est bleue comme une orange », écrit Paul Éluard.**

a) Quelle comparaison est effectuée ici ? ....

b) Sur quel mot joue l'auteur ? ....

c) Quel point commun la Terre a-t-elle avec l'orange ? ....

Rappel de cours

■ La comparaison, la métaphore et la personnification sont des figures d'analogie.

• Une **comparaison** met en relation un comparé (élément comparé) et un comparant (élément auquel on compare) par l'intermédiaire d'un outil de comparaison (*comme, pareil à, tel que, ressembler à*...). Ex. : Cet enfant est lent **comme** une tortue.

• Une **métaphore** relie comparé et comparant sans outil de comparaison. Ex. : Cet enfant est une tortue. → Le thème de la comparaison (la lenteur) est sous-entendu.

• Une **personnification** est une sorte de métaphore qui attribue des comportements humains à des animaux, des objets ou des éléments de la nature. Ex. : Le lierre tend ses longs doigts pour grimper au mur.

■ Le poète peut aussi jouer sur les sonorités, en attribuant aux vers une musicalité particulière et significative.

• Une **allitération** est la répétition d'une consonne. Ex. : Qui sont ces serpents qui sifflent sur nos têtes. (Racine) → L'allitération évoque ici le sifflement du serpent.

• Une **assonance** est la répétition d'une voyelle. Ex. : Un sourire discret lui donna la réplique (Verlaine) → L'assonance évoque ici le rire.

Activités numériques

Résoudre un système de deux équations

1 Prendre une douche ou un bain

Marie pense qu'il est important de réduire la consommation d'eau sur Terre.
Elle cherche à comparer le nombre de litres d'eau nécessaires à une douche et à un bain.

a) Marie s'est douchée 4 fois et a pris 3 bains dans la semaine.
Elle a consommé 770 litres d'eau.

x désigne le nombre de litres consommés en prenant une douche.

y désigne le nombre de litres consommés en prenant un bain.

Explique pourquoi $4x + 3y = 770$. ....

b) La même semaine, le frère de Marie a consommé 840 litres en prenant 3 douches et 4 bains.

Que vaut $3x + 4y$? Écris une nouvelle égalité.

....

c) Vérifie que le couple (80 ; 150) est solution

du système $\begin{cases} 4x+3y=770 \\ 3x+4y=840 \end{cases}$

> **Coup de pouce**
> Remplace x par 80 et y par 150 dans chacune des deux équations.

....

....

d) Marie pense qu'une douche consomme environ deux fois moins d'eau qu'un bain. Qu'en penses-tu ?

....

> **Rappel de cours**
>
> **■ Méthode de résolution par substitution**
>
> Résoudre un système, c'est trouver tous les couples (x ; y) pour lesquels les deux égalités sont vraies simultanément.
>
> Ex. : Soit le système : $\begin{cases} x+2y=5 \\ 3x-5y=-7 \end{cases}$
>
> • On exprime l'une des deux inconnues en fonction de l'autre.
>
> $x = 5 - 2y$
>
> • On remplace dans la deuxième équation x par $5 - 2y$ et on calcule y.
>
> $3(5 - 2y) - 5y = -7$
>
> $15 - 6y - 5y = -7$
>
> $-11y = -22$
>
> $y = 2$.
>
> • On remplace y par 2 dans l'égalité $x = 5 - 2y$ pour calculer x.
>
> $x = 5 - 2 \times 2 = 1$
>
> • Vérification : $1 + 2 \times 2 = 5$ et $3 \times 1 - 5 \times 2 = -7$.
>
> La solution est le couple (1 ; 2).

2 Vrai ou faux ? Coche la bonne réponse.

	vrai	faux
1. Le couple (3 ; 4) est solution de l'équation $2x + 3y = 18$.	☐	☐
2. Le couple (1 ; 2) est solution du système $\begin{cases} x+y=3 \\ 2x+3y=8 \end{cases}$	☐	☐
3. Si $x = -2$ et $2x + y = 3$, alors $y = -7$.	☐	☐
4. Si $2x - y = 3$, alors $y = 2x - 3$.	☐	☐

3 Résous le système suivant par substitution : $\begin{cases} x+3y=-2 \\ 3x+2y=1 \end{cases}$

On isole x dans la première équation : $x = -2 -$ ....

On remplace x dans la deuxième équation par .... $- 3y$:

$3(-2 -$ ....$) + 2y = 1$. On calcule alors y :

$-6 - 9y +$ .... $= 1$ donc $-7y =$ .... donc $y = -1$.

On remplace y par -1 dans l'équation $x + 3y = -2$ pour calculer x :

$x + 3$ (............) $= -2$ donc $x - 3 =$ .... donc $x = 1$.

On vérifie : $1 + 3 \times (-1) =$ .... et $3 \times 1 + 2 \times (-1) =$ ....

La solution du système est le couple (............ ; ....)

Activités géométriques

Agrandir et réduire

1 Le globe terrestre

En France, Guillaume Delisle (1675-1726) signa vers 1700 un globe terrestre d'environ 32 cm de diamètre.

a) Le rayon de la Terre est environ 6 400 km. Convertis cette longueur en centimètres.

....

b) Calcule le quotient du rayon de la Terre (en cm) par celui du globe terrestre de Delisle.

....

c) La Terre est-elle 40 millions de fois plus grande que le globe terrestre de Delisle ? ....

d) Soit V le volume de la Terre et V' celui du globe de Delisle.

Complète. V = (.....................)$^{...}$ × V'.

Coup de pouce

1 km = 100 000 cm.

2 Trouve le coefficient d'agrandissement ou de réduction, puis utilise ces coefficients pour compléter avec les mesures qui conviennent.

1.

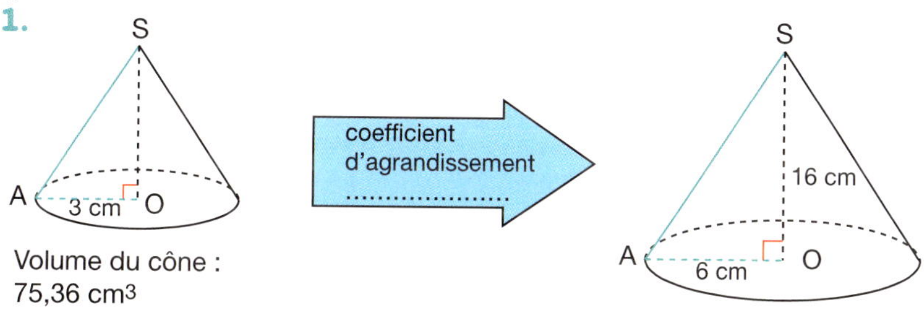

Volume du cône :
75,36 cm³
Hauteur SO = ...

Volume du cône : ......

2.

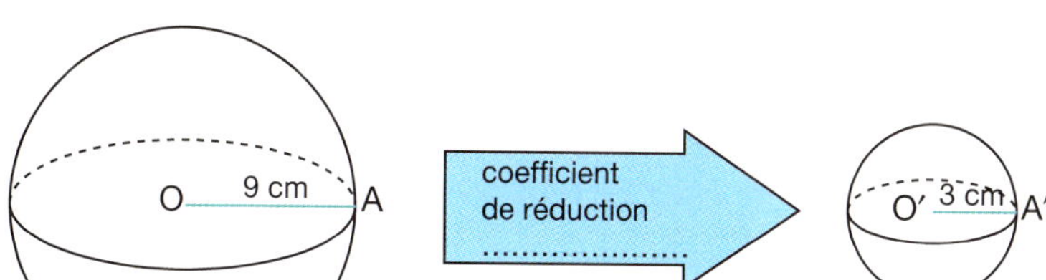

Aire de la sphère : ....
Volume de la sphère : 113,04 cm³

Aire de la sphère : 1 017,36 cm²
Volume de la sphère : ....

3 Vrai ou faux ? Coche la bonne réponse.

	vrai	faux
1. Si on multiplie les dimensions d'un pavé droit par 3, son volume est multiplié par 3^3.	☐	☐
2. Si on multiplie les dimensions d'un rectangle par 4, son aire est multipliée par 8.	☐	☐
3. Un coefficient d'agrandissement est un nombre strictement plus grand que 1.	☐	☐

Rappel de cours

■ Agrandissement et réduction dans le plan

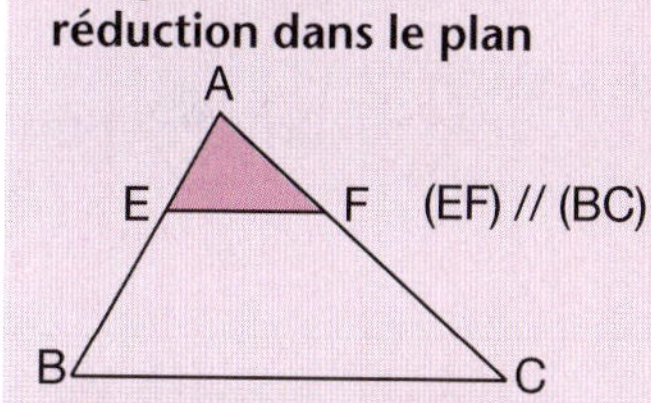

• Le triangle AEF est une **réduction** du triangle ABC. On a : AE = k × AB, AF = k × AC et EF = k × BC, avec $0 < k < 1$.

• Le triangle ABC est un **agrandissement** du triangle AEF. On a : AB = k' × AE, AC = k' × AF et BC = k' × EF, avec $k' > 1$.

• Les **aires** sont multipliées par le carré du coefficient. On a :
aire(ABC) = k'^2 × aire(AEF)

■ Agrandissement et réduction dans l'espace

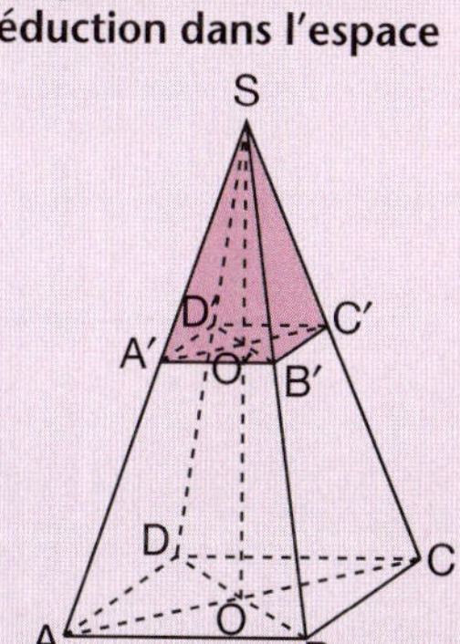

• Soit k le coefficient d'agrandissement qui permet de passer de la pyramide S'A'B'C'D' à la pyramide SABCD.

• On a : volume (SABCD) = volume(S'A'B'C'D') × k^3.

ANGLAIS

Thanks from the landlord

Dire la même chose

(The landlord is now talking to the McNultys.)

LANDLORD. – I had never imagined he could be so jealous of me!

BRIAN. – Neither had we! He even said once that you were very close.

LANDLORD. – I thought so anyway. And he had never deceived me... But let's stop speaking about him. I'm terribly indebted to you; that's why I'd like you to spend another week at the *Lakeview Hotel* for free. You can't refuse, can you?

MR MCNULTY. – Well, it's so nice of you but we don't want to impose upon your kindness.

JULIE. – Oh, please Dad. Maybe there are other ghosts to hunt down.

MRS MCNULTY. – You can't be serious Julie, and I wish you'd stop, please. I want to forget this episode once and for all.

MR MCNULTY. – So do I! We need rest now.

- ***close:*** proche
- ***to deceive:*** tromper
- ***to be indebted:*** devoir une fière chandelle
- ***to impose upon:*** abuser
- ***kindness:*** gentillesse
- ***to hunt down:*** traquer
- ***rest:*** repos

1 What does the landlord offer the McNultys as a reward?

....

2 À partir de la frise ci-dessous, dis ce que le fantôme avait fait avant l'arrivée des McNulty afin de terroriser les clients.

sleep in the beds of a few guests	wander through the streets of the nearest village	appear at the windows of a few rooms	arrival of the McNultys

1. Before the McNultys arrived, the ghost ....

2. A few days before appearing at the windows, he ....

3. And before wandering through the streets, he ....

3 Utilise les tags de conformité pour dire que le personnage fait ou pense la même chose.

Rappel de cours

Le tag de conformité
Il revient à dire *(moi) aussi/non plus* et se forme ainsi :
• *aussi* : **so** + reprise de l'auxiliaire + sujet (ex. : **So** do I !) ;
• *non plus* : ***neither*** + reprise de l'auxiliaire + sujet (ex. : **Neither** had we !).

Le past perfect
Il se forme ainsi : ***had*** + **participe passé** du verbe. Il signale l'antériorité d'une action passée par rapport à une autre action passée.
Ex. : I **had** never **had** any problems with him before.
C'est notre plus-que-parfait (*j'avais eu, j'étais allé*).

Ex. : *Brian will have a lot of things to tell his friends.* → (Julie) *So will Julie.*

1. Julie would be pleased to take part in another ghost hunt. → *(Brian)* .... – **2.** Mrs McNulty does not want to talk about what happened anymore. → *(her husband)* .... – **3.** The landlord is now relieved. → *(the McNultys)* ....

4 Prétérit simple ou past perfect?

1. Julie, Brian and their parents *(never be)* .... to Connemara before. – **2.** When they *(arrive)* .... at the hotel the ghost *(already start)* .... frightening the guests. – **3.** The inhabitants of the nearest village *(never hear)* .... of a ghost before the receptionist *(work out)* .... his plan.

Masse et poids

La gravitation terrestre

La gravitation, c'est l'attraction qu'exercent l'un sur l'autre deux corps possédant une masse. Le poids d'un corps est la manifestation de la gravitation au voisinage d'une planète.

Le poids est-il équivalent à la masse ? Le poids d'un corps est-il partout le même ?

1 Choisis, en t'aidant de l'explication ci-dessous, les bonnes représentations de l'attraction exercée par la Terre sur les personnes.

L'attraction terrestre (ou pesanteur) maintient les objets et les êtres vivants au sol et les empêche de tomber quel que soit l'endroit où ils se trouvent à la surface de la Terre.

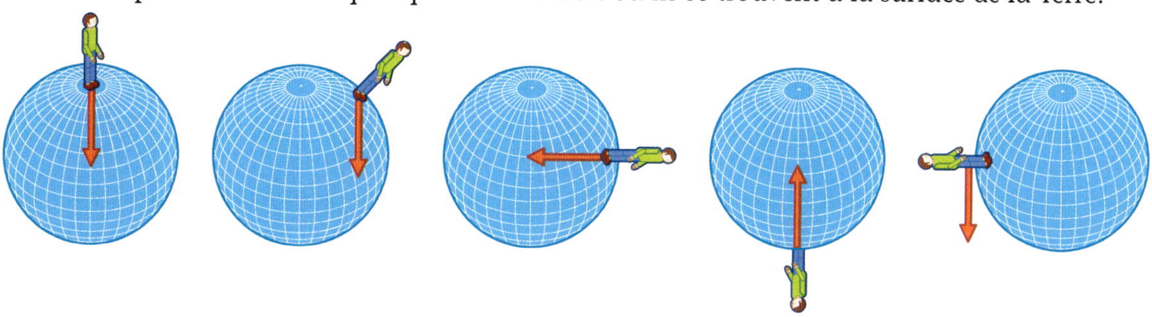

2 Observe les expériences suivantes et complète le texte.

Coup de pouce

La masse d'un corps s'exprime en kilogramme de symbole kg. Le poids d'un corps s'exprime en Newton de symbole N.

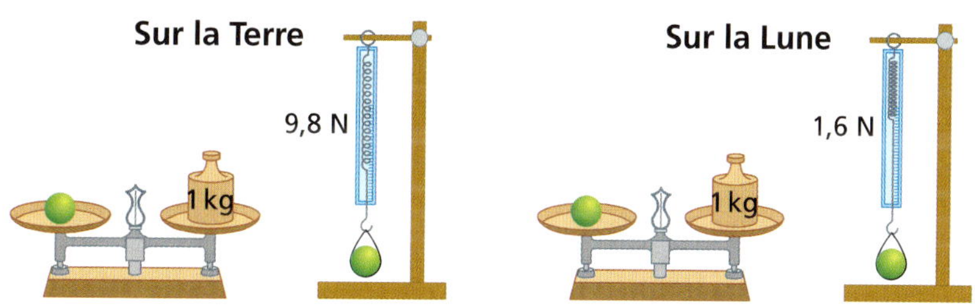

Sur la Lune, la masse d'un objet est .... à la masse de cet objet sur la Terre. Le poids lunaire est .... au poids terrestre. Le poids .... en fonction du lieu.

3 On utilise un dynamomètre pour mesurer le poids de différents objets. En t'aidant des résultats, compète le tableau et le texte ci-dessous.

	objet 1	objet 2	objet 3	objet 4
P (en N)	2,45	3,43	6,37	8,036
m (en kg)	0,25	0,35	0,65	0,82
g (= P/m)	......	......	......	......

Le rapport P/m est .... La masse et le poids d'un objet sont donc .... Ils sont liés par la relation : P = ... × g où g est l'intensité de la pesanteur dont la valeur à Paris a été déterminée ci-dessus. Cette valeur varie en fonction du lieu.

Conclusion : On confond souvent, à tort, masse et poids. Le poids désigne l'intensité de la gravitation et se mesure avec un dynamomètre. La masse représente la quantité de matière d'un objet. Elle ne varie pas en fonction du lieu, contrairement au poids. Masse et poids sont deux grandeurs différentes.

Comment devient-on mangaka ?

Il existe à Tokyo, dans le quartier d'Ochanomizu, une école très populaire destinée à former les mangakas, autrement dit les dessinateurs de mangas. On y apprend à manier la plume et le pinceau, à écrire une histoire, à composer des planches de dessins… le tout, à la japonaise.

À l'école des mangakas

Pour devenir dessinateur de mangas, mieux vaut passer par une école japonaise spécialisée. Dans celle de Nihon Mangajuku, les apprentis dessinateurs sont entourés de professionnels et suivis par des éditeurs, toujours à l'affût de jeunes talents.

Un mangaka est à la fois auteur et dessinateur. Il invente une histoire, à mi-chemin entre réalité et fantaisie, des personnages au caractère bien trempé, puis il réalise ses dessins, qui prendront place dans une mise en page dynamique. Les personnages ont des visages très expressifs et souvent de grands yeux « à l'occidentale ». Ils ont une place centrale par rapport au décor.

Lorsqu'une série a du succès, plusieurs personnes peuvent travailler sur le même manga : le mangaka s'entoure d'assistants qui prennent en charge les tâches répétitives (arrière-plans, encrage, tramage, etc.). Il peut ainsi produire jusqu'à cent pages par mois.

Un média de masse

Quel que soit leur âge ou leur classe sociale, tous les Japonais lisent des mangas. Plus de deux milliards de ces ouvrages bon marché sont vendus chaque année, ce qui représente plus d'un tiers du marché du livre.

Les mangas sont tout d'abord publiés sous forme de feuilletons dans des magazines spécialisés. Les lecteurs donnent leur avis sur chaque série grâce à des coupons détachables. Si l'histoire plaît, elle se prolonge et sera publiée en album. Si elle est moins populaire, les auteurs sont obligés de trouver une fin à l'histoire.

La population nippone se livre à ce passe-temps dans les « comics cafés » ou dans le métro, certains chapitres étant même calibrés pour pouvoir être lus entre deux stations ! Il faut dire que les Japonais n'ont besoin que de vingt minutes pour lire trois cent vingt pages de manga.

Photo : *© Tom Parker / Report Digital / REA*

Le dieu du manga

Surnommé « le dieu du manga », Osamu Tezuka est l'un des pères fondateurs de la bande dessinée et du cinéma d'animation japonais. Passionné de Walt Disney dès le plus jeune âge, il révolutionne les mangas en y introduisant du mouvement et un découpage très cinématographique. Il donne naissance à *Tetsuwan Atomu*, connu chez nous sous le nom d'*Astro, le petit robot*.

Chacun son manga

Chaque manga vise un public précis. Les *shônen* sont destinés aux adolescents : ils privilégient l'action, les combats, le sport, les histoires de lycéens… Les *shôjo*, pour les adolescentes, sont plutôt centrés sur des histoires d'amour. Il y a aussi les *kodomo* pour les enfants, les *seinen* pour les hommes, les *redisu* pour les femmes…

Connais-tu les SD ?

Si tu es un adepte de mangas, tu es sans doute déjà tombé nez à nez avec un SD. Les SD, littéralement « super deformed », sont des personnages disproportionnés, le plus souvent avec une grosse tête et un tout petit corps. Ils prennent cette apparence lorsqu'ils sont en colère, gênés ou dans une situation extrême. Les SD sont utilisés pour produire un effet comique.

Dys (vol.3) par Moonkey © 2007 Pika Édition / Tous droits réservés

MINI-QUIZ

Que signifie « manga » ? Dans quel sens se lisent les mangas ?

- ☐ dessin noir et blanc
- ☐ dessin spontané
- ☐ dessin d'enfant
- ☐ de gauche à droite
- ☐ de droite à gauche

Le mot « manga », inventé en 1814 par Katsushika Hokusai, signifie « dessin libre, spontané ». Les mangas se lisent dans le sens de lecture japonais, de droite à gauche.

Des pages très bruyantes

Sais-tu que les sourires font un bruit particulier ? En France, peut-être pas, mais au Japon, ils font « niko niko ». Les pages de manga sont remplies d'onomatopées : un scintillement fait « pika pika », la pluie qui tombe « zâaa zâaaa », un personnage irrité « ira ira », le silence « shiiin »…

IN ENGLISH

How to become a mangaka?

In Tokyo there are specialized schools where you can learn how to become a manga draftsman. Young cartoonists are called mangaka. They learn how to draw, to tell a story… in a Japanese way. In Japan, half the people read one manga a week.

- ***draftsman/cartoonist:*** dessinateur
- ***in… way:*** à la manière de

Lecture
Étudier le point de vue dans un récit

1 Pour chaque texte, dis quel est le point de vue adopté et justifie ta réponse.

1. Elle avait l'air étonné et ouvrait de grands yeux limpides. Les cheveux en bataille, elle s'était retournée brutalement pour regarder le nouvel arrivant et le dévisager.

....

2. Je me retournai brutalement, étonnée par l'arrivée de cet homme en noir. Bientôt j'eus peur de cet étranger qui entrait chez moi comme chez lui.

....

3. Elle se retourna brutalement, sûre de se retrouver face à cet homme qu'elle avait croisé plus tôt. Il l'avait un peu effrayée : elle ne savait pas encore qu'il lui apporterait le bonheur.

....

Rappel de cours

■ Lorsqu'il raconte une histoire, décrit une scène, rapporte les actions d'un personnage, le narrateur adopte un point de vue particulier (aussi appelé « focalisation »). Dire quel est le point de vue narratif, c'est dire « qui voit » les événements racontés. On distingue trois points de vue.

■ **Le point de vue omniscient (ou focalisation zéro)**
Le narrateur sait tout des personnages (leur passé, leur présent, leur futur, leurs idées, leurs sentiments…). Le récit est alors mené à la 3e personne.

■ **Le point de vue interne (ou focalisation interne)**
Le narrateur raconte l'histoire à travers le regard d'un personnage : il ne rapporte alors que ce que ce personnage sait, voit, pense, ressent. Le récit peut dans ce cas être mené à la 1re ou à la 3e personne.

■ **Le point de vue externe (ou focalisation externe)**
Le narrateur est un simple témoin, un simple spectateur. Il se contente de rapporter les faits et n'a pas accès aux pensées et aux sentiments des personnages. Le récit se fait alors à la 3e personne.

2 Lis le texte, puis réponds aux questions.

« Ferdinand ne s'était pas remis au travail. […] Souvent, il disparaissait le matin pour ne reparaître que le soir ; à deux ou trois reprises, il rentra fort tard. C'étaient de continuels prétextes à sorties et à absences : une visite à un atelier, une présentation à un maître contemporain, des documents à rassembler pour l'œuvre future, surtout des dîners d'amis. […]

Adèle ne s'était pas encore permis un seul reproche. Elle souffrait beaucoup de cette dissipation croissante, qui lui prenait son mari et la laissait seule pendant de longues heures. Mais elle plaidait elle-même contre sa jalousie et ses craintes : il fallait bien que Ferdinand fît ses affaires ; un artiste n'était pas un bourgeois qui pouvait garder le coin de son feu ; il avait besoin de connaître le monde, il se devait à son succès. »

Émile Zola, « Madame Sourdis », 1880.

1. Quel est le point de vue adopté par le narrateur dans le premier paragraphe ? dans le second ?

....

2. Quel est l'effet produit par ce changement de point de vue ?

....

3 Place dans la grille ces mots liés à l'univers manga.

■ ***manga***
■ ***gekiga :*** manga littéraire
■ ***shonen :*** manga pour garçons
■ ***Tokyo :*** capitale du Japon
■ ***shojo :*** manga pour filles
■ ***Goldorak :*** personnage de manga
■ ***Akira :*** personnage de manga

Orthographe

Accorder un participe passé

1 **Complète ce tableau avec les participes passés des verbes.**

	masc. sing.	fém. sing.
vendre	....	....
prendre	....	....
cueillir	....	....
peindre	....	....
connaître	....	....

Coup de pouce

Mettre un participe passé au féminin te permet d'entendre la présence éventuelle d'une lettre finale muette. Ex. : le p.p. féminin de *permettre* est *permise*, *permis* prend donc un *s* au singulier. Retiens bien cette astuce pour faire l'exercice 2.

2 **Mets les verbes au participe passé. Attention aux accords et aux lettres muettes !**

1. Le manga que j'ai *(prendre)* .... à la bibliothèque se lit dans le sens de lecture japonais. – **2.** Mon père a *(finir)* .... de le lire en moins d'une demi-heure. – **3.** L'artiste a *(peindre)* .... chaque planche à l'encre de Chine. – **4.** Cette illustratrice a un univers bien à elle ; je regrette de ne pas l'avoir *(connaître)* .... plus tôt. – **5.** Ce manga raconte l'histoire d'un enfant qui a été *(maudire)* .... dès la naissance.

3 **Complète ce tableau.**

présent	passé composé	plus-que-parfait
Je	Ils sont partis à Tokyo.	Elles ....
Les mangas qu'il	Les mangas que nous avons lus dans l'avion sont coréens.	Les mangas qu'elles ....

4

« La culture manga descend dans les rues des grands centres urbains et influence l'art contemporain et la mode. Les grandes chaînes de librairies de mangas neufs ou d'occasion connaissent un grand succès. Les mangas Kissa, ouverts 24 heures sur 24, se développent. Les mangas que ces librairies vendent contribuent à diffuser une très bonne image du Japon à l'étranger. »

D'après Sylvie Brieu, « Planète Manga », *National Geographic* n° M04020, septembre 2007.

Réécris le texte en mettant les verbes au passé composé.

La culture manga .... dans les rues des grands centres urbains et .... l'art contemporain et la mode. Les grandes chaînes de librairies de mangas neufs ou d'occasion .... un grand succès. Les mangas Kissa, ouverts 24 heures sur 24, ... Les mangas que ces librairies .... à diffuser une très bonne image du Japon à l'étranger.

Rappel de cours

■ Un participe passé (p.p.) employé avec ***être*** s'accorde avec **le sujet**. Ex. : Les étudiantes sont sorties.

■ Un participe passé employé avec ***avoir*** s'accorde avec le **COD** seulement si celui-ci est **écrit avant** le verbe. Quand il n'y a pas de COD, ou s'il est écrit après le verbe, il n'y a pas d'accord.
Ex. : Les chaises que j'ai achetées sont confortables. → Le p.p. s'accorde avec le COD *que*, écrit avant le verbe (mis pour *chaises*, féminin singulier). J'ai acheté des chaises confortables. → Le COD *des chaises confortables* est écrit après le verbe, donc le p.p. ne s'accorde pas.

Activités numériques

Rechercher des diviseurs communs

1 Simplifie les fractions en complétant avec les nombres qui manquent.

1. $\frac{15}{35} = \frac{3}{....}$ 2. $\frac{44}{36} = \frac{...}{9}$ 3. $\frac{42}{24} = \frac{7}{....}$ 4. $\frac{30}{60} = \frac{1}{....}$

2 Vrai ou faux ? Coche la bonne réponse.

	vrai	faux
1. Le plus grand diviseur commun de 75 et 45 est 15.	☐	☐
2. 12 et 16 possèdent trois diviseurs communs.	☐	☐
3. La fraction $\frac{21}{14}$ est une fraction irréductible.	☐	☐
4. 12 et 25 sont premiers entre eux.	☐	☐

Rappel de cours

■ Deux méthodes sont possibles pour trouver le plus grand diviseur commun (PGCD) de deux entiers.

• Algorithme d'Euclide

On divise le plus grand nombre par le plus petit.
On divise ensuite le diviseur par le reste obtenu et on recommence. Le PGCD est le dernier reste non nul des divisions successives.

Ex. : Cherchons le PGCD de 221 et 255.

255 | 221 → quotient 1, reste 34
221 | 34 → quotient 6, reste 17
34 | 17 → quotient 2, reste 0

Le dernier reste non nul est 17, donc le PGCD de 221 et 255 est 17.

• Par soustraction

On soustrait les deux nombres. On soustrait ensuite les deux plus petits et on recommence jusqu'à obtention de deux nombres égaux.
Le PGCD est le résultat de la dernière soustraction.

Ex. : Cherchons le PGCD de 90 et 216.

$216 - 90 = 126$
$126 - 90 = 36$
$90 - 36 = 54$
$54 - 36 = 18$
$36 - 18 = 18$

Le PGCD de 90 et 216 est 18.

■ Deux entiers sont **premiers entre eux** si leur PGCD est égal à 1.

Ex : 14 et 15 sont premiers entre eux. Par contre, 12 et 20 ne sont pas premiers car leur PGCD est 4.

3 Trouve le PGCD de 36 et 45.

a) Donne la liste des diviseurs de 36. ....

b) Donne la liste des diviseurs de 45. ....

c) Quel est le PGCD de 36 et 45 ? ....

4 Fille ou garçon

Un vendeur dispose de 126 mangas pour fille et 210 mangas pour garçon. Il veut, en utilisant tous les livres, réaliser des boîtes contenant toutes le même nombre de mangas pour fille et pour garçon.

a) 126 est-il divisible par 15 ?

....

Le vendeur peut-il réaliser 15 cartons ?

....

b) Explique pourquoi le vendeur peut réaliser 14 cartons.

....

c) Calcule le PGCD de 126 et de 210.

....

Quel est le nombre maximal de cartons que le vendeur peut réaliser ? ....

Coup de pouce

Utilise l'algorithme d'Euclide pour trouver le PGCD des deux entiers.

d) Explique pourquoi chaque carton contient 3 mangas pour filles et 5 mangas pour garçons.

....

....

Effectuer des changements d'unité

1 Achat sur Internet

Le volume 1 du manga *Al Hunter* est vendu 1 081,08 yens sur un site Internet japonais.

a) On sait que 163,8 yens = 1 €. Calcule son prix en euros.

....

b) Convertis 20 € en yens. ....

c) Calcule le nombre de mangas que l'on peut acheter avec 20 €. ....

Combien reste-t-il d'euros ? ....

2 Vitesse de lecture

Un collégien bon lecteur lit environ 150 mots par minute.

a) Calcule le nombre de mots lus en 1 heure.

....

b) Un manga de 100 pages contient 54 mots par page. Calcule le nombre de minutes nécessaire pour lire cette bande dessinée.

....

3 Complète les pointillés par le nombre qui convient.

1. 100 dm = ... dam

10 km = ... m

10 g = ... mg

1 L = ... dL

1 m^2 = ... cm^2

100 mm^2 = ... cm^2

10 000 cm^3 = ... dm^3

1 000 m^3 = ... dam^3

10 dm^3 = ... L

360 min = ... h

2 h = ... min

0,75 h = ... min

4 Téléchargement

Sur certains sites, on peut télécharger légalement des mangas.

a) La vitesse moyenne de téléchargement est de 850 ko/s.

Calcule le nombre de ko téléchargeables en une minute.

....

b) La taille du fichier du manga que Jules veut télécharger est de 56 950 ko. Calcule la durée du téléchargement en secondes.

....

Rappel de cours

Unités de longueur, capacité et masse

Pour passer d'une unité de longueur à une unité immédiatement voisine, on divise ou on multiplie par 10.

	unité de longueur	unité de capacité	unité de masse
kilo	km	kL	kg
hecto	hm	hL	hg
déca	dam	daL	dag
unité	m	L	g
déci	dm	dL	dg
centi	cm	cL	cg
milli	mm	mL	mg

Unités d'aire

Pour passer d'une unité d'aire à une unité immédiatement voisine, on divise ou on multiplie par 100.

Ex. :

1 hm^2 = 100 dam^2 = 0,01 km^2

Unités de volume

• Pour passer d'une unité de volume à une unité immédiatement voisine, on divise ou on multiplie par 1 000.

Ex. : 1 dam^3 = 1 000 m^3 = 0,001 hm^3.

• Propriété : **1 L = 1 dm^3**

Unités de temps

1 h = 60 min = 3 600 s.

Ex. : Convertissons 6 m/s en km/h.

6 m = 0,006 km. On parcourt donc 0,006 km en 1 s, soit 0,006 × 3 600 km en 1 h.

On en déduit que 6 m/s = 21,6 km/h.

Back home

Exprimer la surprise

(The McNultys are about to leave.)

MRS MCNULTY. – Well, this week was far more pleasant than the previous one.

JULIE. – Was it?

BRIAN. – We didn't have anything interesting to do.

MRS MCNULTY. – Didn't you? And all the wonderful places we visited: the cliffs of Moher, Galway, the Aran Islands… I look forward to seeing the photographs and the video.

MR MCNULTY. – So do I. I've never had such a good holiday before. What are you doing, sweetheart?

MRS MCNULTY. – I'm packing. Can you help me dear? I must carry these bags to the car and they're so heavy.

JULIE. – Mum, Dad, Brian and I were thinking about our next holiday. Could we come back here?

MR MCNULTY. – What do you want to come back here for? I thought you didn't like the place.

JULIE. – We do like the place, especially with ghosts roaming about.

MRS MCNULTY. – Ha! Ha! Ha! You're incorrigible!

- ***previous:*** précédent
- ***cliffs:*** falaises
- ***to pack:*** faire les valises
- ***to carry:*** porter
- ***what… for:*** pour quoi (dans quel but)?

1 What did the McNultys do in the last few days?

1. 

2. 

3. 

Rappel de cours

Le tag de surprise
Il revient à dire *Ah bon ?*, *C'est vrai ?* et se forme ainsi : reprise de l'**auxiliaire** + **pronom personnel** sujet.
Ex. : "This week **wasn't** pleasant." "**Wasn't it** ?" "They **loved** their stay." "**Did they** ?"

Auxiliaires + … ?
- Après **la plupart des auxiliaires**, le verbe qui suit est une base verbale (BV).
Ex. : **Can** you **help** me ? What **do** you **want** ? **Could** we **come** back ? We **didn't have**… I **must carry**…
- Avec *be*, le verbe est en V-ING (ex. : What **are** you **doing** ? We **were thinking** …) ou au **participe passé** dans le cas d'une phrase à la forme passive (ex. : The hotel **was built** in…).
- Avec *have*, le verbe est au **participe passé** (ex. : I **had** never **had**…).

2 Relie chaque phrase au tag qui lui correspond. Attention, il y a un intrus !

Brian can speak Spanish.	Was he?
The receptionist was fond of fantasy books.	Will they?
Mr McNulty loves waterskiing.	Isn't she?
Julie isn't afraid of spiders.	Did she?
Mrs McNulty lived in Ireland when she was a student.	Does he?
The landlord owns another hotel in Scotland.	Can he?

3 Mets le verbe entre parenthèses à la forme qui convient.

1. The landlord will *(be)* .... pleased to see the McNultys again next year. – **2.** Julie and Brian have already *(write)* .... an article about what happened at the hotel. – **3.** The receptionist did not *(think)* .... a couple of kids could *(unmask)* .... him. – **4.** Mrs McNulty was *(pack)* .... when her husband asked her what she was *(do)* .... – **5.** Julie and Brian had never *(leave)* .... their country before.

L'Union Européenne dans le monde

Une puissance limitée

Au fil des élargissements intervenus depuis 1957, l'UE s'est affirmée comme une grande puissance économique et commerciale. Mais son influence diplomatique et militaire reste limitée car elle ne repose que sur certains de ces membres comme le Royaume-Uni, la France ou l'Allemagne.

Comment s'exerce la puissance de l'UE dans le monde et quelles en sont les limites ?

1 L'Union européenne est un des trois pôles majeurs de l'espace mondial.
Retrouve sur la carte un exemple pour illustrer les affirmations proposées.

- L'Union européenne est une puissance commerciale : ....
....
- L'UE est une puissance financière : ....
....
- L'UE attire dans le monde : ....
....

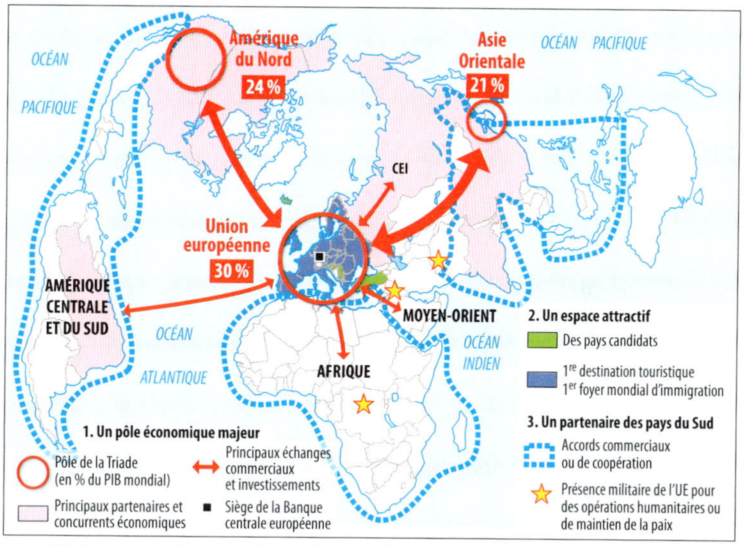

L'Union européenne, pôle majeur de l'organisation de l'espace mondial

- L'UE est présente dans le monde : ....

2 En 1957, l'Europe est passée de 6 États en 1957 à 27 aujourd'hui. Ce grand nombre d'États membres amplifie et limite à la fois la puissance de l'UE dans le monde.

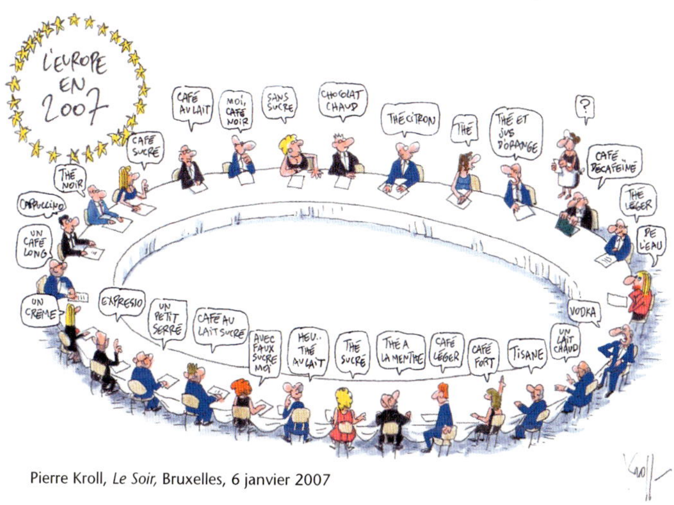

Pierre Kroll, *Le Soir*, Bruxelles, 6 janvier 2007

Coche la légende qui convient le mieux.

- ☐ *Pas facile de prendre une décision à 27.*
- ☐ *L'Europe, grand producteur mondial de café et de thé.*
- ☐ *L'Europe des 27 : une grande variété culturelle.*

Conclusion : Aujourd'hui, l'UE représente une puissance économique majeure :
– 500 millions d'habitants à haut pouvoir d'achat ;
– 30 % du PIB mondial ;
– 50 % des échanges mondiaux ;
– 9 des 20 plus grandes firmes transnationales mondiales ;
– 50 % des touristes internationaux.
Mais à cette puissance est limitée par :
– des difficultés à gouverner à plusieurs ;
– les crises financières actuelles (crise de l'euro et endettement des États) ;
– la concurrence des États-Unis et des pays émergents.

Quiz Séquences 10 à 12

Corrigé p. 127

Teste tes connaissances ! Fais les quiz, compare tes réponses avec celles du corrigé et attribue-toi un score.

FRANÇAIS

1 Utiliser le conditionnel, émettre des hypothèses

Entoure la forme verbale correcte.

1. Si je partais étudier à Londres, j' (*apprendrai/apprendrais*) l'anglais.

2. S'il (*parlait/parlerait*) mieux anglais, il (*serai/serait*) parti étudier à Londres.

Score : .... / 3

2 Utiliser le subjonctif

Mets le verbe au subjonctif présent.

1. Crois-tu qu'elle *(vouloir)* .... venir ?

2. Pourvu qu'elle *(avoir)* .... le temps de venir !

3. Crains-tu qu'elle *(pouvoir)* .... venir ?

Score : .... / 3

3 Écrire un poème en vers

Vrai ou faux ? Coche la bonne réponse.

	vrai	faux
1. « Scène » rime avec « malsaine ».	☐	☐
2. « Mot » et « sot » constituent une rime pauvre.	☐	☐
3. Un octosyllabe a dix syllabes.	☐	☐
4. Un quatrain a quatre syllabes.	☐	☐

Score : .... / 2

4 Jouer avec les figures de style

Comparaison (C) ou métaphore (M) ? Coche la bonne réponse.

	C	M
1. Le bateau avance, tel un fantôme dans le brouillard.	☐	☐
2. La vie est un voyage passionnant.	☐	☐
3. Sa maison est son port d'attache.	☐	☐
4. Cet enfant a l'air d'un martyr.	☐	☐

Score : .... / 2

5 Étudier le point de vue dans un récit

Le point de vue adopté est-il interne (I), externe (E) ou omniscient (O) ?

	I	E	O
1. Elle arrivait épuisée, et ignorait encore qu'elle devrait repartir dans quelques minutes.	☐	☐	☐
2. Elle pensait être arrivée mais réalisa vite son erreur.	☐	☐	☐
3. Elle arrivait devant une immense demeure haute de trois étages.	☐	☐	☐

Score : .... / 3

6 Accorder un participe passé

Mets les verbes au participe passé et accorde-les comme il convient.

En 1912, Robert Scott a *(atteindre)* .... le pôle Sud. Il y est *(parvenir)* .... un mois après Roald Amundsen. En effet, les chiens de traîneau que celui-ci avait *(choisir)* .... ont été plus résistants que les poneys *(emmener)* .... par Scott. Les deux hommes s'étaient peu *(connaître)* .... mais l'enjeu de la course les a *(réunir)* ....

Score : .... / 3

MATHS

1 Résoudre une inéquation

Coche la ou les bonne(s) réponse(s).

1. 2 est solution de l'inéquation…

☐ $x < 4$ ☐ $-2x > -6$ ☐ $x + 3 < 7$

2. On considère l'inéquation $2x + 1 > x - 3$. Alors…

☐ $2x > x - 4$ ☐ $x < -4$ ☐ $x > -4$

3. Si $-5x > -10$, alors…

☐ $x < 2$ ☐ $5x < 10$ ☐ $5x > 10$

Score : .... / 3

2 Calculer des aires ou des volumes

Relie chaque expression de gauche à celle qui lui correspond dans la colonne de droite.

volume d'un cône de hauteur 4 cm et de rayon de base 2 cm ●	● $\frac{4}{3}\pi$
aire d'une sphère de rayon 2 cm ●	● 240
volume d'une pyramide de hauteur 5 cm et de base carrée de côté 12 cm ●	● $\frac{16}{3}\pi$
volume d'une sphère de rayon 1 cm ●	● 16π

Score : .... / 2

3 Résoudre un système de deux équations

Coche la ou les bonne(s) réponse(s).

1. L'équation $2x + 3y = 5$ admet pour solution le couple…

☐ (1 ; 1) ☐ $(-1\ ;\ \frac{7}{3})$ ☐ (– 2 ; 3)

2. Le couple solution du système $\begin{cases} x+y=2 \\ x-y=4 \end{cases}$ est…

☐ (3 ; – 1) ☐ (3 ; 1) ☐ (– 1 ; 3)

3. Si $x = 3$ et $5x - y = 2$, alors $y = …$

☐ – 13 ☐ 13 ☐ 17

Score : .... / 3

4 Agrandir et réduire

Coche les cônes qui sont des agrandissements du cône C.

Cône C

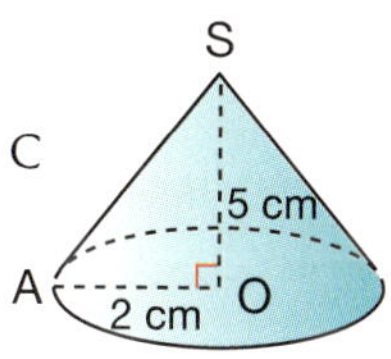

☐ cône 1

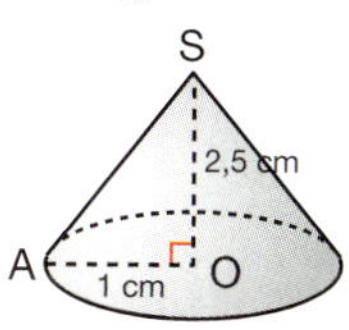

☐ cône 2

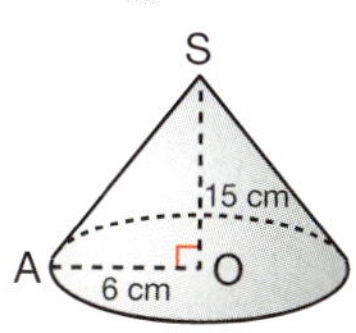

☐ cône 3

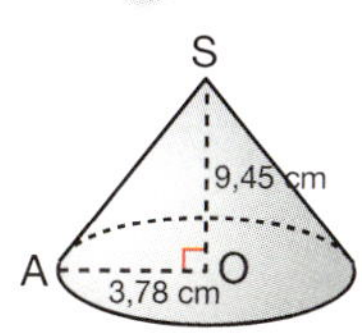

Score : .... / 3

5 Rechercher des diviseurs communs

Coche la bonne réponse.

1. On peut simplifier la fraction $\frac{64}{56}$ par…

☐ 8 ☐ 7 ☐ 6

2. Le PGCD de 56 et 98 est…

☐ 7 ☐ 14 ☐ 2

Score : .... / 2

6 Effectuer des changements d'unité

Coche la ou les bonne(s) réponse(s).

1. 10 m² est égal à…

☐ 1 dam² ☐ 1 000 dm² ☐ 0,0001 hm²

2. 100 m³ est égal à…

☐ 100 000 dm³ ☐ 1 hm³ ☐ 0,1 dam³

3. 1 h 15 min est égal à…

☐ 75 min ☐ 4 500 s ☐ 1,15 h

Score : .... / 3

ANGLAIS

1 Dire le contraire

a) Coche la bonne réponse.

1. Julie loves roller-skating.

Brian ☐ *doesn't* ☐ *isn't*.

2. The Republic of Ireland is not part of the United Kingdom. Northern Ireland ☐ *is* ☐ *does*.

b) Mets les phrases suivantes à la forme passive.

1. A lot of tourists visit the West of Ireland every year.

→ ……………………………………………………………

2. Guests must respect the hotel regulations.

→ ……………………………………………………………

Score : .... / 3

2 Dire la même chose

a) Coche la bonne réponse.

1. Dublin is a capital city.

☐ Neither is Belfast. ☐ So is Belfast.

2. Julie cannot speak Russian.

☐ Neither does Brian. ☐ Neither can Brian.

b) Mets les verbes entre parenthèses au temps qui convient.

When they arrived at the hotel, the McNultys *(not know)* ………………… that all the guests *(leave)* ………………… because of a ghost.

Score : .... / 3

3 Exprimer la surprise

Ajoute un tag de surprise aux phrases suivantes.

1. The hotel is not going to close down. ……….. ?

2. The car has just been fixed. …………………… ?

Score : .... / 2

Score total : .... / 40

SÉQUENCE 1

FRANÇAIS Utiliser des connecteurs, p. 6

1 Quatre connecteurs logiques, situés en début de phrase, structurent le texte : « cependant », « dès lors », « ainsi », « car ».

2 **1.** Aujourd'hui, le seul OGM autorisé directement pour l'alimentation humaine est le maïs doux BT11. Aucun fruit ou légume frais OGM n'est commercialisé en France. **2.** En revanche, les animaux d'élevage sont de plus en plus nourris avec des OGM et les produits dérivés de ces animaux, comme la viande, le lait ou les œufs, pourraient encore contenir des composants OGM. **3.** De même, on trouve dans l'alimentation humaine des farines, de l'huile ou du sirop dont certains ingrédients sont issus de plantes transgéniques. **4.** Toutefois, la plupart de ces produits, qui servent notamment pour la confection de confiseries ou de boissons, ne contiennent plus de composants OGM (ils sont exempts d'ADN et de protéines transgéniques).

3 « Tout à coup, quelque chose a jailli du fouillis végétal et a rampé dans ma direction. J'ai bondi en arrière, puis, reprenant mes esprits, j'ai tiré de la poche de ma veste le mini-tube désintégrant conçu par les ingénieurs téthysiens. La forme s'est arrêtée à côté des malles. Ensuite, le tube braqué sur elle, je l'ai observée. « Une nouvelle espèce de prédateur », ai-je pensé aussitôt.
– Bienvenue sur Terre. Bienvenue chez toi. On m'a chargé de t'accueillir.
Je me suis machinalement rapproché d'elle et, alors, elle m'a paru encore plus hideuse. »

FRANÇAIS Lire un texte explicatif, p. 7

1 La manipulation des gènes est relativement récente dans l'histoire scientifique de l'agriculture, si bien que le consommateur redoute que les chercheurs jouent aux apprentis sorciers. En effet, les hommes n'ont pas assez de recul pour connaître les effets des OGM sur le corps humain. C'est pourquoi les écologistes se mobilisent pour empêcher la culture de plantes génétiquement modifiées. Néanmoins, les scientifiques poursuivent leurs travaux. Ils ne comprennent pas cette mobilisation.

2 **1.** faux – **2.** faux – **3.** vrai – **4.** faux

3 **a) 2.** Un écosystème est un ensemble formé d'un environnement et des êtres vivants qui l'occupent.
b) 2. La biodiversité est l'existence de différentes formes de vie.
c) 3. Les OGM sont le résultat de gènes injectés qui transforment la nature.

MATHS Effectuer des opérations sur les nombres relatifs, p. 8

1 **1.** $-2-(-5)=3$
2. $5\times(-3)=-15$
3. $\dfrac{-4}{-16}=0{,}25$
4. $+3-(+12)=-9$
5. $-4\times(-5)=20$
6. $5\times3-2=13$
7. $-11-4=-15$
8. $\dfrac{12}{-3}=-4$

2 **a)** Faux. ab est positif, $a+b$ est négatif et le quotient de deux nombres de signes contraires est négatif.
b) Vrai. 1 000 est un nombre pair et le produit de deux nombres négatifs est positif.
c) Vrai. $(-3)^4=81$
d) Faux. $[(-3)+(-9)]\div[-2-(-4)]=(-12)\div2=(-6)$

3 **1.** $\dfrac{11}{8}-\dfrac{2}{8}=\dfrac{9}{8}$
2. $\dfrac{1}{5}+\dfrac{1}{10}=\dfrac{3}{10}$
3. $-2\times\dfrac{1}{10}=-\dfrac{1}{5}$
4. $\dfrac{1}{2}\times\dfrac{6}{3}=1$
5. $1+\dfrac{1}{2}=\dfrac{3}{2}$
6. $-\dfrac{1}{3}\div\dfrac{1}{3}=-1$

4 **a)** La part du maïs transgénique est $\dfrac{80}{3\,000\,000}=\dfrac{1}{37\,500}$.
b) Le nombre de quintaux produit est $85\times80=6\,800$.

MATHS Utiliser le théorème de Pythagore, p. 9

1 Le triangle ABC est rectangle en B. On utilise le théorème de Pythagore.
$AC^2 = AB^2 + BC^2$
$2{,}9^2 = 2^2 + BC^2$
$8{,}41 - 4 = BC^2$
$4{,}41 = BC^2$
En utilisant la touche $\sqrt{\ }$ de la calculatrice, on obtient BC = 2,1.
L'épi de maïs mesure 2,1 mètres.

2 **a)** HC = 25 – 15 = 10
b) $BC^2 = 20^2 + 10^2 = 500$
$BC=\sqrt{500}$
$BC\approx22{,}36$ m
c) BA + AD + DC + BC = 15 + 20 + 25 + 22,36
= 82,36 m

3 **a)** La longueur du plus grand côté est 12,5 cm.
Le carré de ce nombre est $12{,}5^2 = 156{,}25$.
b) La somme des carrés des longueurs des deux autres côtés est $7{,}5^2 + 10^2 = 56{,}25 + 100 = 156{,}25$.
c) Les résultats des deux questions précédentes sont égaux.
Le carré du plus grand côté du triangle est égal à la somme des carrés des longueurs des deux autres côtés, donc le triangle est rectangle.

ANGLAIS Conseiller, p. 10

1 **1.** Mr McNulty stops because the car has broken down.
2. The McNultys intend to spend their holiday in Ireland.

2 **1.** You'd better warn the hotel of our delay.

Corrigés

2. I advise you to have a look.
3. If I were you I wouldn't go there on my own.

3 **1.** Ø Ireland seems to be a wonderful country. – **2.** Look at the sky! It's going to rain in the evening. – **3.** Ø Parents like spending their holiday with their children. But do Ø children agree with that? – **4.** The Irish like the French or the English like going to the seaside in the summer.

SVT La transmission de l'information génétique, p. 11

1 ▪ chromosome : élément cellulaire support de l'information génétique.
▪ gène : partie de chromosome portant l'information relative à un caractère héréditaire.
▪ ADN : molécule portant l'information génétique sous forme codée.
▪ noyau cellulaire : partie de cellule renfermant la substance à l'origine des chromosomes.
▪ cellule-œuf : cellule résultant de la fécondation.

2

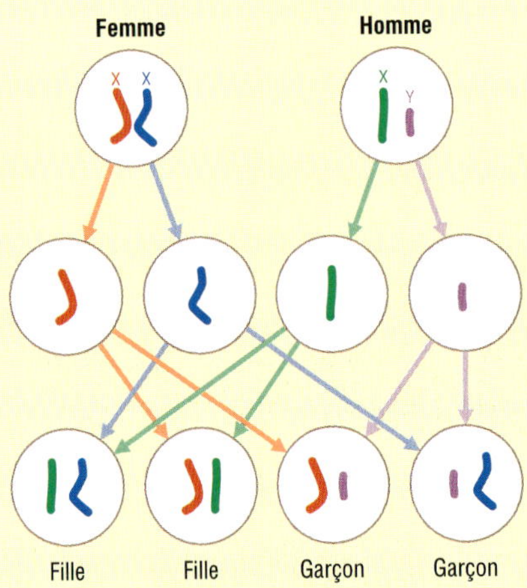

3 Aucune n'est privilégiée : c'est le hasard qui fait s'unir un gamète mâle et un gamète femelle à la fécondation.

4 Toutes les propositions sont correctes, à l'exception de la deuxième : OGM ne signifie pas « organisme généralement malade » mais « organisme génétiquement modifié ».

SÉQUENCE 2

FRANÇAIS Lire un texte narratif, p. 14

1

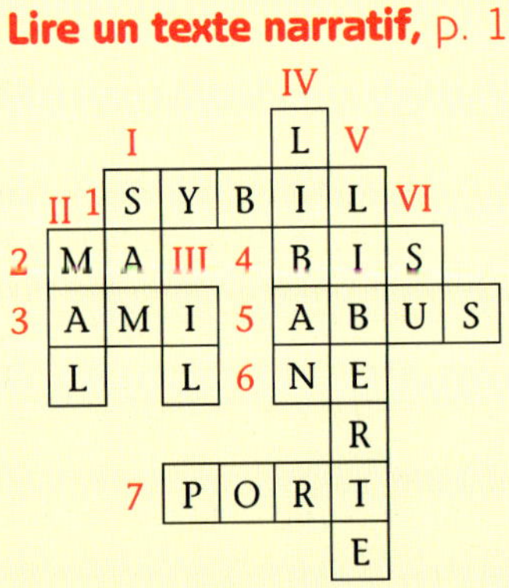

2 « Puis la consternation de ces dernières journées. »

3 L'histoire se passe au Liban, en 1975. Sybil, le personnage principal, découvre le pays de ses ancêtres, dont elle n'avait entendu parler jusque-là que par son père, nommé Sam. Ce voyage est aussi pour Sybil l'occasion de faire connaissance avec Kalya, sa grand-mère.
Le récit est mené à la 3e personne (le narrateur est extérieur à l'histoire), mais c'est à partir du point de vue de Sybil que l'histoire nous est rapportée. On peut donc parler d'un point de vue interne.

FRANÇAIS Analyser des phrases simples et complexes, p. 15

1 **1.** Les habitants payaient toujours ; ils étaient riches d'ailleurs. **2.** Mais plus un négociant normand devient opulent et plus il souffre de tout sacrifice, de toute parcelle de sa fortune qu'il voit passer aux mains d'un autre. **3.** Cependant, à deux ou trois lieues sous la ville, en suivant le cours de la rivière, vers Croisset, Dieppedalle ou Biessart, les mariniers et les pêcheurs ramenaient souvent du fond de l'eau quelque cadavre d'Allemand gonflé dans son uniforme, tué d'un coup de couteau ou de savate, la tête écrasée par une pierre, ou jeté à l'eau d'une poussée du haut d'un pont.

2 Cette phrase contient une proposition indépendante, une principale et deux subordonnées.

3 « [Quelques-uns avaient de gros intérêts engagés au Havre] [que l'armée française occupait], et [ils voulurent tenter de gagner ce port en allant par terre à Dieppe] [où ils s'embarqueraient].
[On employa l'influence des officiers allemands] [dont on avait fait la connaissance], et [une autorisation de départ fut obtenue du général chef]. »

4 **a)** Ce texte compte deux phrases, toutes deux complexes. – **b)** Ce texte compte sept propositions, dont trois propositions subordonnées. – **c)** Les mots qui introduisent ces subordonnées sont des pronoms relatifs. – **d)** Il s'agit donc de propositions subordonnées relatives.

MATHS Effectuer des opérations sur des radicaux, p. 16

1 **1.** $\sqrt{27} = \sqrt{9 \times 3} = \sqrt{9} \times \sqrt{3} = 3\sqrt{3}$
2. $\sqrt{72} = \sqrt{36 \times 2} = \sqrt{36} \times \sqrt{2} = 6\sqrt{2}$
3. $\sqrt{200} = \sqrt{100 \times 2} = \sqrt{100} \times \sqrt{2} = 10\sqrt{2}$

2

x	1	81	7	5^2	4
$\sqrt{x}$	1	9	$\sqrt{7}$	5	2

3 **a)** $\varphi = 1{,}618$
b) $DE = \frac{DC}{\varphi} = \frac{30{,}88}{1{,}618} = 19{,}09$

4 **1.** Faux. Le carré de $\sqrt{2}$ est 2.
2. Vrai. C'est une propriété de cours.
3. Vrai. $\sqrt{2} \times \sqrt{8} = \sqrt{2 \times 8} = \sqrt{16} = 4$
4. Faux. $\sqrt{54} = \sqrt{9 \times 6} = \sqrt{9} \times \sqrt{6} = 3\sqrt{6}$
5. Vrai. $2\sqrt{7} + 4\sqrt{7} = (2+4)\sqrt{7} = 6\sqrt{7}$

MATHS Utiliser le théorème de Thalès, p. 17

1 ▪ Les droites (AC) et (AD) sont sécantes en A. Les droites (KL) et (DC) sont parallèles
On applique alors le théorème de Thalès.

▪ On écrit l'égalité des rapports $\frac{AL}{AC}=\frac{AK}{AD}=\frac{KL}{DC}$.

$\frac{3}{4}=\frac{AK}{3,6}=\frac{2,4}{DC}$

▪ Puis on calcule $AK \times 4 = 3 \times 3,6$.

$AK = 10,8 \div 4 = 2,7$ cm.

2 **a)** $AC^2 = BC^2 + AB^2$

$AC^2 = 6^2 + 2,5^2$

$AC^2 = 36 + 6,25$

$AC^2 = 42,25$

$AC = \sqrt{42,25} = 6,5$

b) $CD = 6,5 - 1,95 = 4,55$

$CE = 6 - 1,8 = 4,2$

c) $\frac{CD}{CA}=\frac{CE}{CB}=\frac{DE}{AB}$

$\frac{4,55}{6,5}=\frac{4,2}{6}=\frac{DE}{2,5}$

$DE \times 6 = 4,2 \times 2,5$

$DE = 10,5 \div 6 = 1,75$

3 **1.** Vrai. On a appliqué le théorème de Thalès au triangle AEF.
2. Faux. À l'aide d'un produit en croix, on obtient : $6 \times AF = 3 \times 4,5$, soit $AF = 13,5 \div 6 = 2,25$ cm.
À l'aide d'un produit en croix, on obtient $4,5 \times MN = 1,5 \times 6$, soit $MN = 9 \div 4,5 = 2$ cm.

ANGLAIS Ordonner et défendre, p. 18

1

2 **1.** Park your car behind the hotel. – **2.** Don't smoke in the restaurant. – **3.** Don't walk on the grass.

3 JULIE. – What would you do if you saw a ghost?
BRIAN. – Well, I would be so scared that I wouldn't move and I would shout for help. What about you?
JULIE. – I would jump on him and I would try to make him prisoner.

4 **1.** Brian could stay at the hotel with the receptionist while his sister goes back to the car, but he prefers following Julie. – **2.** Because of the car breakdown, the McNultys couldn't go any further, even if they wanted to. – **3.** The receptionist should be rewarded for his courage.

HISTOIRE Le bilan de la Première Guerre mondiale, p. 19

1 **a)**

	mobilisés	tués	blessés	% des victimes chez les mobilisés
1	Allemagne	Allemagne	Allemagne	France
2	Autriche-Hongrie	Autriche-Hongrie	France	Allemagne
3	France	France	Autriche-Hongrie et Royaume-Uni	Autriche-Hongrie

b) À l'Europe. – **c)** Les États-Unis.

2 • Quatre empires ont disparu, et neuf nouveaux États sont créés. → une Europe redessinée, plus morcelée.
• Les grandes villes industrielles et minières du nord-est de la France sont très endommagées. → un désastre économique.
• Après avoir travaillé à la place des hommes, les femmes s'émancipent. → une société bouleversée.
• Les blessés, défigurés, sont surnommés « les gueules cassées ». → un drame humain.

SÉQUENCE 3

FRANÇAIS Rapporter des paroles, p. 22

1

2 Le professeur de SVT explique aux élèves :
« Chaque Français jette 415 kg d'ordures par an.
– Ce n'est pas grave, puisqu'ils sont recyclés ! réplique un élève.
– Regardez ce diagramme : 6 % seulement des déchets sont traités et 29 % sont incinérés. »
Une élève lève la main et demande :
« Qu'est-ce qu'il faut faire, alors ?
– Seul un changement radical du mode de consommation des pays industrialisés peut faire évoluer la situation. »

3 *(La scène se passe dans une salle de classe.)*
LE PROFESSEUR : Chaque Français jette 415 kg d'ordures par an.
UN ÉLÈVE : Ce n'est pas grave, puisqu'ils sont recyclés !
LE PROFESSEUR *(montrant un diagramme)* : Regardez ce diagramme : 6 % seulement des déchets sont traités et 29 % sont incinérés.
UNE ÉLÈVE *(levant la main)* : Qu'est-ce qu'il faut faire, alors ?
LE PROFESSEUR : Seul un changement radical du mode de consommation des pays industrialisés peut faire évoluer la situation.

Corrigés

FRANÇAIS Utiliser les différents niveaux de langage, p 23

1

Destinataires		
un ami	**le rédacteur en chef**	**les lecteurs**
les baraques	les cabanes	les constructions
dégoulinaient	coulaient	ruisselaient
recouvraient		jonchaient
soutenues		étayées
ratatinés		rabougris

2 Au stage d'escalade y avait un nouveau aujourd'hui. Dès le départ moi j'ai vu qu'il captait que dalle à ce que le prof disait. Mais le mec il voulait pas le dire, il a dû croire qu'il allait s'en tirer comme ça. Sauf que pas de chance, le prof l'a envoyé direct faire la descente en rappel. Et là on a complètement flippé : en deux temps trois mouvements le mec s'est retrouvé la tête en bas, suspendu dans les airs !

3 Aujourd'hui, au stage d'escalade, il y avait un nouvel élève. Dès le début, je me suis aperçu qu'il ne comprenait rien à ce que le professeur disait. Mais il ne voulait pas le dire : il a dû penser que cela ne se remarquerait pas. Malheureusement, le professeur lui a demandé de faire une descente en rappel. C'est alors que nous avons eu la peur de notre vie : quelques secondes plus tard, il était suspendu dans les airs, la tête en bas !

MATHS Calculer avec des puissances, p. 24

1 1. $10^3 \times 7{,}532 = 7\,532$
2. $10^5 \times 0{,}16542 = 16\,542$
3. $10^{-3} \times 65 = 0{,}065$
4. $10^{-4} \times 84\,000 = 8{,}4$

2 1. Vrai. Un milliardième est égal à 0,000 000 001.
2. Faux. 1 000 + 0,001 = 1 000,001
3. Vrai. $2^{-2} = \frac{1}{2^2} = \frac{1}{4}$
4. Vrai. $\frac{5^2 \times 5^{-3}}{5^4} = 5^{2-3-4} = 5^{-5} = \frac{1}{5^5}$

3 a) 122 millions s'écrit $1{,}22 \times 10^8$.
b) 60 500 000 = $6{,}05 \times 10^7$
c) $(1{,}22 \times 10^8) \div (6{,}05 \times 10^7) \approx 2{,}02$, soit environ deux sacs par habitant.

4 a) 378 000 tonnes = 378 000 000 kilogrammes.
L'écriture scientifique du nombre obtenu est $3{,}78 \times 10^8$ kg.
741 000 s'écrit : $7{,}41 \times 10^5$.
Le nombre de kilogrammes produits par une personne est $3{,}78 \times 10^8 \div 7{,}41 \times 10^5 = 0{,}51 \times 10^3 = 510$ kg.
b) L'ensemble des Réunionnais a produit en 2002 environ $7{,}41 \times 10^5 \times 332 = 2460{,}12 \times 10^5 = 246\,012\,000$ kg = 246 012 tonnes d'ordures ménagères.

MATHS Démontrer que deux droites sont parallèles, p. 25

1 a) $\frac{35}{40} = \frac{7\times5}{8\times5} = \frac{7}{8}$ et $\frac{21}{24} = \frac{7\times3}{8\times3} = \frac{7}{8}$.

b) Les rapports $\frac{AB}{AE}$ et $\frac{AC}{AF}$ sont égaux.

Les points A, B, E et les points A, C, F sont dans le même ordre.
c) La réciproque du théorème de Thalès permet d'affirmer que les droites (BC) et (EF) sont parallèles.

2 1. Vrai. $\frac{AI}{ID} = \frac{7{,}5}{10} = 0{,}75$ et $\frac{BI}{IC} = \frac{3{,}6}{4{,}8} = 0{,}75$.
D' après la réciproque de Thalès, (AB) et (CD) sont parallèles.
2. Vrai. C'est le théorème des milieux.
3. Faux. Une lecture graphique donne :
$$\frac{AN}{AC} = \frac{6}{8} = \frac{3}{4} \text{ et } \frac{AM}{AB} = \frac{7}{9}.$$
Ces deux rapports ne sont pas égaux, donc les droites (MN) et (BL) ne sont pas parallèles.

3 a) $\frac{36}{78} = \frac{6}{13}$ et $\frac{32}{72} = \frac{4}{9}$.
b) Les rapports précédents ne sont pas égaux.
La planche [AB] n'est pas horizontale. La contraposée du théorème de Thalès permet d'affirmer que la droite (AB) n'est pas parallèle au sol, donc qu'elle n'est pas horizontale.

ANGLAIS Exprimer des degrés de probabilité, p. 26

1 Il faut entourer les mots: *downstairs – full – no one – there – coward – inside – wrong.*

2 It can't be Mr McNulty's car, it is not working at the moment. – It may be an owl, or the wind, or… a ghost! – It must be a rattle of chains. If not, it sounds very much like it.

3 1. Mr McNulty said this/that place was not safe at all.
2. Mrs McNulty asked her husband how long they were going to stay here/there.
3. Julie said that if they stayed a bit longer she would try to solve this mystery.

CHIMIE Les métaux, p. 27

1

nom	aluminium	fer	cuivre	argent	zinc	or
symbole	Al	Fe	Cu	Ag	Zn	Au

2 1. échantillon 1 : cuivre
2. échantillon 2 : fer
3. échantillon 3 : zinc
4. échantillon 4 : aluminium

3 J'observe que la lampe brille dans les cas 1 et 4. J'en déduis que le cuivre et le zinc sont des conducteurs alors que le sucre en morceaux et le sulfate de cuivre solide sont des isolants.
Tous les métaux sont conducteurs, ce qui n'est pas le cas de tous les solides.

Quiz

FRANÇAIS p. 28

1

	Ca	Co	Op
1. Comme la cigale a faim, elle va voir la fourmi.	☑	☐	☐
2. Mais la fourmi n'est pas prêteuse.	☐	☐	☑
3. C'est pourquoi elle refuse de l'aider.	☐	☑	☐
4. Pourtant, la cigale a de très bons arguments.	☐	☐	☑

2 **1.** Sous le Second Empire, Victor Hugo vit en exil à Guernesey. **2.** C'est là qu'il écrit ses œuvres littéraires majeures. **3.** *Les Misérables*, par exemple, paraissent en 1862. **4.** Ce n'est qu'avec l'avènement de la IIIe République que Victor Hugo revient d'exil. **5.** Jusqu'à sa mort, il reste pour le peuple français une figure forte, tant sur le plan littéraire que politique.

3 **a)** Où ? À Paris
Quand ? Le 14 juillet 1789.
b) Qui ? Louis XVI, le peuple français.
c) Le narrateur adopte un point de vue externe.
d) Mot intrus : fanfare.

4 **1.** Libération de l'otage.
2. Cambriolage de La Poste.

5 Le maire a déclaré **:** **«** Le développement des transports en commun sera notre priorité**.**
– Comment allez-vous financer ce développement **?** **»** a demandé un journaliste.

6

	F	C	S
1. Elle apostrophe un passant.	☐	☐	☑
2. Elle file au boulot.	☑	☐	☐
3. Il a fait des progrès.	☐	☑	☐
4. C'est une franche rigolade.	☑	☐	☐
5. Il présente ses hommages.	☐	☐	☑
6. Il s'endort rapidement.	☐	☑	☐

MATHS p. 28

1 **1.** $\frac{2}{3}-\frac{1}{2}=\frac{1}{6}$
2. $\frac{5}{28}\times(-4)=-\frac{20}{28}$ et $\frac{5}{28}\times(-4)=-\frac{5}{7}$
3. $10-(-4)\times 2=18$

2 **1.** L'hypoténuse mesure 29 cm.
2. Un triangle dont les trois côtés mesurent 9,6 cm, 4 cm et 10,3 cm est quelconque.
3. Sa diagonale mesure 17 cm.

3 **1.** $\sqrt{45}$ est égale à $3\sqrt{5}$.
2. $2\sqrt{5}+4\sqrt{5}$ est égal à $6\sqrt{5}$.
3. $2\sqrt{3}\times 5\sqrt{3}$ est égal à 30.

4 **1.** Si (AB) // (DE), alors $\frac{CA}{CE}=\frac{CB}{CD}$.
2. (AB) et (DE) sont parallèles.

5 **1.** $10^2\times 5{,}32=532$
2. $10^{-3}\times 592=0{,}592$
3. $10^{-3}\times 74=0{,}074$
4. $10^{-2}\times 5\,412=54{,}12$

6 Les droites (BC) et (DE) sont parallèles sur les figures 1 et 3.

ANGLAIS p. 29

1 **1.** What's happening? The car sounds as if it's going to break down.
2. If I were you daddy, I'd stop and have a look.
3. No, we'd better find a hotel or something first.
4. Too late, the engine has stopped.

2 **a)** **1.** Don't wake the receptionist if you come back late at night, use your key.
2. Don't use the lift in case of fire.
3. Call the receptionist if you notice anything wrong inside or outside the hotel.
b) If he could, Mr McNulty would repair the car himself.

3 **1.** Brian said the receptionist was right and he added that the hotel was haunted.
2. Julie said that she didn't mind and that it wouldn't spoil her holidays.

SÉQUENCE 4

FRANÇAIS Employer le passé simple et l'imparfait, p. 32

1 **a)** Actions mises au premier plan du récit : « arrivèrent », « trouvèrent ».
b) Ces verbes sont au passé simple.

2 **a)** passé simple : je ris, nous rîmes
imparfait : je riais, nous riions
b) passé simple : je regardai, nous regardâmes
imparfait : je regardais, nous regardions

3 **1.** Quand nous, les pionniers, arrivâmes au saloon, nous regardâmes les hommes rassemblés qui buvaient en attendant le spectacle. – **2.** Après avoir posé nos sacs à l'entrée, nous rîmes de voir nos visages noirs de poussière. – **3.** Ensuite, nous voulûmes commander un verre mais, méfiants, nous regardâmes d'abord le comportement des habitués du saloon. – **4.** Maintenant que le spectacle commençait, nous le regardions et nous riions aux mimiques des acteurs.

4 **a)** Ensuite, je voulus commander un verre mais, méfiant, je regardai d'abord le comportement des habitués du saloon.
b) Maintenant que le spectacle commençait, je le regardais et je riais aux mimiques des acteurs.

FRANÇAIS Utiliser des procédés de reprise, p. 33

1
- l'auteur de *Le Rouge et le Noir* → Stendhal
- le peintre du Moulin-Rouge → Toulouse-Lautrec
- le septième art → le cinéma
- le toit du monde → l'Himalaya
- la ville rose → Toulouse
- la grande pomme → New York
- la ville au sept collines → Lisbonne

2 **a)** L'énumération pourrait être reprise par les GN « une main d'œuvre bon marché » et « une nouvelle vague d'immigrants ».

Corrigés

b) Dans le texte, cette énumération est reprise par les pronoms « tous » et « ils ».

3 Ces hommes désespérés débarquaient à Ellis Island, l'île des larmes à l'entrée de New York, où ils restaient en quarantaine. Vingt mille réfugiés étaient examinés chaque jour. Là, ces ouvriers recevaient une nouvelle identité avant d'entrer en Amérique. Seize millions de travailleurs pauvres passèrent ainsi par Ellis Island.

4 L'expression « l'île des larmes » est une périphrase qui désigne Ellis Island.

MATHS Utiliser les identités remarquables, p. 34

1 **1.** L'expression développée de $(x-3)^2$ est x^2-6x+9.
2. L'expression développée de $(x-4)(x+4)$ est x^2-16.
3. L'expression factorisée de x^2-9 est $(x+3)(x-3)$.

2

$(x-2)^2$	$4x^2-12x+9$
$(x+5)^2$	$x^2+10x+25$
$(x+2)(x-2)$	x^2-4x+4
$(2x-3)^2$	x^2-4

3 **a)** $V=(x+38)\times(x+38)\times 20$
$V=20(x+38)^2$
b) $V=20(x^2+76x+1\,444)=20x^2+1\,520x+28\,880$
c) Pour $x=52$ cm, le volume du bac est
$V=162\,000\text{ cm}^3$.
Si le bac est rempli aux trois quarts de raisin, le volume du raisin est :
$V=162\,000\times\frac{3}{4}=121\,500\text{ cm}^3$.

4 **a)** $BC^2=AB^2+AC^2$
$x^2=100^2+(x-20)^2$
$x^2=10\,000+x^2-40x+400$
$x^2-x^2+40x=10\,400$
$x=10\,400\div 40=260$
b) La distance AC est égale à $260-20=240$ m.

MATHS Utiliser la trigonométrie, p. 35

1 **1.** [AB] est le côté opposé à l'angle $\widehat{BDA}$.
2. Dans le triangle rectangle ACD, le côté [CD] est l'hypoténuse.
3. $\frac{AD}{DC}$ est le cosinus de l'angle $\widehat{CDA}$.
4. $\frac{CA}{DC}$ est le sinus de l'angle $\widehat{CDA}$.

2 **a)** 5 km = 5 000 m et $\sin x=450\div 5\,000\approx 0{,}09$.
b) La mesure arrondie au centième de l'angle x est $5{,}16°$.
c) $\tan 5{,}16°\approx 0{,}09$, donc la pente est d'environ 0,09.

3 **a)** $\cos 60°=\frac{AH}{AC}$

$AC=\frac{AH}{\cos 60°}$ $AC=\frac{114{,}9}{0{,}5}$ $AC=229{,}8$

b) Dans le triangle BHC, rectangle en H, $\cos 80°=\frac{BH}{BC}$,

soit $BC=\frac{BH}{\cos 80°}=\frac{35{,}1}{\cos 80°}\approx 202{,}1$.

c) Le bateau le plus proche du bateau C est le bateau B car BC < AC.

ANGLAIS Exprimer souhaits et regrets, p. 36

1 **1.** true – **2.** false – **3.** false

2 **1.** Mr McNulty wishes the car were/was ready.
2. Mrs McNulty wishes it wasn't raining.
3. Julie wishes she saw the ghost.
4. Brian wishes he did not stay here/there any longer.

3 **1.** Mr McNulty wishes he had slept a bit last night.
2. Mrs McNulty wishes she had not left the Connemara guide at home.
3. Julie wishes she had taken her camera.
4. Brian wishes they had chosen to spend their holiday somewhere else / they had not closer to spend their holiday here.

GÉOGRAPHIE Les migrations humaines, p. 37

1

Principales phases	1920 – 1930	Trente Glorieuses	1975 à nos jours
Contexte économique	B	A	C
Origine des immigrés *(plusieurs réponses possibles)*	D	D – E	D – E F – G *(fin du siècle)*

2 **a)**

Nord-Pas-Calais	Midi-Pyrénées	Bretagne
Ile-de-France	Lorraine	Languedoc-Roussillon

b) La droite passe par Le Havre et Marseille. Au-dessus, les zones non attractives, au-dessous les zones attractives et particulièrement, l'Aquitaine, le Languedoc-Roussillon et la vallée du Rhône. Au centre, de part et d'autre de la ligne, les migrations sont peu importantes.

SÉQUENCE 5

FRANÇAIS Repérer les marques de la subjectivité, p. 40

1

D E V O I R
S A V O I R
C R O I R E
D E C I D E R
P E N S E R
E T O N N E R
P A R A I T R E

2 « On peut amèrement regretter de devoir constater que nos émissions de gaz à effet de serre ont fortement perturbé les pluies au XXe siècle. Dans les régions tempérées (dont l'Europe, les États-Unis et le Canada) notre activité aurait hélas fait augmenter les précipitations de 50 à 85 % ! Dans la zone tropicale et subtropicale, au contraire, elle aurait malencontreusement réduit les pluies de 20 à 40 % aggravant les sécheresses au Mexique, au Sahara ou dans le Sahel qui en a pourtant tellement besoin. »

3 **a)** Ce discours est péjoratif.
b) L'auteur utilise un lexique clairement dépréciatif : « amèrement », « regretter », « hélas », « malencontreusement », « aggravant ».

4 • Je sais, par les recherches scientifiques effectuées, que… → expression d'une certitude
• Je me demande réellement si… → expression d'un doute
• On peut probablement envisager que… → expression d'une hypothèse
• J'espère que… → expression d'un souhait

5 **1.** Je me demande réellement si l'homme n'est pas désormais un acteur du climat.
2. Je sais, par les recherches scientifiques effectuées, que pour qu'un cyclone tropical se forme, la température de la mer doit être supérieure à 26° C.
3. On peut probablement envisager que les tempêtes tropicales seront de plus en plus dévastatrices.
4. J'espère que l'Homme sera conscient des dangers à court terme.

FRANÇAIS Accorder le verbe avec son sujet, p. 41

1

	verbe	présent	passé composé
C'est toi qui…	chanter	chantes	as chanté
C'est vous qui…	fuir	fuyez	avez fui
C'est moi qui…	rire	ris	ai ri
C'est elle qui…	partir	part	est partie

2 • Jean, Guillaume, Samuel, tout le monde admire ce peintre.
• Jean, Guillaume, Samuel admirent ce peintre.
• Jean, Guillaume, Samuel, tous admirent ce peintre.
• Toi et moi admirons ce peintre.
• Lui et toi admirez ce peintre.

3

verbes	sujets
réchauffer	le gaz carbonique (CO2), la vapeur d'eau, le méthane et quelques autres gaz naturellement présents dans l'atmosphère
afficher	La Terre
laisser	Ces gaz
capter	Tous
faire	Tous

4 **1.** Vous deux, qui mangez des gâteaux, ne prenez plus rien !
2. Toi qui comprends le plan, explique-le aux autres.
3. Les enfants qui partent à 8 heures prennent le bus.

MATHS Factoriser une expression littérale, p. 42

1 **1.** L'expression factorisée de $3x^2 + 6x$ est $3x(x + 2)$.
2. L'expression factorisée de $(x + 1)(x + 2) + 3(x + 2)$ est $(x + 2)\ (x + 4)$.
3. L'expression factorisé de $x^2 - 64$ est $(x - 8)(x + 8)$.

2

$3x^2 - 7x$ • —— • $x(3x - 7)$
$x^2 - 1$ • —— • $(x + 1)(x - 1)$
$(x + 3)(x + 2) + (x + 3)\ (x - 1)$ • —— • $(x + 3)(2x + 1)$
$25x^2 - 10x + 1$ • —— • $(5x - 1)^2$

3 $A = (x + 1)^2 + (x + 1)(2x - 3)$
$A = (x + 1)(x + 1) + (x + 1)(2x - 3)$
$A = (x + 1)[(x + 1) + (2x - 3)]$
$A = (x + 1)[x + 1 + 2x - 3] = (x + 1)(3x - 2)$

4 **a)** Une expression littérale donnant le volume de la boîte est $(x + 1)(x + 1) \times 3$.
b) $(x + 1)(x + 1)\times 3 =(x^2 + 2x + 1) \times 3 = 3x^2 + 6x + 3$
c) Pour $x = 1$ dm, le volume de la boîte est $3 + 6 + 3 = 12$ dm^3.

MATHS Calculer des angles, p. 43

1 Seules les figures 2 et 3 comportent un angle inscrit.

2

angle $\widehat{BAC}$	angle $\widehat{BOC}$
82°	164°
24°	48°
50°	100°

3 **a)** Vrai. L'angle au centre $\widehat{AOB}$ est le double de l'angle inscrit $\widehat{ACB}$, soit $\widehat{AOB} = 2 \times \widehat{ACB} = 80°$.
b) Faux. Les deux angles $\widehat{BAC}$ et $\widehat{BDC}$ interceptent le même arc, ils sont donc égaux.

4 **a)** Le triangle ABC est équilatéral, donc ses trois angles sont égaux. De plus, la somme des trois angles est égale à 180°. L'angle $\widehat{BAC}$ a pour mesure $180 \div 3 = 60°$.
b) $\widehat{BOC}$ est un angle au centre interceptant aussi l'arc $\overset{\frown}{BC}$.
$\widehat{BAC}$ est un angle inscrit interceptant l'arc $\overset{\frown}{BC}$.
On a donc $\widehat{BOC} = 2 \times \widehat{BAC}$.
$\widehat{BOC} = 120°$.

ANGLAIS Exprimer ses goûts, p. 44

1

2 • Brian likes playing tennis very much.
• Julie can't stand playing chess with her brother.
• Mr McNulty is crazy about horse-riding.
• Mrs McNulty is fond of bird-watching.
• The receptionist doesn't mind sharing his hotel with a ghost.

3 **1.** Julie has got long hair, so she is long-haired.
2. Mrs McNulty likes reading stories that never end, so she likes never-ending stories.
3. Mr McNulty works hard, so he is hard-working.

Corrigés

SVT L'évolution des organismes vivants, p. 45

1

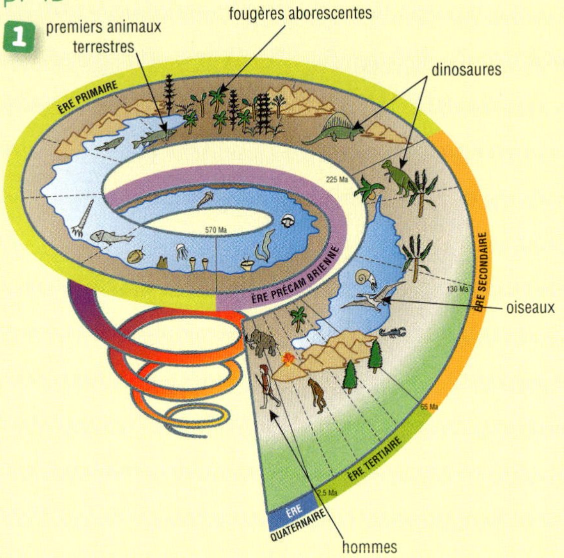

2

	de	à	durée
ère primaire	– 570 Ma	– 225 Ma	345 Ma
ère secondaire	– 225 Ma	– 65 Ma	160 Ma
ère tertiaire	– 65 Ma	– 2,5 Ma	62,5 Ma

3 On considère que l'apparition de l'Homme marque le début de l'ère quaternaire. Cependant, certains auteurs nient l'ère quaternaire et prolongent le tertiaire jusqu'à nos jours, car, d'après eux :
– l'Homme est une espèce parmi d'autres, son apparition constitue un évènement trop peu marquant pour déterminer à lui seul une nouvelle ère (les ères précédentes sont marquées par l'apparition d'espèces vivantes et d'évènements géologiques tels que la formation de chaînes de montagnes, etc.) ;
– le moment de l'apparition de l'Homme est difficile à déterminer : la découverte de nouveaux fossiles rend de plus en plus difficile la détermination de la date précise de l'apparition de l'espèce humaine ; les formes intermédiaires qui mènent à l'homme moderne sont de plus en plus nombreuses et les transformations progressives sont de mieux en mieux connues.

4 • Des transformations spontanées du patrimoine génétique permettent l'apparition d'espèces nouvelles. → vrai
• Les mouvements des plaques lithosphériques jouent un rôle dans l'évolution. → vrai
• L'Homme a chassé les dinosaures de la surface de la Terre. → faux
• Les dinosaures ont vu les premiers oiseaux. → vrai
• Les très nombreux fossiles trouvés permettent de retracer l'histoire de la vie sans erreur possible. → faux

SÉQUENCE 6

FRANÇAIS Écrire un texte argumentatif, p. 48

1 1 → b. – 2. → d. – 3. → a. – 4. → c.

2 ▪ En France, 85 % de l'électricité vient de l'énergie nucléaire. → argument 1.
▪ 1 kWh demande 120 g de charbon et 0,01 g d'uranium. → argument 2.
▪ En 1986, dans la centrale de Tchernobyl, le réacteur endommagé a laissé s'échapper des poussières radioactives. → argument a.
▪ Les réacteurs russes de type « Tchernobyl » sont aujourd'hui démontés et les nouveaux réacteurs sont plus sûrs. → argument 3.

3 *Exemple de paragraphe argumentatif contre l'énergie nucléaire.*
Selon moi, il faut cesser de développer l'énergie nucléaire et se tourner vers des énergies renouvelables. Tout d'abord, il faut savoir que les ressources en uranium ne sont pas illimitées. Mais surtout, il ne faut pas oublier que les centrales nucléaires représentent un risque permanent d'accidents graves : en 1986, dans la centrale de Tchernobyl, le réacteur endommagé a laissé s'échapper des poussières radioactives. Les défenseurs de l'énergie nucléaire prétendent que la catastrophe de Tchernobyl a contraint les États à d'autant plus de prudence et de contrôles. Mais l'énergie nucléaire reste dangereuse, car la réglementation ne suffit pas et la surveillance internationale est difficile. On ne peut donc raisonnablement pas prendre un tel risque.

FRANÇAIS Exprimer la cause et la conséquence, p. 49

1 **1.** L'énergie nucléaire ne pourra être indéfiniment utilisée puisque l'uranium sera un jour épuisé. → cause
2. Les centrales nucléaires ont une si mauvaise image aux yeux du grand public que les industriels lancent des campagnes pour l'améliorer. → conséquence
3. Les besoins en énergie augmenteront dans les années à venir parce que la population mondiale ne cesse de croître. → cause
4. Le grand public a le sentiment de ne pas être bien informé des risques, si bien qu'il n'est pas favorable à l'énergie nucléaire. → conséquence

2 **1.** L'uranium sera un jour épuisé, de sorte que l'énergie nucléaire ne pourra être indéfiniment utilisée.
2. Comme les centrales nucléaires ont une mauvaise image aux yeux du grand public, les industriels lancent des campagnes pour l'améliorer.

3 **a)** L'énergie nucléaire souffre d'une mauvaise image parce qu'elle est « associée dans notre imaginaire à la bombe atomique » ; par ailleurs, « l'accident de Tchernobyl (1986) et ses conséquences, tant en Europe de l'Est qu'en France, n'ont rien fait pour apaiser ces craintes. »
b) L'énergie nucléaire est associée dans notre imaginaire à la bombe atomique, si bien qu'elle continue à faire peur à une grande partie de la société.

4

R	A					
R	A	I				
M	I	R	A			
M	A	R	I	N		
R	U	M	I	N	A	
U	R	A	N	I	U	M

MATHS Résoudre une équation produit, p. 50

1

$(x-8)(x+5)=0$ •	• $x=-\dfrac{3}{2}$ ou $x=\dfrac{1}{5}$
$(x-2)(x-9)=0$ •	• $x=8$ ou $x=-5$
$(2x+3)(5x-1)=0$ •	• $x=2$ ou $x=9$

2 **1.** Faux. –4 est aussi solution de l'équation $x^2=16$.
2. Vrai. Cette équation est équivalente à $x-5=0$ ou $x+6=0$.
3. Vrai. Il suffit de factoriser : $x^2-4=(x+2)(x-2)$.

3 **a)** Le volume de terre contenu dans le terrain A est $20 \times 20 \times 10 = 4\,000$ m³.
Le volume de terre contenu dans le terrain B est $30 \times 20 \times 10 = 6\,000$ m³.

volume en m³	4 000	6 000
masse d'uranium en kg	24	36

c) L'expression littérale du volume V du terrain C est $V = 15x \times (40-x) \times 1 = 600x - 15x^2$.
La valeur de x pour laquelle les terrains B et C ont le même volume est
$6\,000 = 600x - 15x^2$
$6\,000 - 600x + 15x^2 = 0$
$15(400 - 40x + x^2) = 0$
$15(x-20)^2 = 0$ donc $x = 20$

MATHS Reconnaître et construire un polygone régulier, p. 51

1

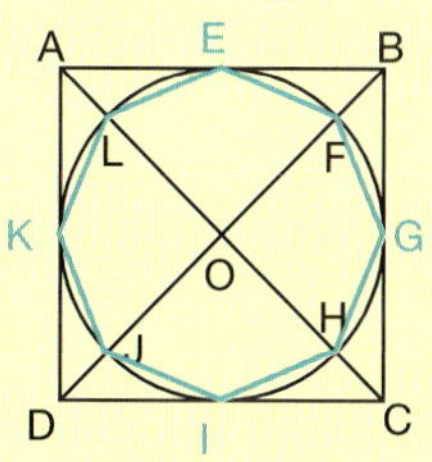

2 **a)** Voir la carte ci-dessous.

b) Le polygone ABCDEF est un hexagone. Le tracé de la France est inclus dans cet hexagone.

c) Le triangle obtenu n'est pas régulier.
d) Le triangle obtenu est régulier.

3 Dans les figures 2, 4 et 5 le polygone bleu est régulier. *Figure 2* : triangle équilatéral. *Figure 4* : carré. *Figure 5* : hexagone régulier.

ANGLAIS Parler du passé, p. 52

1

			8							
	1	E	A	S	Y					
	7		S				9			
2	B	E	L	I	E	V	E		10	
	U		E				A		U	
	T		E		3	T	R	A	P	
	4	S	P	Y					S	
				5	F	I	R	S	T	
									A	
									I	
							6	T	R	Y
									S	

2 **1.** He did not use to have a mobile phone but now he has.
2. He did not use to speak French but now he does.
3. He used to play football but he doesn't anymore.
4. He did not use to be able to swim but now he is.

HISTOIRE La fin de la Seconde Guerre mondiale, p. 53

1

27 janvier	libération du camp d'Auschwitz par les Soviétiques
8 mai	capitulation sans condition du Reich allemand = fin de la guerre en Europe
26 juin	fin de la conférence de San Francisco, signature de la charte de l'ONU
6 août	première bombe atomique sur Hiroshima
9 août	bombe atomique sur Nagasaki
15 août	l'empereur du Japon annonce à la radio la capitulation de son pays, qui sera signée le 2 septembre = fin de la guerre en Asie

2 **a)** Pologne, Tchécoslovaquie, Hongrie, Roumanie, Bulgarie.
b) France, Belgique, Pays-Bas, Italie.
c) L'Allemagne est divisée en deux : RFA et RDA.
d) Le rideau de fer.

Quiz

FRANÇAIS p. 54

1 En l'an 79, alors que la chaleur accablait Pompéi, le Vésuve se réveilla. La lave recouvrit toute la ville, tandis que les habitants tentaient de fuir.

2 **1.** un marcheur : un randonneur
2. le lion : le roi de la savane
3. le lauréat : il
4. les Espagnols, les Italiens, les Tunisiens : les Méditerranéens

Corrigés

3

	C	D	S
1. J'aimerais que chacun prenne conscience des enjeux écologiques.	☐	☐	☑
2. Tu supposes que cela se fera naturellement.	☐	☑	☐
3. Nous voudrions que des mesures politiques soient prises.	☐	☐	☑
4. Personne ne peut ignorer que la planète est en danger.	☑	☐	☐

4 **1.** Pierre et Paul, tous les deux étudieront.
2. La file des visiteurs s'allonge.
3. Karim, mon frère, me manque.
4. Jules, Carine, Zoé, toute l'équipe achète le même maillot.

5 **1.** Thème de l'argumentation : le MP3.
2. Thèse défendue : le MP3 est nocif.
3. 4. et **5.** De nombreux ORL affirment que le nombre de malentendants va fortement augmenter d'ici 2025, car l'usage du MP3, très répandu, est nocif. Certains opposent que le MP3 n'est pas nocif en lui-même, et qu'il suffit de ne pas trop monter le volume pour qu'il n'y ait aucun risque. Mais la plupart des utilisateurs sont des jeunes, et nombre d'entre eux aiment écouter la musique fort : hier encore, mon frère m'a fait répéter trois fois ce que je lui disais parce qu'il était en train d'écouter son MP3, alors que j'avais l'impression de hurler !

6

	cause	conséquence
1. Nous sommes si effrayés que nous tremblons.	☐	☑
2. Comme il n'a plus rien à lire, il regarde la télé.	☑	☐
3. Elle est tellement fatiguée qu'elle se couche sans se déshabiller.	☐	☑

MATHS p. 54

1 **1.** $(x-6)^2 = x^2 - 12x + 36$
2. $x^2 + 14x + 49 = (x+7)^2$

2 **1.** $\cos^2 x + \sin^2 x = 1$
2. L'arrondi à l'unité de l'angle x est 27°.
3. On a alors $\tan x = 3$.

3 **1.** L'expression factorisée de $4x^2 - 12x$ est $4x(x-3)$.
2. L'expression factorisée de $x^2 - 49$ est $(x-7)(x+7)$.
3. L'expression factorisée de A est $(3x+4)^2$.

4 **1.** vrai **2.** vrai

5 **1.** L'équation $(x-6)(2-x) = 0$ a pour solution 6 ou 2.
2. Un exemple d'équation produit nul est $(x-1)(x+2) = 0$.
3. 0 et – 5 sont solution de l'équation $x(x+5) = 0$.

6 **1.** vrai **2.** vrai **3.** faux

ANGLAIS p. 55

1 **1.** Mr McNulty has just learnt that his car would not be ready for a few days.
2. They have to stay at the Lakeview Hotel until the car is repaired.
3. Brian is disappointed. He would like to leave the place.
4. On the contrary, Julie is pleased to prolong her stay at the Lakeview Hotel.

2 **a) 1.** Mrs McNulty is fond of gardening.
2. Her husband does not mind doing the household chores.
b) 1. She has green eyes, so she is a green-eyed girl.
2. He looks clever, so he is a clever-looking boy.

3 **1.** She used to play the piano very well, but now she doesn't anymore.
2. He did not use to love travelling, but now he does.
3. They used to be very sporty, and they still are.
4. They did not use to have long hair, but now they have.

SÉQUENCE 7

FRANÇAIS Identifier des expansions du nom, p. 58

1

nom noyau	complément du nom	proposition subordonnée
musique	de rock	
guitare	d'accompagnement	qui soutient et enrichit la mélodie de la première
basse		dont le rôle est tout à fait analogue à celui de la contrebasse dans les formations de jazz ou de la basse continue dans les orchestres baroques
formations	de jazz	

2 **a)** « La guitare électrique donne à la musique de rock sa sonorité caractéristique. La plupart des formations en comportent trois qui chacune ont un registre différent : une guitare solo, très mélodique, une guitare d'accompagnement, un peu plus grave, qui soutient et enrichit la mélodie de la première, et une basse dont le rôle est tout à fait analogue à celui de la contrebasse dans les formations de jazz ou de la basse continue dans les orchestres baroques. »

adjectifs épithètes	adjectifs apposés
électrique, caractéristique, différent, solo, continue, baroques	mélodique, grave

b) L'adjectif « analogue » n'appartient pas au groupe nominal : il est attribut du sujet « le rôle » (il appartient donc au groupe verbal).

3 **1.** La suppression des expansions ne modifie pas le sens des phrases (on perd simplement en précisions).
2. La suppression des expansions modifie le sens des phrases.

FRANÇAIS Utiliser un champ lexical, p. 59

1 **a)** Les mots « figuratif », « clair-obscur », « peindre », « tableau », « premier plan », « chevalet » et « perspective » n'appartiennent pas au champ lexical de la musique.
b) Ils appartiennent au champ lexical de la peinture.

2 « Le rap est un genre musical appartenant au mouvement culturel hip-hop apparu au début des années 1970 aux États-Unis.
Aux premières heures, les MC (*masters of ceremony*, maîtres de cérémonie) servaient juste à soutenir les DJ, et les parties rappées étaient simplement appelées *MC-ing*. […]
Le rap semble formellement se rapprocher de la culture africaine dont se réclame le mouvement hip-hop. Le chant scandé du MC évoque en effet le griot, poète et musicien qui chronique la vie quotidienne ou est invité à chanter lors des célébrations (ex. : mariage). De même, le retour à une musique essentiellement basée sur le rythme plus que sur la mélodie ramène aux polyrythmies de percussions africaines. »

3 Il peut jouer 32 instruments à la fois et 128 notes en même temps. Il a une mémoire illimitée. C'est un sampler.

MATHS Utiliser une fonction linéaire, p. 60

1 Seules les figures 1 et 3 représentent une fonction linéaire.

2 **1.** Vrai. C'est une propriété des fonctions linéaires.
2. Vrai. Elle est de la forme $f: x \quad ax$.
3. Faux. L'image de – 3 par la fonction linéaire de coefficient – 4 est $-4 \times (-3) = 12$.

3 La représentation graphique associée à l'attaque est une droite passant par l'origine du repère, donc l'attaque est associée à une fonction linéaire.

4 **a)** La participation demandée pour un emprunt de 6 CD est $6 \times 2 = 12$ €.
b) Le nombre de CD empruntés pour une participation de 14 € est $14 \div 2 = 7$ CD.
c) $f(x) = 2 \times x$
f est une fonction linéaire car elle est de la forme $f: x \quad ax$ avec $a = 2$.

MATHS Couper un solide par un plan, p. 61

1 **1.** Faux. C'est un cercle.
2. Vrai. C'est un cercle qui est une réduction du cercle de base.
3. Faux. C'est un cercle.

2 **1.**
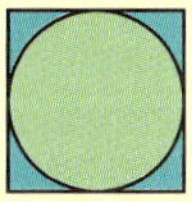
2.
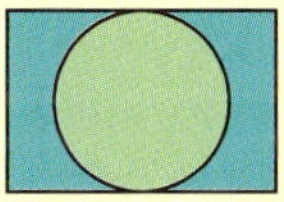
3.
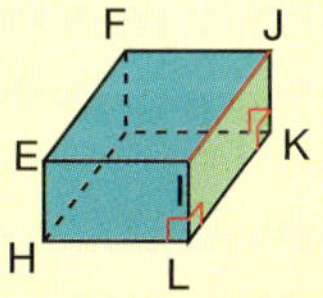

3 **a)** Les faces ABCD et A'B'C'D' sont parallèles.
b) Le polygone A'B'C'D' est une réduction du polygone ABCD.

ANGLAIS Parler d'actions qui durent, p. 62

1 L'image qui correspond à la situation est celle de gauche: "Let's half close the lid so that he can't see us".

2 **1.** The McNultys have been in Ireland for a few days. – **2.** Julie and Brian's parents have been living in England since Julie was born. – **3.** They have been working for the same company for 13 years. – **4.** Brian has had a new watch since Christmas.

3 **1.** She has had a dog *since she was 5/ for 8 years.*
2. She has been playing badminton *since she was 7/ for 6 years.*
3. She has known her best friend *since she was 9/ for 4 years.*
4. She has been learning French *since she was 11/ for 2 years.*

PHYSIQUE La production d'énergie électrique, p. 63

1 **1.** Une énergie **renouvelable** est une énergie provenant de ressources que la nature renouvelle en permanence. Exemples : énergie solaire – énergie éolienne – énergie de la biomasse – énergie de la géothermie – énergie hydraulique.
2. Une énergie **non renouvelable** est une énergie qui disparaît quand on l'utilise. Exemples : énergie nucléaire – énergie thermique.

2 **énergie nucléaire** → réserves importantes en uranium
→ aucune pollution de l'air
→ produit des déchets radioactifs dangereux
énergie solaire → aucune pollution de l'air
→ ne fonctionne pas la nuit
énergie thermique → efficace et sûr
→ émet des gaz polluants
énergie éolienne → aucune pollution de l'air
→ ne fonctionne pas s'il n'y a pas de vent
énergie de la biomasse → utilisation de nos déchets
→ émet des gaz polluants
énergie de la géothermie → aucune pollution de l'air
→ nécessite de forer en profondeur
énergie hydraulique → aucune pollution de l'air
→ bouleversement d'un écosystème

3 Dans chacune des centrales présentées, l'énergie électrique est produite par l'alternateur qui est entraîné par la turbine.

Corrigés

SÉQUENCE 8

FRANÇAIS Reconnaître les mots et leur construction, p. 66

1 **1.** **Les synonymes** : richesse/abondance ; claire/limpide ; passif/inerte ; savant/érudit ; concise/brève.
2. **Les antonymes** : richesse/pauvreté ; claire/obscure ; passif/actif ; savant/ignorant ; concise/développée.

2 **Construction des mots sur leurs racines** :
Hémicycle **:** moitié/cercle – *Hydrographie* : eau/écriture – *Bibliophile* : livre/ami de – *Géologie* : terre/science – *Hydrophile* : eau/ami de
Sens précis de ces mots :
Étude scientifique des eaux marines et fluviales : **hydrographie**.
Espace disposé en demi-cercle (amphithéâtre) : **hémicycle**.
Amateur de livres rares et précieux **:** **bibliophile**.
Étude de l'évolution de la Terre et de ses fossiles : **géologie**.
Qui a la capacité d'absorber l'eau (coton) **:** **hydrophile**.

3 **Trois homophones** de *vers* : vert (la couleur), verre (la matière ou l'ojet), vair (fourrure).
Trois homographes de *vers* : vers (la préposition indiquant la direction), vers (ensemble de mots en poésie), vers (de terre, au pluriel).

FRANÇAIS Construire une complétive ou une relative, p. 67

1 **a)** **1.** « Or, il se trouve [que le français est une langue éminemment poétique] ».

2. « La langue [que parlent les francophones] est d'une audience internationale ».

b) **1.** subordonnée complétive – **2.** subordonnée relative (*langue* est l'antécédent).

2 **1.** L. S. Senghor explique à ses lecteurs qu'il pense en français, qu'il s'exprime mieux en français que dans sa langue maternelle.
2. L'auteur ajoute qu'eux, les politiques, eux, les écrivains noirs, se sentent pour le moins aussi libres à l'intérieur du français que dans leurs langues maternelles.
3. Vérifie que tu as trouvé quatre pronoms relatifs simples (*qui*, *que*, *quoi*, *où*) et trois pronoms relatifs composés (*lequel*, *duquel* et *auquel*).

4 **a)** La langue française est une **langue** qui offre aux textes une grande richesse de vocabulaire.
b) **1.** La langue française avec laquelle s'exprime un tiers des délégations à l'ONU est concise. **2.** La langue française pour laquelle se battent de nombreux francophones, possède des ressources inépuisables. **3.** La langue française dont on admire la précision est la langue officielle des Jeux Olympiques.

MATHS Utiliser une fonction affine, p. 68

1 **a)** La dépense pour cinq jours avec le tarif A est $5 \times 20 = 100$ €.
La dépense avec le tarif B est $60 + 5 \times 14 = 130$ €.
b) $f(x) = 20 \times x$
c) $g(x) = 14 \times x + 60$.
d) $f(x) = g(x)$
$20 \times x = 14 \times x + 60$
$20 \times x - 14 \times x = 60$ donc $6 \times x = 60$ donc
$x = 60 \div 6 = 10$
Les deux tarifs sont égaux le 10e jour.

2 **1.** Faux. La fonction contient un terme en x^2.
2. Vrai. Quand $b = 0$, $f(x) = ax$.
3. Vrai. L'image par f de 5 est $f(5)= 2 \times 5 + 3 = 13$.

3 **a)** Le cycliste arrive en A 2 heures après son départ soit à $10 + 2 = 12$ h.
b) Le cycliste reste sur place.
c) La distance entre les points A et C est de 40 km.
d) Sur l'axe des abscisses, entre les points O et C, on passe de 0 à 4, donc il s'est écoulé 4 heures.
e) Sur l'axe des ordonnées, entre les points O et C, on passe de 0 à 80, donc la distance parcourue est 80 km.

MATHS Reconnaître une sphère, p. 69

1 **a)** Le solide coloré en jaune est un cylindre.
b) Le solide coloré en bleu est une demi-sphère.
On pouvait citer les rayons : OA, OB, OE, OF ou OS.
Le segment [EF] est un diamètre.
Le point O est le centre du solide bleu.

2 **a)** **b)** **c)**

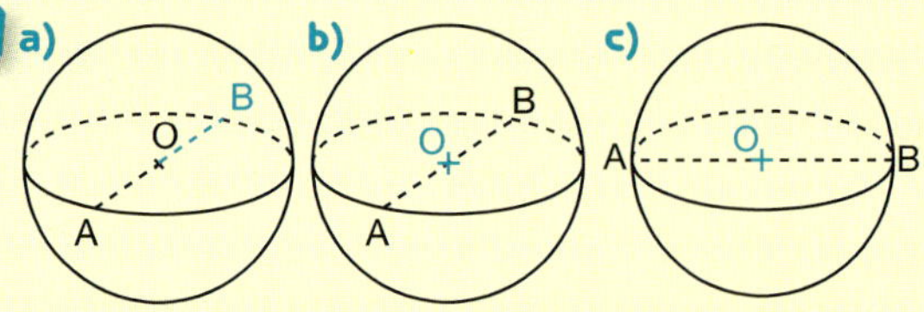

3 **1.** Faux. Le centre d'une sphère est à l'intérieur de la sphère.
2. Faux. OA est inférieur au rayon, donc A est à l'intérieur de la sphère.
3. Vrai. OB est supérieur au rayon, donc B est à l'extérieur de la sphère.
4. Vrai. OC est égal au rayon de la sphère.

ANGLAIS Ordonner son raisonnement, p. 70

1 **1.** Julie explains her plan to her brother. **2.** Brian has an idea. **3.** They stop making a noise. **4.** The ghost crosses the room and gets to the staircase. **5.** Julie and Brian open the chest. **6.** They get out of the chest.

2 • Julie and Brian do not want to leave the hotel before catching the ghost.
• The receptionist does not mind staying at the hotel in spite of the ghost.
• If they knew what was happening, Mr and Mrs McNulty would never let their children face the ghost on their own.

3 **1.** The ghost likes haunting the hotel at night. He would like all the guests to leave the place. – **2.** Instead of staying in bed and being afraid, Julie and Brian prefer spying on the ghost. – **3.** During the day, Julie, Brian and their parents go hiking around the lake. – **4.** The McNultys can't leave yet because the car is still under repair. – **5.** The ghost wants to frighten the McNultys. – **6.** The receptionist should not let the ghost terrorize the guests. He should call the police and tell them to intervene. – **7.** Julie has always dreamt of seeing a ghost.

GÉOGRAPHIE La France dans le monde, p. 71

1

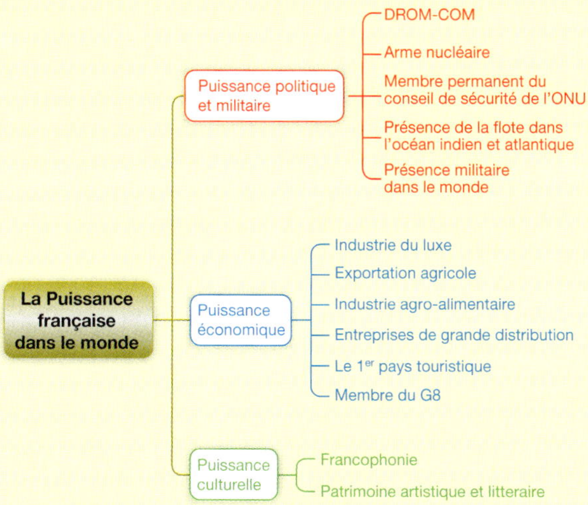

2 **1.** Une marque de luxe : *Industrie du luxe.*
2. Le porte-avions Charles de Gaulle : *Présence de la flotte dans l'océan Indien et Atlantique.*
3. Le logo de l'ONU : *Membre permanent du Conseil de sécurité de l'ONU.*
4. Un grand site touristique (tour Eiffel) : *Premier pays pour le tourisme.*

SÉQUENCE 9

FRANÇAIS Lire un texte argumentatif, p. 74

1 Les contraintes environnementales entraînent des dépenses importantes, mais on ne doit pas en faire l'économie.

2 J. Percebois appuie son argumentation sur l'exemple du pétrole.

3 On peut relever plusieurs modalisateurs : « Je pense que », « bon exemple », « serait sans doute », « bonne chose ».

4

idée de cause	idée de conséquence	idée d'opposition
Car	C'est pourquoi Ce qui implique	Mais Mais

5 On pouvait introduire de nombreux modalisateurs (*malheureusement, il semblerait que…*). Les phrases ci-dessous sont proposées à titre d'exemple.
1. Je suis certain que le réchauffement de la planète entraîne des catastrophes naturelles.
2. Selon moi, l'environnement n'est pas l'affaire des politiques mais de tous.

FRANÇAIS Construire des phrases à la forme passive, p. 75

1

temps	auxiliaire	part. passé
présent	est	adopté
passé composé	a été	adopté
imparfait	était	adopté
plus-que-parfait	avait été	adopté
futur	sera	adopté
passé simple	fut	adopté

2 **1.** Des moulins à vent étaient utilisés par les anciens.
2. Les moulins des anciens sont remplacés par les éoliennes.
3. Des maisons parasismiques ont été construites par des architectes.

3 **1.** La décomposition des déchets émet du méthane.
2. On construira la plus grande centrale photovoltaïque en Australie.
3. Des chercheurs avaient observé l'apparition de nouvelles espèces de pucerons.

4 **1.** présent (passif) – **2.** passé composé (actif) – **3.** passé composé (actif) – **4.** présent (passif)

MATHS Travailler sur des données statistiques, p. 70

1 **a)**

	agriculture	traitements des déchets	transports	résidentiel tertiaire	industrie manufact.	industrie de l'énergie
1990	3 %	1 %	30 %	21 %	27 %	18 %
2004	2 %	0 %	35 %	23 %	24 %	16 %

b) Les deux secteurs d'activité où la part des émissions de CO_2 a augmenté sont les transports et le secteur résidentiel tertiaire.
c) Le secteur d'activité où la diminution de la part des émissions de CO_2 a été la plus importante est le secteur de l'industrie manufacturée.

2 **1.** Faux. L'effectif total est 20.
2. Faux. La moyenne pondérée est 12,5.
3. Faux. La médiane est 12.
4. Faux. L'étendue est 10.

3 **a)** La moyenne arithmétique de cette série est 5,57.
b) L'étendue de cette série est 9 – 2 = 7.
c) On classe les valeurs par ordre croissant :

2 3 5 (5) 7 8 9

3 éléments — médiane — 3 éléments

MATHS Faire des calculs sur une sphère, p. 77

1 **a)** La longueur de l'équateur en prenant 3,14 pour valeur approchée de π est égale à $2 \times 3,14 \times 6\,370 = 40\,003,6$ km.
b) La mesure de l'angle $\widehat{AOB}$ est $42° - 9° = 33°$.

Corrigés

c)

angle au centre	360°	33°
longueur de l'arc	40 003,6	$\overset{\frown}{AB}$

L'arrondi à l'unité de la longueur de l'arc $\overset{\frown}{AB}$ est $(40\,003{,}6 \times 33) \div 360 \approx$ 3 667 km.

2 **1.** Faux. Le rayon est OM.
2. Faux. O se trouve en dessous du plan $\mathcal{P}$.
3. Vrai. [OM] est le côté opposé à l'angle droit dans le triangle rectangle MOO′.

3 **a)** La longueur de ce cercle est égale à :
$2 \times 3{,}14 \times 2{,}7 = 16{,}956$ cm.
b) On a :
$AO^2 = HA^2 + HO^2$
$4{,}5^2 = 2{,}7^2 + OH^2$
$4{,}5^2 - 2{,}7^2 = OH^2$
$20{,}25 - 7{,}29 = OH^2$
$12{,}96 = OH^2$.
En utilisant la touche $\boxed{\sqrt{\ }}$ de la calculatrice, on trouve OH = 3,6 cm.

ANGLAIS Féliciter quelqu'un, p. 78

1 **1.** The ghost fell into the children's trap.
2. He fainted because of the fall.
3. Julie and Brian's plan was a success.

2 **1.** Congratulations. – **2.** Bravo. – **3.** Nice work.

3 **1.** We can may use the swimming pool.
2. We could not sleep in this hotel when the ghost was around.
3. The landlord should find another receptionist.
4. I hope we will be allowed to spend another week in Ireland.

SVT La responsabilité humaine en matière d'environnement, p. 79

1 **a)** Gaz à effet de serre : dioxyde de carbone – vapeur d'eau – méthane.
b) et c) En limitant la production de gaz à effet de serre (due aux usines, aux moteurs…), on favorise la dissipation du rayonnement infrarouge dans l'atmosphère et on réduit ainsi la partie C, renvoyée vers le sol.

2 • Les cyclomoteurs ne produisent pas de dioxyde de carbone. → faux
• L'activité industrielle contribue à l'effet de serre. → vrai
• La pollution n'est pas toujours visible. → vrai
• L'effet de serre ne concerne que les régions polaires. → faux
• L'effet de serre entraîne la montée du niveau des mers et océans. → vrai

Quiz

FRANÇAIS p. 80

1 ***Honoré de Balzac****, écrivain français, a écrit des romans réalistes, philosophiques et fantastiques. Dans* **La Comédie humaine***, qui rassemble 137 œuvres, il décrit la* ***société*** *française de son temps.*

2 **1.** coureur – voiture – roue – casque – ~~casaque~~ – pare-choc – pneu – stand : champ lexical de la Formule 1 (course automobile)
2. poster – affiche – slogan – dépliants – spot – ~~lampe~~ – annonce : champ lexical de la publicité

3

	vrai	faux
1. *pleurer* est l'antonyme de *rire*	☑	☐
2. *partir* est le synonyme d'*arriver*	☐	☑
3. *quart* est l'homophone de *car*	☑	☐
4. *induire* est le paronyme de *enduire*	☑	☐

4

	relative	complétive
1. Le train que tu vois va à Paris.	☑	☐
2. Je crois que ce train va à Paris.	☐	☑
3. Tu vois bien que ce train va à Paris !	☐	☑
4. Monte dans le train régional que l'on aperçoit sur l'autre quai.	☑	☐

5 Dans *Les Misérables*, il me paraît évident que Victor Hugo a voulu dénoncer les inégalités. En effet, à son époque, les gens simples vivaient de peu. Toutefois, Jean Valjean devient un notable. Cela, selon moi, dénote une volonté de montrer la réussite.

6 **1.** *La Ronde de nuit* a été peinte par Rembrandt.
2. À Amsterdam, *les Tournesols* de Van Gogh sont exposés.
3. La visite aura été appréciée des touristes.

MATHS p. 80

1 **1.** Les trois affirmations sont correctes.
2. $f(x) = 7x$ et $f(2) = 14$.
3. L'image de 3 est 7,5 par la fonction $f : x \quad x + 4{,}5$ ainsi que par la fonction $f : x \quad 2{,}5x$.

2 **1.** vrai – **2.** vrai

3 Les fonctions affines sont les fonctions :
$f : x \quad x - 2$; $f : x \quad 3x$; $f : x \quad -4x + 1$;
$f : x \quad 1 - x$.

4 **1.** faux – **2.** vrai – **3.** vrai – **4.** faux

5 **1.** vrai – **2.** vrai – **3.** vrai – **4.** faux

6 **1.** La longueur OK est égale à 10 cm.
2. La longueur AH est égale à 6 cm.
3. La longueur HK est égale à 18 cm.
4. Le cercle de centre H passant par A a pour longueur $12 \times \pi$ cm.

ANGLAIS p. 81

1 **a)** The two children have been waiting in the chest for a few minutes.
b) **1.** The weather has been bright and sunny since they arrived.
2. The ghost has been terrorizing the guests for weeks.

3. The receptionist has known the landlord since the end of the 80s.

2 **1.** We'll jump out of this chest.
2. We'll push him down the stairs.
3. We'll tie his hands and feet.
4. Now, let's go!

3 **1.** Julie will have to tell her friends how she caught a ghost.

2. Mr Mc Nulty won't be able to repair the car himself.

SÉQUENCE 10

FRANÇAIS Utiliser le conditionnel, émettre des hypothèses, p. 84

1 ■ Image 1 : Espagne (indices : le toréador et le taureau).
■ Image 2 : France (indices : le vin, le plateau).
■ Image 3 : Belgique (indices : on reconnaît le célèbre Manekenpis, la statue d'un enfant qui urine, ici dans des verres de bière).
■ Image 4 : Italie (indices : la tour de Pise, les spaghettis).

2 **a)** « Les enfants interrogés (âgés de 9 à 14 ans et ayant un accès à Internet) se montreraient, dans l'ensemble, conscients des risques de dépendance et des dangers liés à la nature des sites visités. Ils seraient en général soumis à des règles familiales qui limiteraient la fréquence et le temps de connexion. Le plus souvent, ils en accepteraient le principe. »
b) L'emploi du conditionnel signifie ici qu'il s'agit d'hypothèses, et non de certitudes.

3 **a)** Ce texte contient deux verbes au conditionnel : « adopteraient » et « aurais ».
b) « Si j'en parlais à mes parents, j'aurais trop peur que ma mère y voie la confirmation de ce qu'elle craint. »

FRANÇAIS Utiliser le subjonctif, p. 85

1 Pourvu que tu puisses entrer en section européenne (souhait) ! Tes parents exigent qu'en seconde, tu poursuives dans cette section (ordre) et tu as beaucoup travaillé pour que ce rêve devienne réalité (but). Alors, il faut que tu sois le meilleur jusqu'au bout (ordre) de sorte que ton dossier ne fasse pas obstacle (but).

2 « Dites-leur qu'ils...
1. prennent le plan de leur quartier. »
2. acquièrent des billets de bus. »
3. aient un bonnet de bain. »
4. achètent des bottes pour la pêche. »
5. soient à l'heure pour les visites. »

3 **1.** Craignez-vous que, dans le cadre du programme Erasmus, les étudiants français aillent en priorité en Espagne ?
2. Souhaitez-vous que les étudiants anglais veuillent majoritairement aller en France ?

4 **a)** On demande :
1. au conseil européen [qu'il se réunisse pour représenter les intérêts des États membres.]
2. aux ministres des pays membres [qu'ils décident des lois européennes.]
3. au médiateur européen [qu'il reçoive les plaintes des citoyens en conflit avec les institutions européennes.]
4. au parlement européen [qu'il prenne des décisions.]
b) ■ nature : proposition subordonnée complétive
■ fonction : COD

MATHS Résoudre une inéquation, p. 86

1 **a)** Une consommation de 40 minutes coûte $20{,}60 + 10 \times 0{,}38 = 24{,}40$ €.
$P = 20{,}60 + x \times 0{,}38$
b) Une consommation de 40 minutes coûte $25{,}20 + 10 \times 0{,}30 = 28{,}20$ €.
$P' = 25{,}20 + x \times 0{,}3.$
c) $P' < P$
$25{,}20 + x \times 0{,}30 < 20{,}6 + x \times 0{,}38$
$25{,}20 - 20{,}60 < x \times 0{,}38 - x \times 0{,}3$
$4{,}6 < x \times 0{,}08$
$4{,}6 \div 0{,}08 < x$
$57{,}5 < x.$
On a $x > 57$. $58 - 30 = 28$, donc le forfait B est plus intéressant à partir de 28 minutes de consommation hors forfait.

2 **1.** Si $x + 7 > -3$, alors $x > -10$.
2. Si $x - 10 < -5$, alors $x < 5$.
3. Si $3x > 12$, alors $x > 4$.
4. Si $-4x < 8$, alors $x > -2$.

3 **a)** Le prix de la carte et de 10 billets à prix réduit est $49 + 10 \times 30 \times \frac{1}{2} = 199$ €.
Sans la carte, le prix des dix billets est $30 \times 10 = 300$ €.
Or $300 > 199$, la carte est donc intéressante pour dix trajets.
b) L'expression $49 + x \times 30 \times \frac{1}{2}$ représente le prix payé pour x trajets en prenant la carte 12-25 ans.
L'expression $x \times 30$ représente le prix payé pour x trajets sans prendre la carte.
$30x > 49 + 15x$
$30x - 15x > 49$
$15x > 49$
$x > 3{,}26$
La carte 12-25 ans est intéressante à partir de 4 trajets.

MATHS Calculer des aires ou des volumes, p. 87

1 **a)** Le volume V de ce ballon est
$\frac{4}{3} \times 3{,}14 \times 12^3 = 7\,234{,}56$ cm³.
b) Le rayon r' est égal à $\frac{4}{15} \times 12 = 3{,}2$ cm.
c) Le volume V' de la balle de tennis est
$\frac{4}{3} \times 3{,}14 \times 3{,}2^3 \approx 137{,}19$ cm³.
d) Le rapport $\frac{V'}{V}$ est $\frac{137{,}19}{7\,234{,}56} \approx 0{,}019$.
Or on a $\left(\frac{4}{15}\right)^3 \approx 0{,}019$, donc $\frac{V'}{V} \approx \left(\frac{4}{15}\right)^3$.

2 **1.** Vrai. L'aire de la sphère est
$4 \times \pi \times 3^2 = 36\,\pi$ cm².

Corrigés

2. Vrai. Le volume de la sphère est
$\frac{4}{3} \times \pi \times 3^3 = 36\,\pi\ \text{cm}^3$.
c) Faux. Le volume du cône est
$(\pi \times 3^2 \times 6) \div 3 = 18\,\pi\ \text{cm}^3$.
d) Faux. Le volume de la pyramide est
$(3 \times 3 \times 6) \div 3 = 18\,\pi\ \text{cm}^3$.

3 **a)** Le volume d'air dans cette tente est
$\frac{4}{3} \times \pi \times 1^3 \times \frac{1}{2} \approx 2{,}09\ \text{m}^3$.
b) La surface de tissu utilisé pour la tente (sans le tapis de sol) est $4 \times 3{,}14 \times 1^2 \times 0{,}5 = 6{,}28\ \text{m}^2$.
c) La surface de tissu utilisé pour le tapis de sol est $3{,}14 \times 1^2 = 3{,}14\ \text{m}^2$.

ANGLAIS Dire le contraire, p. 88

1 **1.** false – **2.** false – **3.** true – **4.** true – **5.** true

2 **1.** Julie and Brian were. / ~~Julie and Brian did.~~
2. The receptionist isn't. / ~~The receptionist hasn't.~~
3. ~~Julie and Brian must~~ / Julie and Brian don't.

3 **1.** The lakes of Connemara have been painted by many artists.
2. A lot of people were frightened by the ghost at night.
3. The police must be warned.
4. Julie and Brian will probably be rewarded by the landlord.

HISTOIRE La construction européenne, p. 89

1 **1.** document a. – **2.** document c. – **3.** document b.

2 Vérifie que tu as colorié la France en bleu foncé, le Royaume-Uni (sans oublier l'Irlande du Nord) en rouge, l'Espagne en vert, la Suède en rose, la Pologne en jaune.

SÉQUENCE 11

FRANÇAIS Écrire un poème en vers, p. 92

1 **a)** De la nuit émergera la planète Terre,
Chaque matin brumeux détient le renouveau,
Qui secoue la torpeur, réveille le mystère,
Chaque jour, la Terre exhale de nouveaux maux.
b) Les rimes de ce quatrain sont croisées.

2 *(1)* J'ai voulu ce matin te rapporter des roses ;
(2) Mais j'en avais tant pris dans mes ceintures closes
(3) Que les nœuds trop serrés n'ont pu les contenir.

(4) Les nœuds ont éclaté. Les roses envolées
(5) Dans le vent, à la mer s'en sont toutes allées.
(6) Elles ont suivi l'eau pour ne plus revenir.

(7) La vague en a paru rouge et comme enflammée.
(8) Ce soir, ma robe encore en est toute embaumée…
(9) Respires-en sur moi l'odorant souvenir.

3 **1.** Le vers 1 rime avec le vers 2, ce sont des rimes plates.
2. Le vers 4 possède une césure à l'hémistiche.
3. Le vers 7 contient une comparaison.
4. Les vers 3, 6 et 9 ont une rime riche.

FRANÇAIS Jouer avec les figures de style, p. 93

1 **1.** Ce vers compte 12 syllabes : c'est un alexandrin.
2. La consonne *v* est répétée cinq fois : c'est une allitération.
3. La répétition de ce son nous fait entendre le son du vent.

2

	comparaisons	métaphores
1.	Le papillon est pareil à un souffle qui passe.	Le papillon est un souffle qui passe.
2.	La neige tombe comme une poussière de sucre sur le sol.	La neige tombe, poussière de sucre sur le sol.
3.	Les blés mûrs ressemblent à une mer dorée.	Les blés mûrs sont une mer dorée.

3 **a)** **1.** Le ciel pleure des larmes de diamant.
2. La libellule caresse les fleurs de ses cheveux fins.
3. La fenêtre ouvre ses yeux sur le monde.
4. Les vagues remuent leurs bras dans un geste large.
b) **1.** « pleure », « larme »
2. « caresse », « cheveux »
3. « yeux »
4. « bras », « geste »

4 **a)** Paul Éluard compare la Terre à une orange.
b) Il joue sur le mot « orange », qui désigne à la fois un fruit et une couleur.
c) La Terre a la même forme qu'une orange (elle est ronde).

MATHS Résoudre un système de deux équations, p. 94

1 **a)** $4x$ représente le nombre de litres consommé pour 4 douches et $3y$ représente celui consommé pour 3 bains. La consommation d'eau totale est $4x + 3y$ ou 770 litres. On a donc $4x + 3y = 770$.
b) $3x + 4y$ représente le nombre de litres consommé en prenant 3 douches et 4 bains. On a donc $3x + 4y = 840$.
c) On a $4(80) + 3(150) = 320 + 450 = 770$ et $3(80) + 4(150) = 240 + 600 = 840$.
Le couple (80 ; 150) est solution du système.
d) Une douche consomme 80 litres. Un bain consomme 150 litres, soit environ deux fois plus d'eau qu'une douche. Marie a raison.

2 **1.** Vrai. On a $2(3) + 3(4) = 18$.
2. Vrai. On a $1 + 2 = 3$ et $2(1) + 3(2) = 8$.
3. Faux. Si $x = -2$, $2(-2) + y = 3$ et $y = 7$.
4. Vrai. On a $-y = 3 - 2x$ ou $y = -3 + 2x = 2x - 3$.

3 On isole x dans la première équation :
$x = -2 - 3y$.
On remplace x dans la deuxième équation par $-2 - 3y$:
$3(-2 - 3y) + 2y = 1$.
On calcule alors y :
$-6 - 9y + 2y = 1$ donc $-7y = 7$ donc $y = -1$.
On remplace y par -1 dans l'équation $x + 3y = -2$ pour calculer x :
$x + 3(-1) = -2$ donc $x - 3 = -2$ donc $x = 1$.
On vérifie : $1 + 3 \times (-1) = -2$ et $3 \times 1 + 2 \times (-1) = 1$
La solution du système est le couple $(1\,;\,-1)$.

MATHS Agrandir et réduire, p. 95

1 **a)** 6 400 km = 640 000 000 cm

b) Le quotient du rayon de la Terre par celui du globe terrestre de Delisle est $\frac{640\,000\,000}{16} = 40\,000\,000$.

c) La Terre est 40 millions de fois plus grande que le globe terrestre de Delisle car d'après la question b) son rayon est 40 millions de fois plus grand que celui du globe terrestre de Delisle.

d) $V = (40\,000\,000)^3 \times V'$

2 **1.** Coefficient d'agrandissement : 2.

	cône	cône agrandi
volume	75,36 cm^3	$75{,}36 \times 2 = 602{,}88$ cm^3
hauteur SO	$16 \div 2 = 8$ cm	16 cm

2. Coefficient de réduction : $\frac{1}{3}$.

	sphère	sphère réduite
aire	1 017,36 cm^2	$1\,017{,}36 \times \left(\frac{1}{3}\right)^2 = 113{,}04$ cm^2
volume	$113{,}04 \times 3^3 = 3\,052{,}08$ cm^3	113,04 cm^3

3 **1.** Vrai. Si k est le coefficient d'agrandissement, les volumes sont multipliés par k^3.

2. Faux. L'aire est multipliée par $4^2 = 16$.

3. Vrai. Pour agrandir, il faut multiplier les longueurs par un nombre plus grand que 1.

ANGLAIS Dire la même chose, p. 96

1 The landlord offers the McNultys "another week at the Lakeview Hotel for free".

2 **1.** Before the McNultys arrived, the ghost had appeared at the windows of a few rooms.

2. A few days before appearing at the windows, he had wandered through the streets of the nearest village.

3. And before wandering through the streets, he had slept in the beds of a few guests.

3 **1.** So would Brian. – **2.** Neither does her husband. – **3.** So are the McNultys.

4 **1.** Julie, Brian and their parents had never been to Connemara before. – **2.** When they arrived at the hotel the ghost had already started frightening the guests. – **3.** The inhabitants of the nearest village had never heard of a ghost before the receptionist worked out his plan.

PHYSIQUE Masse et poids, p. 97

1 Les représentations 1, 3 et 4 sont correctes.

2 Sur la Lune, la masse d'un objet est identique à la masse de cet objet sur la Terre. Le poids lunaire est inférieur au poids terrestre. Le poids varie en fonction du lieu.

3

	objet 1	objet 2	objet 3	objet 4
***P* (en N)**	2,45	3,43	6,37	8,036
***m* (en kg)**	0,25	0,35	0,65	0,82
***g* (= P/m)**	9,8	9,8	9,8	9,8

Le rapport P/m est constant. La masse et le poids d'un objet sont donc proportionnels. Ils sont liés par la relation : $P = m \times g$ où g est l'intensité de la pesanteur dont la valeur à Paris a été déterminée ci-dessus. Cette valeur varie en fonction du lieu.

SÉQUENCE 12

FRANÇAIS Étudier le point de vue dans un récit, p. 100

1 **1.** Point de vue externe : le narrateur est un simple spectateur qui nous transmet ce qu'il voit ; nous n'avons pas accès à l'intériorité du personnage.

2. Point de vue interne : le récit est à la 1re personne ; nous connaissons les pensées et les sentiments du personnage (« j'eus peur »).

3. Point de vue omniscient : le narrateur connaît les pensées intimes du personnage et il en sait plus que lui (il sait ce qui va se produire).

2 **1.** Dans le premier paragraphe, le point de vue est externe : le narrateur s'en tient aux faits. Dans le second paragraphe, il adopte le point de vue d'Adèle (point de vue interne) : il se met « dans sa peau » pour nous transmettre ses pensées intimes et ses sentiments.

2. Le changement de point de vue permet au lecteur de se faire sa propre opinion sur ce qui se produit (le point de vue externe expose les faits de manière neutre), puis de connaître la manière dont le personnage réagit face à ces événements. Nous avons alors accès à l'intériorité du personnage, ce qui crée une relation de proximité.

3

						M	
						A	
	S	H	O	N	E	N	
	H					G	
T	O	K	Y	O		A	
	J						A
G	O	L	D	O	R	A	K
							I
							R
		G	E	K	I	G	A

FRANÇAIS Accorder un participe passé, p. 101

1

	masc. sing.	fém. sing.
vendre	vendu	vendue
prendre	pris	prise
cueillir	cueilli	cueillie
peindre	peint	peinte
connaître	connu	connue

2 **1.** Le manga que j'ai pris à la bibliothèque se lit dans le sens de lecture japonais. – **2.** Mon père a fini de le lire en moins d'une demi-heure. – **3.** L'artiste a peint chaque planche à l'encre de Chine. – **4.** Cette illustratrice a un univers bien à elle ; je regrette de ne pas l'avoir connue plus tôt. – **5.** Ce manga raconte l'histoire d'un enfant qui a été maudit dès la naissance.

3

présent	passé composé	plus-que-parfait
Je pars à Tokyo.	Ils sont partis à Tokyo.	Elles étaient parties à Tokyo.
Les mangas qu'il lit dans l'avion sont coréens.	Les mangas que nous avons lus dans l'avion sont coréens.	Les mangas qu'elles avaient lus dans l'avion sont coréens.

4 La culture manga est descendue dans les rues des grands centres urbains et a influencé l'art contemporain et la mode. Les grandes chaînes de librairies de mangas neufs ou d'occasion ont connu un grand succès. Les mangas Kissa, ouverts 24 heures sur 24, se sont développés. Les mangas que ces librairies ont vendus ont contribué à diffuser une très bonne image du Japon à l'étranger.

MATHS Rechercher des diviseurs communs, p. 102

1 **1.** $\frac{15}{35} = \frac{3}{7}$ **2.** $\frac{44}{36} = \frac{11}{9}$

3. $\frac{42}{24} = \frac{7}{4}$ **4.** $\frac{30}{60} = \frac{1}{2}$

2 **1.** Vrai. 45 = 3 × 15 et 75 = 5 × 15.
2. Vrai. Les diviseurs communs de 12 et 16 sont 1, 2 et 4.
3. Faux. On peut la simplifier par 7.
4. Vrai. Leur seul diviseur commun est 1.

3 **a)** Les diviseurs de 36 sont 1, 2, 3, 4, 6, 9, 12, 18 et 36.
b) Les diviseurs de 45 sont 1, 3, 5, 9, 15 et 45.
c) Le PGCD de 36 et 45 est 9.

4 **a)** 126 n'est pas divisible par 15, car le quotient $\frac{126}{15}$ n'est pas un entier.
Le vendeur ne peut pas réaliser 15 cartons.
b) $\frac{126}{14} = 9$, donc 14 est un diviseur de 126.
Le vendeur peut réaliser 14 cartons.
c) On utilise l'algorithme d'Euclide :
210 = 126 × 1 + 84
126 = 84 × 1 + 42
84 = 42 × 2 + 0.
Le dernier reste non nul est 42. Le PGCD de 126 et de 210 est 42.
Il peut réaliser 42 cartons au maximum.
d) $\frac{126}{42} = 3$ et $\frac{210}{42} = 5$, donc chaque carton contient 3 mangas pour filles et 5 mangas pour garçons.

MATHS Effectuer des changements d'unité, p. 103

1 **a)** Le prix en euros du manga est $\frac{1\,081{,}08}{163{,}8} = 6{,}6$ €.
b) 20 € = 20 × 163,8 yens = 3 276 yens.
c) Trois mangas coûtent 6,6 × 3 = 19,80 €. Avec 20 €, on peut acheter 3 mangas.
Il reste 0,20 €.

2 **a)** Le nombre de mots lus en 1 heure est 150 × 60 = 9 000 mots.
b) Ce manga contient 54 × 100 = 5 400 mots.
Le nombre de minutes nécessaire pour lire cette bande dessinée est $\frac{5\,400}{150}$ = 36 minutes.

3 **1.** 100 dm = 1 dam
2. 10 g = 10 000 mg
3. 1 m^2 = 10 000 cm^2
4. 10 000 cm^3 = 10 dm^3
5. 10 dm^3 = 10 L
6. 2 h =120 min
7. 10 km =10 000 m
8. 1 L = 10 dL
9. 100 mm^2 = 1 cm^2
10. 1 000 m^3 = 1 dam^3
11. 360 min = 6 h
12. 0,75 h = 45 min

4 **a)** Le nombre de kilo-octets téléchargeables en une minute est 850 × 60 = 51 000 ko.
b) La durée du téléchargement en secondes est $\frac{56\,950}{850}$ = 67 s.

ANGLAIS Exprimer la surprise, p. 104

1

2 • Brian can speak Spanish. Can he ?
• The receptionist was fond of fantasy books. Was he ?
• Mr McNulty loves waterskiing. Does he ?
• Julie is afraid of spiders. Isn't she ?
• Mrs McNulty lived in Ireland when she was a student. Did she ?
• The landlord owns another hotel in Scotland. Does he ?

3 **1.** The landlord will be pleased to see the McNultys again next year. – **2.** Julie and Brian have already written an article about what happened at the hotel. – **3.** The receptionist did not think a couple of kids could unmask him. – **4.** Mrs McNulty was packing when her husband asked her what she was doing. – **5.** Julie and Brian had never left their country before.

GÉOGRAPHIE L'Union européenne dans le monde, p. 105

1 L'Union européenne est une puissance commerciale : 30 % du PIB mondial.
L'UE est une puissance financière : siège de la BCE, un pôle majeur de la Triade.
L'UE est ouverte sur le reste du monde : nombreux échanges dans le monde entier.
L'UE attire dans le monde : tourisme, pays candidats à l'adhésion.
L'UE est présente dans le monde : politique de voisinage, présence militaire, opérations humanitaires.

2 ☑ *Pas facile de prendre une décision à 27.*

Quiz

FRANÇAIS p. 106

1 **1.** Si je partais étudier à Londres, j'apprendrais l'anglais.
2. S'il parlait mieux anglais, il serait parti étudier à Londres.

2 **1.** Crois-tu qu'elle veuille venir ?
2. Pourvu qu'elle ait le temps de venir !
3. Crains-tu qu'elle puisse venir ?

3

	vrai	faux
1. « Scène » rime avec « malsaine ».	☑	☐
2. « Mot » et « sot » constituent une rime pauvre.	☑	☐
3. Un octosyllabe a dix syllabes.	☐	☑
4. Un quatrain a quatre syllabes.	☐	☑

4

	C	M
1. Le bateau avance, tel un fantôme dans le brouillard.	☑	☐
2. La vie est un voyage passionnant.	☐	☑
3. Sa maison est son port d'attache.	☐	☑
4. Cet enfant a l'air d'un martyr.	☑	☐

5

	I	E	O
1. Elle arrivait épuisée, et ignorait encore qu'elle devrait repartir dans quelques minutes.	☐	☐	☑
2. Elle pensait être arrivée mais réalisa vite son erreur.	☑	☐	☐
3. Elle arrivait devant une immense demeure haute de trois étages.	☐	☑	☐

6 En 1912, Robert Scott a atteint le pôle Sud. Il y est parvenu un mois après Roald Amundsen. En effet, les chiens de traîneau que celui-ci avait choisis ont été plus résistants que les poneys emmenés par Scott. Les deux hommes s'étaient peu connus mais l'enjeu de la course les a réunis.

MATHS p. 106

1 **1.** 2 est solution des trois inéquations proposées.
2. Si $2x + 1 > x - 3$, alors on a $2x > x - 4$ soit $x > -4$.
3. Si $-5x > -10$, alors $5x < 10$ soit $x < 2$.

2

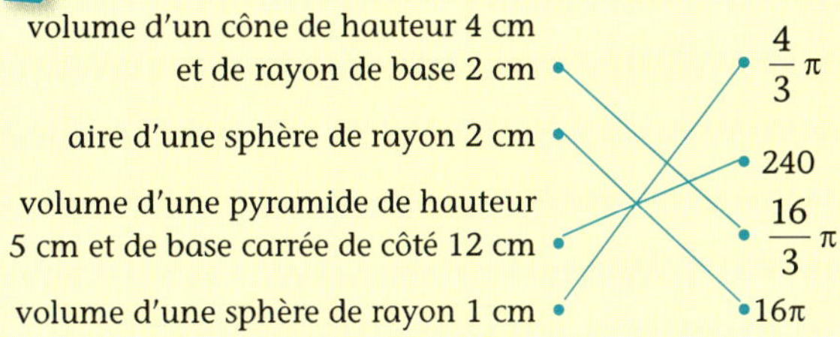

3 **1.** L'équation $2x + 3y = 5$ admet pour solution tous les couples proposés.
2. Le couple solution du système est $(3\ ;\ -1)$.
3. Si $x = 3$ et $5x - y = 2$, alors $y = 13$.

4 Les cônes 2 et 3 sont des agrandissements du cône $\mathscr{C}$.

5 **1.** On peut simplifier la fraction $\frac{64}{56}$ par 8 car $\frac{64}{56} = \frac{8 \times 8}{7 \times 8} = \frac{8}{7}$.
2. Le PGCD de 56 et 98 est 14.

6 **1.** 10 dm² est égal à 1 000 dm².
2. 100 m³ est égal à 100 000 dm³ mais aussi à 0,1 dam³.
3. 1 h 15 min est égal à 4 500 s mais aussi à 75 min.

ANGLAIS p. 107

1 **a) 1.** Brian doesn't.
2. Northern Ireland is.
b) 1. Every year, the West of Ireland is visited by a lot of tourists.
2. The hotel regulations must be respected by guests.

2 **a) 1.** So is Belfast.
2. Neither can Brian.
b) When they arrived at the hotel, the McNultys didn't know that all the guests had left because of a ghost.

3 **1.** Isn't it?
2. Has it?

Infographie : Illustratec (p. 11, 45, 63, 97)
Cartographie : Noël Meunier (p. 53), Coredoc (p. 12, 37, 89, 105) et Illustratec (p. 51)
Illustrations : Laurent Lolmède (sauf p. 5-hg, 21-hg, 39-hd, 47-hd, 56, 73-hd, 91-bd : Alteau).
Photogravure : RVB éditions
Iconographie : Hatier Illustration
Maquette de principe : Frédéric Jély
Mise en page : Laser Graphie sauf pages *Enquêtes* : Frédéric Jély
Édition : Brigitte Brisse

Achevé d'imprimer par G. Canale & C. S.p.A. en Italie
Dépôt légal n. 94942/01 mars 2013